JN437109

뜻으로 풀어 본

금강경 읽기

동방교 ○ 저
법산경일 편역

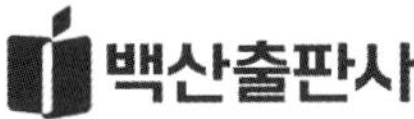

편역자 서문

허공에 그린 그림
바다에 찍은 도장
거울에 비친 그림자
어떤 것이 실상인가?

금강은 청정한 자성
반야는 본래 형상이 없는
바라밀다로 쫓아간다.
무엇을 찾으려는가?

먹구름 쉬었다 간 창공
태풍이 놀다간 푸른 바다
육진경계에 물들지 않는 자성청정심
만상을 품고도 집착하지 않는 거울.

『금강반야바라밀경』은 원시 아함부 경전에서의 무아사상을 600부 반야의 논리로 펼친 가운데 다이아몬드 같은 반야의 원리를 깨달아 체득하는 경전이며, 일체 경계에 머물러 집착하지 않는 청정한 〈참 나〉를 찾는 진리의 말씀이다. 금강경 수행은 그물에 걸리지 않는 바람처럼 허공을 날아가는 구름처럼 대 자유를 증득할 수 있다. 무상(無相), 무념(無念), 무주(無住)의 대 해탈의 열반을 증득하는 길이다. 즉 본래 자성의 청정한 마음을 찾아가는 수행이다.

금강경은 이렇게 단순한 허공을 잡는 그림만 있는 것이 아니라 철학적 · 형이상학적 사고를 필수로 하는 경전이다. 의미 깊은 경전을 독송하며 수행하는 사람들의 형이상학적 방법을 일깨워주는 책 『讀金剛經的方法學』을 중국의 역사 철학자 동방교(東方橋) 교수가 저술하였다.

동방교 교수의 불교와 유교 · 도교를 소통하는 넓은 사유의 세계는 많은 독자들에게 희망과 행복을 주는 삶의 철학적 방법론으로 보인다. 저자는 금강경의 맥락을 어렵지 않게 이해하고 읽어 삶의 질을 향상시키려는 방법으로 유가와 노 · 장의 예를 들어 비유하며, 금강경의 향기를 통하여 반야의 자성을 깨닫게 하려는 시도는 역자의 마음과 합일의 기연이 되어 이 책을 번역하게 된 동기가 되었다.

금강경을 매일 10여 번 독송하며 삶의 터전을 일구어가는 수행자로서, 이 책을 통하여 더 많은 금강경 독송을 생활화하는 수행자가 늘어나 이 향운으로 무시겁래의 은산철벽(銀山鐵壁) 같은 탐진치(貪瞋癡)의 객진(客塵) 번뇌가 사라지고, 반야의 청정한 자성으로 밝고 아름다운 세상이 실현되기를 기원하는 바이다.

다만 이 책의 이름을 『뜻으로 풀어 본 금강경 읽기』라고 하여 딱딱한 학문적 제목을 수정하였고, 내용에서도 설명이 번다하거나 난해한 부분은 독자들의 접근성을 고려하여 다듬기도 하였다. 더불어 책 전면에 상해판을 출간하면서 주산(周山) 선생이 자상하게 소개한 동방교 교수에 대한 문장은 책 후미로 돌렸음을 양지하기 바란다.

이 책을 출판하기까지 수고해 주신 분과 기꺼이 출판을 맡아 주신 백산출판사 진욱상 사장님과 인연 있는 모든 분들에게 두루 감사드립니다.

아침 햇살에 은행잎 더욱 빛나고
저녁노을에 모과 향기 산뜻한 마음
뜰 앞의 이 경치 어디서 찾으리오.

2017년 11월 가을 하늘을 보며
영축산 통도사 시탑전에서 법산경일 합장

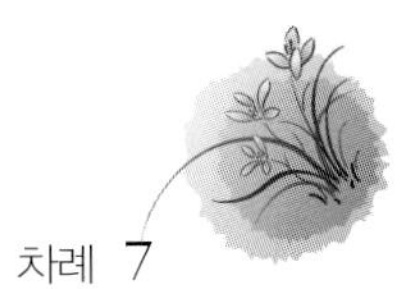

차 례

제 1 장

원(○)의 철학

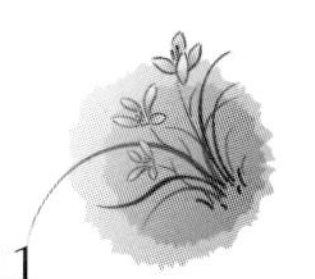

제1장 원(○)의 철학

금강(金剛)은 금강석이라 부르며, 투명한 광채가 나고 견고하고 예리하므로 이 경을 『금강경(金剛經)』이라 부른다. 바로 금강석의 견고하고 예리하다는 뜻을 지니고 있으며, 견고함(堅)이란 곧 자강불식(自强不息)의 정신을 지녔다는 것으로 비록 헤아릴 수 없을 정도의 많은 고난과 고통을 겪을지라도 우리의 자성(自性)을 잃어버리지 않는다는 것이다. 예리함(利)이란 곧 예리함으로써 천하를 이롭게 하고 사적인 이익을 도모하지 않으며, 일체의 번뇌를 깨부수고 모든 고통을 해체함으로써 천하의 중생을 이롭게 한다는 것이다.

제1절 "형이상"의 개념

1. 아름다운 즐거움

푸른 하늘 아래 미풍이 소와 양들에게 시원함을 전해 주고, 화초와 나뭇가지도 바람으로 흩날린다. 밤이 되니 밝은 달빛과 별빛들이 대지를 비추고 산으로 둘러싸인 마을에는 연못으로 물이 흐르고 있으며, 닭들의 울음소리와 개 짖는 소리가 멀리서 들려오면서 나즈막한 집들이 옹기종기 모여 있다.

누군가가 다른 사람에게 말한다. "가져가! 이 열쇠가 바로 이 문을 여는 열쇠야. 당신이 가서 이 문을 열어!" 그 누군가는 말을 마치자마자 곧 사라져버렸다. 짙푸른 하늘과 드넓은 대지는 생명으로 넘쳐난다. 그것은 조화로움이고, 우주와 하나가 된 세계다.

인류의 후대를 위해 마땅히 해야 할 일을 해야 하며, 그들에게 가르쳐줘야 하고, 곤혹스러운 문제들을 해결해 주고, 어떻게 하는 것이 생명을 소중히 하는 것인지, 그리고 어떻게 하는 것이 천하의 생명들을 사랑하는 것인지를 우주의 대도(大道)가 가르쳐 줄 것이다. 평범한 사람의 생활을 하고, 평범한 사람의 옷을 입고, 평범한 사람의 음식을 먹고, 평범한 사람이 사는 집에서 살면서 하늘을 원망하지 말고, 남을 탓하지 말 것이며, 아래서부터 배워서 위에 이르고, 평범한 사람들의 언어로써 말을 해야 한다.

인생은 아름답고 즐거우며, 세계는 아름답고 즐거우며, 우주는 아름답고 즐겁다. 일체의 일체가 모두 아름답고 즐겁다. 이 '열쇠'도 아름답고 즐거운 것이다.

2. 원의 비유

'O', 이 원은 단지 하나의 비유이다. 그럼 진정한 원은 존재할까? 우리는 그것을 보려 해도 볼 수 없고, 그리려 해도 그려낼 수 없다. 그렇다면 한번 만져볼 수 있을까? 몸의 어떠한 부분에서라도 원의 감각을 느낄 수 있는가? 어쩌면 들에 핀 꽃이나 하늘을 나는 새가 둥근 것인지 아닌지? 과연 진정한 원을 볼 수 있을까?

그렇다면 보려 해도 볼 수 없는 원이란 대체 무엇일까? 원을 도체(道體)이면서 태극(太極)으로, 또는 공(空)으로, 지혜(智慧)나 마음(心)으로, 혹은 아무것도 아닌 것으로, 혹은 어떤 것이든 될 수 있는 그 무엇이라고 가정해 보자. 그것은 시작이 없고 마침도 없으며, 한계가 없고 어떠한 형식도 없으며, 색깔도 무게도 없으며, 과거, 현재, 미래도 없다.

공자는 그것에 대해 "형이상의 것을 도라고 이른다(形而上者謂之道)"[1)]라고 했다. 석가모니 부처님께서는 그것을 '여래(如來)'라고 부른다. 무엇이 여래인가? 그는 "좇아 나오는 곳도 없고(無

1) 『周易』「繫辭上」에 나온다. 저자는 '十翼'을 공자의 저작으로 간주해 이것을 공자의 말로 단정하고 있다(주는 많은 부분 읽기에 편하도록 역자가 임의로 단 것에 대해 먼저 알려드립니다).

所從來), 또한 갈 곳도 없으니(亦無所去), 그래서 여래라고 이름한다(故名如來)"[2]라고 하였다. 이 여래가 바로 원이며, 시작도 없고 마침도 없다.

이 원은 대체 어떤 '것'일까? 그것은 하나의 어떤 것이 아니요(구체적인 어떤 것, 또는 구체적인 존재자가 아니라는 뜻), 단지 가설된 우주의 대도일 뿐 우주의 대도가 아니기도 하다. 그것은 형이상의 도체로 말할 수 없는 것이고, 말하려 해도 명료하게 말할 수 없는 것이다.

생하고 생하기를 그침이 없는 만물을 보노라면, 바람 따라 휘날리듯이 활발하게 살아가고 있는데, 그들이 어떤 '것'에 기대어 살아가는지 알 수 있을까? 천하 만물을 살아가도록 해주는 것은 무엇일까? 이에 대해서 설명할 수 있고 명료하게 말할 수 있는지? 만약 설명할 수 있고 명료하게 말할 수 있으려면 일종의 비유를 사용해야 하지 않을까? 즉 비유를 통해야 비로소 우주와 인간 삶의 진실한 모습(眞相)을 설명할 수 있지 않을까?

석가모니 부처님께서는 49년 동안 설법을 하시면서 제자들을 가르치셨다. 하지만 최후에는 설법한 것이 없다고 부정해 버리셨다. 자신이 말한 것은 단지 '비유'와 '이야기'일 뿐으로 본보기(法)로 삼아서도, 타인에게 말해서도 안 된다고 강조했다.

---

2) 『金剛般若波羅密經』 제29 「威儀寂靜分」. 이하에서는 『金剛經』으로 약칭한다.

3. 형이하의 비유

공자는 "형이하의 것을 기(器)라 이른다(形而下者謂之器)"[3]고 했다. '기는 감각할 수 있는 만물의 형상(形象)을 가리킨다. 예컨대 사람, 나, 남자, 여자, 의, 식, 주, 행동 및 모든 중생이 그에 해당한다.

석가모니 부처님께서는 "불도를 믿는 남자(善男子), 불도를 믿는 여자(善女人), 자아라는 생각(我相), 사람이라는 생각(人相), 살아 있는 생명들이라는 생각(衆生相), 생명의 지속이라는 생각(壽者相), 알에서 생기는 것(卵生), 배 속에서 생기는 것(胎生)과 습한 데서 생기는 것(濕生), 변이해서 생기는 것(化生), 형체가 있는 것(有色), 형체가 없는 것(無色), 지각이 있는 것(有想), 지각이 없는 것(無想)"[4] 등으로 말한 것이 이에 속한다.

공자는 "이 때문에(是故) 역에는 태극이 있고(易有太極) 태극이 양의를 낳으며(是生兩儀), 양의는 사상을 낳고(兩儀生四象) 사상은 팔괘를 낳는다(四象生八卦). 팔괘가 길흉을 정하며(八卦定吉凶) 길흉이 대업을 낳는다(吉凶生大業)"[5]라고 말하였다. 형상(形上)·형하(形下)의 그림 비유로 그려보면 다음과 같이 도식화할 수 있다.

---

3) 『주역』「계사상」.

4) 『금강경』 제3「大乘正宗分」.

5) 『주역』「계사상」.

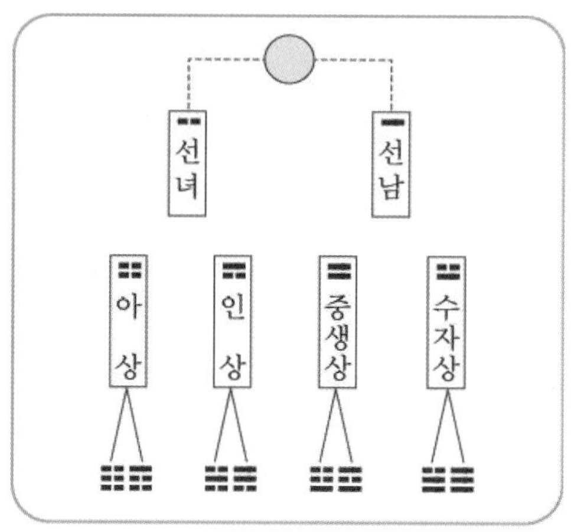

이 『역(易)』의 변화도에 따라 『금강경』 중의 사 · 팔 · 32상(相)의 무량수와 우주의 별 수, 갠지스강의 모래알 수, 삼천대천세계의 수 등과 관련한 법문은 모두 '공심(空心)'으로써 관통된다. 공(空)은 도(道)이다. 무엇이 길하고, 무엇이 흉한가? 길흉은 바로 생성변화의 중추(生化之機)이다.

무엇이 생성변화의 중추인가? 바로 남녀음양의 변화다. 만물이 짝을 지어 결합하지 않으면 만물은 생성화육하지 못하고, 결합(合)한 이후에 생하고 교차(交叉)한 이후에 변화하는데, 이것이 생성변화의 이치다. 이에 따르면 길하고, 거역하면 흉하다.

대업이란 무엇인가? 대업은 일체의 큰 공덕을 포괄한 이른바 '성덕대업(盛德大業)'이며, 하늘(天), 땅(地), 사람(人), 만물(物)이 서로 화합함으로써 생성 변화하는 것이다. 세상에 성인이 없었다면 우주 운행의 그 대도(大道)는 분명하게 드러나지 못했을 것이고, 만물의 기능도 발휘되지 못했을 것이다.

따라서 성인은 우리 인류의 스승이다. 공자도 그렇고 석가모니 부처님께서도 그렇다. 물론 성인이 없었어도 우주의 운행과 만물의 생장은 마찬가지로 이루어지며, 결코 성인의 존재 여부로 인해서 또 다른 변화를 일으키지는 않았을 것이다.

4. 『금강경』의 명칭

공자는 "이름이 바르지 않으면(名不正) 말이 순조롭지 못하고(則言不順), 말이 순조롭지 않으면(言不順) 일이 이루어지지 않는다(則事不成)"[6]고 했다. 석가모니 부처님께 제자가 물으셨다. "세존이시여, 우리에게 말씀해 주신 이 경전의 이름을 무엇이라 하옵니까?" 석가모니 부처님께서 대답하셨다. "『금강반야바라밀경(金剛般若波羅密經)』이라고 부른다."

금강, 반야, 바라밀, 경이란 무엇인가? '금강'은 바로 쇠(金) 중에서도 견고함(剛)이 날카로워 능히 모든 것을 절단할 수 있다는 뜻이다. 쇠(金)는 변하지 않고 강(剛)은 단단하고 예리하다는 뜻으로 금강석(金剛石)이라 불리기도 하는데, 인도와 중국에서 생산된다. 금강석의 재질은 탄소이고 8면 또는 12면의 결정체이며 경도(硬度)가 가장 높다. 햇빛 또는 불빛 아래에서 금강석은 찬란한 금색을 띤다. 그 재질이 단단하고 예리하여 유리를 자를 수

---

6) 『論語』「子路」.

있고, 단단한 돌을 조각할 수 있으며 암석층을 뚫을 수 있고, 모든 보석을 깎을 수 있어 만물 중에서 가장 단단하고 날카롭다. 그래서 그것을 금강석이라 부르는 것이며, 또 다이아몬드라고 부르기도 한다.

모양으로 말하면 광택이 나고 투명하며, 또 먼지나 때가 전혀 묻지 않는다. 이 경전을 '금강'으로 이름한 것은 바로 그 단단함과 예리함의 뜻을 취했기 때문이다. 단단함은 스스로 마음을 굳세게 다지며 쉼 없이 노력하는 정신을 나타내는바, 온갖 역경과 고난을 겪으면서도 자신의 본성을 잃지 않음을 뜻한다.

날카로움(利)은 예리함으로써 천하를 이롭게 하며 사사로움 없이 천하의 생명들을 위해 모든 번뇌와 고통을 해소함을 뜻한다. 달리 말하면 금강의 견고함으로써 지혜의 본체를, 금강의 날카로움으로써 지혜의 작용을 비유한 것이다.

'반야(般若)'는 인도어로 지혜를 말한다. 중국에서는 지혜 앞에 교묘할 '묘(妙)'자를 더하여 반야를 '묘지혜(妙智慧)'로 불러 일반적인 지혜와 구분한다. 왜 그럴까? '리(理)'자를 예로 든다면 '리'자에도 거칠다(粗), 세밀하다(細), 아득하다(玄), 오묘하다(妙) 등의 구분이 있다. 즉, 조리(粗理)는 비교적 마음대로 쉽게 말하는 것, 세리(細理)는 상세하게 말하는 것, 미리(微理)는 비교적 쉽사리 말할 수 없는 것, 현리(玄理)는 억지로라도 말할 수는 있는 것, 그리고 묘리(妙理)는 말할 것이 없다는 것이다. 그래서 지혜 앞에 '묘'자를 더하여 '묘지혜(妙智慧)'라는 세 글자는 반야라는 단어에 매우 적절하다.

'바라밀(波羅密)'은 피안(彼岸)에 도달한다는 뜻을 갖고 있다. 피안에 상대되는 말로는 차안(此岸)이 있다. 즉, 차안은 인간의 세계로 '나(我)'라는 존재가 있기 때문이다. 노자는 "나에게 큰 근심이 있는 까닭은(吾所以有大患者) 나에게 몸이 있기 때문이다(爲吾有身). 내게 몸이 없게 되면(及吾無身) 내게 무슨 근심이 있겠는가(吾有何患)?"[7]라고 말했다. 여기에서 '나'는 육신을 가진 나이며, 자성을 갖고 있는 나이다.

육신의 나는 볼 수도 만질 수도 있지만, 육신은 향락에 쉽게 미혹될 수 있기에 많은 번뇌와 고통이 따른다. 하지만 자성의 나는 볼 수도 만질 수도 없는 도체(道體)다. 즉, 육신은 소멸하고 훼손되지만 자성의 도체는 생겨나지도 소멸하지도 않는다(不生不滅). 육신이 차안이고 자성이 피안이다.

'경(經)'이라는 글자는 중국 문자에서 묘하게 쓰이는 것으로 한 갈래의 길을 가리킨다. 우리가 만약 『금강반야바라밀경』이라는 길을 따라 능히 앞으로 나아간다면 무엇이 "일체법(一切法)이 실체 없음의 이치이고(無我之理), 공의 지혜(空慧)로써 본체를 삼는(以空慧爲體)" 묘용인가를 알 수 있고, 열심히 노력해(勇猛精進) 무엇이 '자성'인가를 명료하게 깨달음으로써 곧바로 도체의 피안에 이르게 될 것이다.

7) 『道德經』 제13장.

5.『금강경』의 역사

이 경전이 형성된 역사를 실증하기는 다소 어렵다. 대략 기원전 994년(?), 즉 중국 주나라 목왕(穆王) 10년경(저자의 관점), 석가모니 부처님께서 중인도 사위성(舍衛城, Kosala국 수도에 있는 성) 남쪽에 있는 기수급고독원(祇樹給孤獨園, 제따와나 수도원으로 기원정사(祇園精舍)로 한역된다)에서 이『금강경』을 강설하셨다는 설이 있다.

『금강경』은 본래『대반야경(大般若經)』제577권에 포함되어 있었다. 중국의 경학자들은 이 경전에 대하여 마치 공자께서 제자들에게 가르친 '십삼경(十三經)' 중『논어(論語)』와 같이 "언사에는 다함이 있지만(辭有盡), 이치는 끝없이 무궁하다(理無窮)"는 학술적 가치를 지니는 것으로 평가한다.

석가모니 부처님께서는『대반야경』600권을 강설하셨다. 설법한 장소 및 법회의 횟수는 모두 4곳에서 16회에 걸쳐 이루어졌다. 이『금강경』에 대한 설법은 16회 중에서 9번째 법회에서 행해졌다. 장소는 당시 중인도 사위국이다. 사위국은 경제·문화·교육이 비교적 발달된 곳으로 석가모니 부처님께서는 31세부터 설법을 시작하셔서 81세까지 하셨는데, 이 49년 동안의 가르침은 대부분 사위국에서 진행되었다.

사위국의 국왕 파사익 왕도 석가모니 부처님의 제자이셨다. 사위국에는 급고독(給孤獨)[8]이라고 불리는 큰 부자가 있었는데,

급고독은 파사익 왕의 제타태자(祇陀太子)[9]와 함께 동산에 승원을 지었고, 명칭을 기수급고독원이라 불렀다. 석가모니 부처님께서는 이곳에서 자주 설법하셨고, 제자들을 가르치셨다.

제2절 『금강경』의 번역자

1. 번역자

『금강경』을 번역한 사람은 누구일까? 바로 요진(姚秦)의 삼장법사 구마라습(鳩摩羅什, 350~409)이다. 구마라습은 인도인으로 아버지는 구마염(鳩摩炎)이고, 어머니는 구차(龜茲, Kucha)국왕의 누이동생으로 습파(什婆)라 불렀다. 구차국은 현재 중국 신강(新疆) 위구르 자치구의 쿠차현(庫車縣)이며, 구마라습은 여기에서 태어나 아버지와 어머니의 이름을 함께 따서 구마라습이라고 이름을 지었다.

구마라습은 7살 때 어머니를 따라 각 지역을 여행하였으며,

8) 수닷타장자를 한역한 말이다. 수닷타장자는 늘 의지할 데 없는 어렵고 불쌍한 사람들을 도와주었기에 '아나타 핀다다'라고 불리기도 했다. 여기서 '아나타'는 의지할 곳 없는 외로운 사람[孤獨]이라는 뜻이고, '핀다다'는 보시한다[給]는 뜻이기에 '급고독'이라 한역되었다.

9) 본서에는 '祇樹'와 '祇陀'가 병렬되어 쓰였는데, '기수'는 '기타태자'의 숲 또는 동산을 뜻하는 말이므로 동일인에 대한 별칭을 병렬한 셈이다. '기타'는 파사익 왕의 태자인 제따Jeta 태자를 음사한 한역이다.

11~12살 때 이미 깨우쳤다(悟道)고 한다. 그는 상좌부 · 대중부를 공부하였으며, 나아가 경 · 율 · 논(經 · 律 · 論)을 공부하였기에 삼장법사라고 부르는 것이다.

'요진(姚秦)'이라는 글자는 중국 역사에서 5호(즉, 흉노(匈奴), 선비(鮮卑), 갈(羯), 저(氐), 강(羌)을 5호라 한다) 16국 시기 한 정권의 이름이다. 전진건원(前秦建元) 18년(382), 부견(苻堅)이 효기장군(驍騎將軍) 여광(呂光)을 구차로 보내 전쟁을 벌였다. 승리를 거둔 여광은 구마라습을 포로로 잡아 양주(凉州, 지금의 감숙성(甘肅省) 무위(武威) 일대)로 돌아왔다. 얼마 지나지 않아 부견이 비수(淝水) 전투에서 패하자 여광은 양주에서 병권을 쥐고 독자적으로 왕이 되었다.

이때 후진(後秦)의 요장(姚萇)도 스스로 진왕(秦王)이라 칭하면서 아들 요흥(姚興)을 보내 양주를 공격해 여광을 멸하였고, 구마라습을 장안(지금의 섬서(陝西) 서안(西安))으로 모셔와 국사로 예우하고, 서명각(西明閣)과 소요원(逍遙園)에서 불경을 번역하도록 청하였다. '요진'은 요장이 건립한 후진(後秦) 정권의 또 다른 명칭이다.

구마라습을 중국 문자로 해석하면 '동수(童壽)'라는 뜻이다. 그는 후진 홍시(弘始) 15년(413) 8월 장안대사(長安大寺)에서 입적하였는데 향년 74세였다.

석가모니 부처님의 말씀 중에서 법을 설한 전적을 '경장(經藏)'이라 하고, 계율에 대해 말씀하신 전적을 '율장(律藏)'이라고 하

며, 그 말씀 중에서도 제법의 진상(法相)에 관한 문답과 변론한 전적을 '논장(論藏)'이라고 한다. 구마라습이 경 · 율 · 논 삼장을 번역한 것이 모두 74부 380여 권에 이른다. 후세에 그를 존경의 대명사로 '삼장법사'라 칭하며, 중국 불교의 4대 경전 번역자의 한 분으로 칭한다.

2. 『금강경』의 편집자

현재 통행본인 『금강경』을 편집한 사람은 누구일까? 바로 중국 남북조시기에 양(梁)나라를 건국한 양무제(梁武帝, 464~549) 소연(蕭衍)의 아들 소명태자(昭明太子)다.

소명태자는 성씨가 소(昭)이고 이름은 통(統)이며, 자는 덕시(德施, 501~531)다. 총명하고 배우기를 즐겼던 소명태자는 동궁에 장서가 3만 권이나 되어 한때 많은 인재들이 모여들었으며, 효성이 지극했으나 31세의 일기로 단명하고 말았다. 그가 편집한 『문선(文選)』 60권은 진한(秦漢) 이래의 시문들을 수집한 것으로 중국 문집 편집의 시조가 되었다. 오늘날까지 전해지는 『소명문선(昭明文選)』은 중국문학사에서 걸출한 작품으로 평가되고 있다.

소명태자 소통은 『금강경』을 어떻게 편집했을까? 그는 『금강경』의 내용, 즉 심(心), 공(空), 남(男), 여(女), 사상(四相), 사생(四生), 이색(二色), 이상(二相)에 근거하여 모두 32분(分)으로 나누었는데, 이것은 곧 경전 안에서 말하는 '32상(三十二相)'⑬

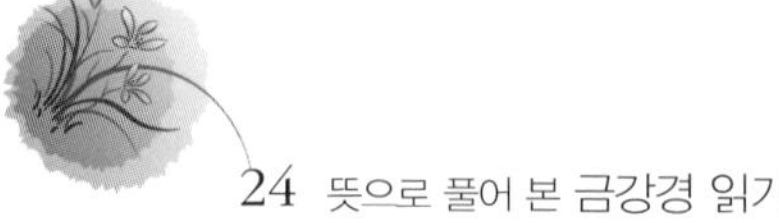

(원 안의 번호는 저자가 붙인 것으로, 『금강경』의 분 번호다. 이하 이와 같음)에 따른 것이기도 하다. 이러한 32분에 근거하여 서분(序分), 정종분(正宗分), 유통분(流通分) 3단계로 나누어 설명하였다.

서분(序分): 제1분 '법회가 열리게 된 인연(法會因由)'만이 해당한다. 이 서분은 또 '통서(通序)'와 '별서(別序)' 두 가지로 나뉘고, "여시아문(如是我聞)"부터 "1,250인이 함께하다(千二百五十人俱)"까지가 통서인데 이는 다른 경전과 공통점이며, "이때 세존께서(爾時世尊)"로부터 "발을 다 씻으시고 자리를 펴고 앉으시다(洗足已 敷座而坐)"까지가 별서인데 이것은 다른 경전과 상이한 점이다.

정종분(正宗分): 제2분에서 제31분까지가 정종분인데, 본 경의 종지를 설명하고 있다.

유통분(流通分): 본 경전이 후세에 유통됨을 말하는 것으로, 마지막 제32분이 이에 해당한다.

전적의 편집은 소명태자로부터 시작하여 사경(史經)을 장(章)과 절(節)로 나누었고 이는 문화사에 커다란 진전이며, 과학화를 촉진시킨 것이다. 그전에는 장과 절의 구분도 없고 단락도 없었으며, 문장의 부호도 없었다. 장절의 구분이 없고 단락과 문장부호가 없다면 설령 현재의 문장(白話文)일지라도 그 뜻을 이해하

기가 쉽지 않았을 것이다.

3. 경전의 기록자

석가모니 부처님께서 하신 말씀을 담아놓은 경전은 누가 기록한 것인가? 바로 아난(阿難)이다. 아난은 부처님의 십대 제자 중 한 분으로 스승인 부처님을 떠나지 않고 일거수일투족 따르면서 시봉하였다.

어느 날, 인도 구시나성(拘尸那城) 부근 발제하(醯蘭若河) 근처에서 석가모니 부처님께서 원적(圓寂)에 들려고 하였다(임종하기 직전으로 참다운 본원으로 되돌아간다(歸眞返本))는 뜻이며, '열반'이라 칭하기도 한다. 아난은 스승이 임종에 가까워졌음을 알고 비통한 감정이 솟구쳐 곁에서 통곡하였다. 이때 제자 수발타(須跋陀)가 도착하였다.

수발타는 아난이 통곡하는 것을 보고 아난에게 "스승님이 계실 때, 우리는 언제든지 '도'를 물을 수 있다. 하지만 스승님이 돌아가시고 나면 우리는 더 이상 가르침을 구할 길이 없으니 울어봐야 소용없다. 스승님이 아직 돌아가시지 않았을 때 네 가지를 스승님께 여쭙고 가르침을 받아 우리에게 알려주는 것이 더 좋지 않겠는가?"라며 글을 남길 것을 권유했다. 그 네 가지는 무엇일까?

첫째, 스승님이 입멸하신 후, 우리는 누구를 스승으로 모셔야 하는가?

둘째, 스승님이 입멸하신 후, 우리는 무엇을 지키며 살아가야 하는가?

셋째, 스승님이 입멸하신 후, 우리는 무엇을 진리(法)로 삼아야 하는가?

넷째, 『금강경』의 시작은 어떤 구절을 써야 하는가?

4. 부처님의 유언

부처님은 아난에게 "내가 죽으면 계율을 스승으로 삼고, 사념(四念)을 지키며 살아가야 할 것이니라"고 하셨다. 무엇을 '사념'이라 하는가?

첫째, 몸이 깨끗하지 못함을 관찰하는 것(觀身不淨)이다. 사람에게는 다섯 가지 깨끗하지 못함이 있는데 종자의 깨끗하지 못함(種子不淨), 머무르는 곳의 깨끗하지 못함(住處不淨), 태어나기 이전의 깨끗하지 못함(生前不淨), 죽은 이후의 깨끗하지 못함(死後不淨), 궁극적으로 깨끗하지 못함(究竟不淨)이다.

둘째, 받아들이는 것이 모두 괴로움임을 관찰하는 것(觀受是苦)이다. 사람이 누리는 일체는 모두가 괴로움이다.

셋째, 마음이 항상 하지 않음을 관찰하는 것(觀心不常)이다. 사람에게 항상 하는 마음이 없다는 것은 바로 본심이 아니라는

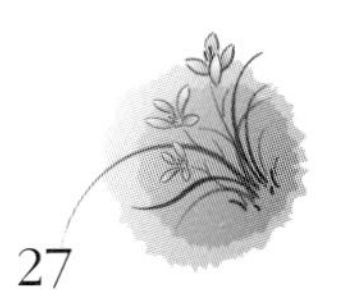

것이며, 망령되게 생각하는 마음(妄想心)이 있는 한 진정한 양심은 실현되지 못한다.

넷째, 제법에 자아라는 실체가 없음을 관찰하는 것(觀法無我)이다. 사람의 모든 고뇌는 '나(我)'로 인해서 미혹에 빠진 결과이니, 실로 세상의 모든 존재에게는 사실상 '자아(我)'가 없는 것이다.

아난의 세 번째 물음은 본시 무엇을 진리(法)로 삼아야 하느냐다. 제자들에 신앙의 깊이가 모두 다르기 때문인데, 심지어 믿음이 바뀌는 제자들이 있을 경우에는 어떻게 돌봐주어야 하는가?의 문제다. 석가모니 부처님의 대답은 그냥 내버려두라는 것이다. 즉, '침묵으로 내버려두고(默擯)' 협력하지 말라는 뜻이기도 하고, 교화는 하되 스스로 성찰하고 스스로 선택하게 하라는 것이기도 하다.

네 번째 물음에 대하여 부처님께서는 다음과 같이 대답하셨다. '이와 같이 내가 들었다(如是我聞)'라는 말은 원래 일종의 올바른 믿음의 서두로 경전의 내용(經文)이 틀림없이 정확한 것임을 증명하는 것이고, 말세의 중생들이 믿음의 생각을 일으키는 일종의 서분(序分)이다. 이렇게 해서 지금의 각 경전들은 모두 '이와 같이 내가 들었다(如是我聞)'를 널리 사용하고 있다.

이상이 바로 아난이 기억하고 있는 스승의 마지막 유언이다.

5. 여황제 측천무후

중국의 첫 번째 여황제는 누구일까? 그녀는 측천무후(則天武后, 624~705)이다. 무측천으로 불리는 여황제의 이름은 조(曌)이고, 산서성(山西省) 문수현(文水縣) 사람으로 죽은 뒤의 익호는 측천대성황후(則天大聖皇后)다. 그녀는 능력과 지모가 뛰어나 인재를 잘 골라 썼으며, 스스로 황제 즉위에 올랐다. 당나라 고종(高宗)의 황후였던 그녀는 『금강경』을 즐겨 연구했다. 『금강경』 앞쪽 발원문의 개경게송(開經偈子)은 무측천이 직접 지어서 올렸다고 전해진다.

위없이 깊고 깊은 미묘한 법(無上甚深微妙法)
백천만겁이 지나도 만나기 어렵네(百千萬劫難遭遇);
제가 지금 보고 들은 것을 받아 지니고자 하니(我今見聞得受持)
원컨대 여래의 진실한 뜻을 이해하게 해주시옵소서(願解如來眞實義).
어떻게 하면 장수를 하여(云何得長壽)
금강으로 몸이 파괴되지 않을까(金剛不壞身);
다시 무슨 인연으로써(復以何因緣)
크고 견고한 힘을 얻을까(得大堅固力);
어떻게 이 경으로써(云何於此經)
결국 피안에 이를까(究竟到彼岸);
원컨대 부처님께서 미묘한 곳을 열어주시어(願佛開微密)
널리 중생을 위해 말씀해 주시옵소서(廣爲衆生說).

그렇다면 무엇을 게송이라고 해야 할까? 게송은 노래로 부를 수 있는 짧은 시구(詩句)를 말한다. 무측천이 지었다고 전해지는 이 게송은 불교문학사에서 매우 엄밀하게 잘 구성된 문학작품으로 평가받고 있다. 이 게송만을 본다면 무측천은 문학과 뛰어난 불심(佛心)을 지닌 탁월한 재능을 소유한 여장부라는 것을 알 수 있다. 이 짧은 게송은 일종의 방향 제시일 뿐이고, 그 길은 우리 스스로 찾아야 한다는 것을 알려주고 있다. 현재 이 순간 무측천이 이미 우리를 위해 『금강경』을 해석하는 문을 우리 스스로 열어젖혀놓은 셈이다!

제3절 '이와 같이 내가 들었다'라는 개념

1. 형이상의 여시아문

『금강경』을 펼쳐보면 '여시아문(如是我聞)'이라는 네 글자가 첫 번째 구절을 이룬다. 이 네 글자는 석가모니 부처님께서 입적하기 직전 제자 아난이 스승님께 질문한 것에서 연유한다. 아난이 물으셨다: "스승님, 스승님께서 이제 가시고 나면 우리가 스승님의 가르침을 어떻게 기록해야 하옵니까?"

석가모니 부처님께서 그에게 알려주셨다: "그렇다면 네가 경전을 시작하기에 앞서 '여시아문' 네 글자를 보태면 본 경전은 스

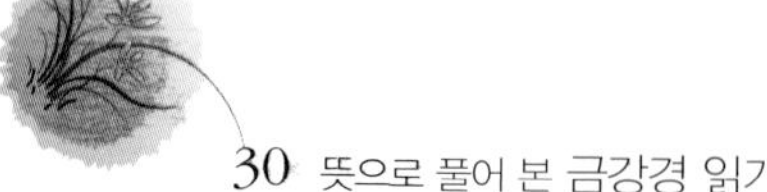

승님께서 이렇게 말씀하신 것을 내가 들은 것이고, 그래서 이렇게 기록한 것일 뿐이라는 뜻이 된다." 이는 가장 보편적이고 가장 간단하면서도 가장 알기 쉬운 말이다.

"이와 같이 내가 들었다(如是我聞)"라는 이 문장구조(句法)도 가장 아름답고 가장 문학적인 맛을 갖고 있는 것으로, 중국 불교 문학사의 커다란 특징을 담고 있다. '여시아문'을 만약 중국 문자의 문법에 근거해서 쓴다면 '아문여시(我聞如是)'로 해야 할 것이 마땅하지만, 전후 도치(倒置)를 통해서 그 미학적 가치를 더욱 도드라지게 드러냈다.

석가모니 부처님께서는 무엇 때문에 '여시아문'이라는 네 글자를 선택해서 모든 경전의 앞에 놓이게 했을까? 이것은 석가모니 부처님께서 49년간의 설법을 통해 제자들을 가르친 것이, 바로 이 네 글자의 형이상적 개념에 근거해서 말한 것임을 증명하고 있으며, 이것이야말로 주제이며 형이하의 우주 현상학에 대한 운용이기도 하다.

형이상의 '여시아문'은 무엇을 말하는가? '여(如)'는 무슨 뜻일까? 부처님은 "여여부동(如如不動)"㉜이라고 말씀하셨다. 여여하게 움직이지 않는다는 뜻의 여여부동은 불교의 최고 경지다. 또, "여래는(如來)[10], 좇아 나오는 곳이 없고(無所從來), 또한 가는 곳도 없다(亦無所去)"㉙라고 말했는데, 이는 시작도 없고 끝

10) 원문에는 '如來' 뒤에 '者'가 없다. 무진장불교문화연구원에서 간행한 『금강반야바라밀경』에는 '여래' 뒤에 '者'가 있다. 여기서는 원문에 따른다.

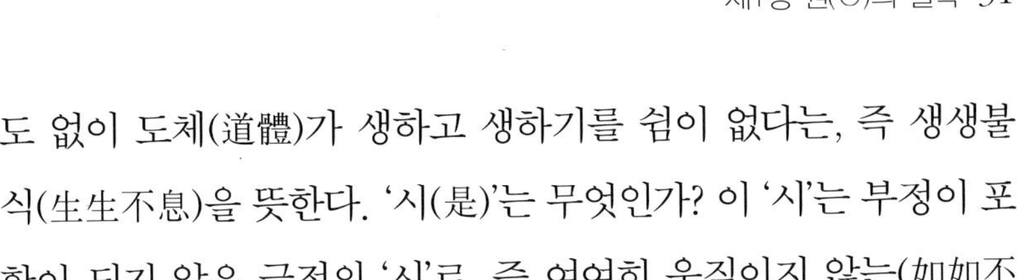

도 없이 도체(道體)가 생하고 생하기를 쉼이 없다는, 즉 생생불식(生生不息)을 뜻한다. '시(是)'는 무엇인가? 이 '시'는 부정이 포함이 되지 않은 긍정의 '시'로, 즉 여여히 움직이지 않는(如如不動) 그 도체를 가리킨다.

'아(我)'는 무엇인가? 자아(自我)는 육체의 '자아'와 자성(自性)의 '자아'로 나뉜다. 육체적인 자아는 사라질 수 있으나 자성적인 자아는 영원히 존재한다. 예컨대 귀는 살로 된 것인데 한 조각의 살이 어떻게 소리를 들을 수 있단 말인가? 듣는다는 것(聞)은 결코 살 조각인 귀로 듣는 것이 아니다.

'여시아문'은 도체의 '나'로 석가모니 부처님께서 전하는 도체의 법을 듣는다는 것이 된다. 그렇지 않다면 살 조각에 지나지 않는 귀로 법을 듣는다는 말이 되며, 일반적인 학교에서 지식만을 위해 선생님이 학생에게 지식을 전수하는 것과 무슨 차이가 있겠는가? 석가모니 부처님께서는 일반적인 지식을 전해 주는 것이 아니라, 우주 만유의 규율과 우주의 본원을 전해 주고 있는 것이며, 그것은 형이상의 도체이며 생명의 근원처다.

석가모니 부처님께서는 왜 아난에게 모든 경전의 앞에 '여시아문' 네 글자를 덧붙이라고 했을까? 그것은 아난이 이미 그 여여히 움직이지 않는(如如不動) 경계, 즉 명심견성(明心見性)의 도체를 알고 있었기 때문이다. 마치 공자께서 제자에게 "삼아(參乎)! 내 도는 하나로 관통된다(吾道一以貫之)"[11]라고 말한 것과 같다.

2. 일시(一時) 개념

우리가 알다시피 우주에는 과거, 현재, 미래라는 것이 없다. 석가모니 부처님께서 말씀하셨다: "과거의 마음을 얻을 수 없고(過去心不可得), 현재의 마음을 얻을 수 없으며(現在心不可得), 미래의 마음을 얻을 수 없다(未來心不可得)"⑱. 이 '일시(一時)'는 '일시가 아님(非一時)'이라는 뜻이다. 일시는 바로 '그때'를 말하며, '그때'는 바로 '이때'이기도 하다. 우리가 언젠가 도를 깨달아 우주의 본체를 이해한다면 바로 그때가 곧 '일시'이다.

이 '일시'는 고금도 없고 미래도 없으며, 절대적이지 않다. 석가모니 부처님께 있어서 시간, 장소, 나이에 대한 개념이란 없다. 오직 한마음(唯心)이 있을 뿐으로, 즉 한생각(一念)이 온갖 생각(萬念)이고, 온갖 생각(萬念)이 한생각(一念)이라는 개념이다.

진정한 시간이란 만년(萬年)이 일념이 되고 일념이 만년으로 되는, 그리고 만년시가 일시로 되고 일시가 만시(萬時)가 되는 시간이다. '일'은 수의 시작이다. 그것의 변화는 시공간적으로 끝이 없이(無邊無際) 전개된다. 형상이 있음(有相)으로부터 형상이 없음(無相)에 이르고, 무상으로부터 유상에 이르는 다함이 없는(無窮盡) 변화다. 실제 있음(實有)으로부터 없음의 텅 빔(無虛空)에 이르기까지 모두가 '일시'의 변화 중에 있다.

이 '일시'에는 망령된 마음[妄心]이 없고, 이외의 다른 모두는

---

11) 『논어』「里仁」.

망심이므로 우리는 어떻게 우리 자신의 망심을 굴복시킬 것인가? 그것은 바로 '일시'의 순간[片刻]에서 생겨나는 청정심(淸淨心)을 통해서 그것을 굴복시킬 수 있는 것이다.⑭

3. 드무신 세존이시여(希有世尊)의 종지

'희유세존(希有世尊)'이란 무슨 뜻일까? 누가 말했을까? 부처님의 제자가 1,250명이나 되지만 그들 모두 스승님의 가르침을 믿었을까? 믿은 제자가 있다고 해도, 반은 믿고 반은 의심하거나 또는 반은 의심하고 반만 믿었을 것이다.

부처님의 제자 수보리(須菩提)도 부처님을 따른 지 30여 년이 지났음에도 다른 제자들과 마찬가지로 믿음보다 의혹이 더 많았다. 그러나 이른바 '일시'에 자신의 스승님을 봤는데 평소에 입으시던 옷을 입고, 평소에 드시던 음식을 드시고, 그리고 발을 씻고 자리를 펴고 앉으시는 그 찰나에 도체의 묘용을 깨달았다. 그리하여 "드무신 세존이시여[希有世尊]!"라고 찬탄하면서 말하였다. 이른바 '희유세존'이라는 말은 바로 『금강경』 전체에 대한 수보리가 깨달음에 대한 찬사이다.

이것은 흡사 중국 전국시대의 맹자(孟子, 기원전 372~289)가 노나라에 유학을 갔다가 공자의 의관 · 수레 · 예기(禮器) · 서적을 보고, 유가의 제자들이 공자의 제사에 참여하면서 갑자기 바로 그 '일시'에 공자의 대도를 깨달은 것과 같다. 이때 그도 마치 잔뜩 가물었던 초목이 단비를 맞은 것처럼 찬미하며 말했다: "인간이 존재한 이래로 일찍이 공자와 같이 이렇게 위대한 인물은 있은 적이 없다." 이때 맹자는 비로소 자신이 걸어가야 할 길을 진정으로 알았고, 자신이 본받아야 할 사람을 분명하게 인식하게 되었다.

성인은 진정 백세(百世)의 스승이다! 그가 비록 백세(百世) 이전에 태어났을지라도 백세(百世) 이후의 사람들은 그의 영향을 받아 분발하고 발전하면서 성인의 모범을 본받지 않는가! 수보리가 자신의 스승님을 찬미한 것은 역시 맹자와 마찬가지였다. 맹자는 공자보다 백 년 뒤에 태어났으나 수보리는 자신의 스승님을 직접 만났고 따랐으며, 스승 앞에서 깨달았으니 크나큰 기연(機緣)이 아닐 수 없다. 이것은 인간이 존재한 이래로 가장 보기 드문 기묘한 만남이며 보기 드문 찬미다.

4. '일체 중생'의 개념

우주가 있으니 음양(陰陽)이 있고, 음양이 있으니 남녀(男女)가 있고, 남녀가 있으니 자웅(雌雄)이 있다. 무엇을 '일체'라 하는가? 우주에서의 변화는 모두 '일'로부터 시작되며, 그래서 '일'이 모든 것을 포괄한다는 것을 우리는 알고 있다. '일'은 일정한 범위를 갖고 있지 않으며, 어떠한 것도 모두 '일체' 안에 있다는 것도 알고 있다. '일'은 형이하의 현상이다. '일' 이상은 도체이며,

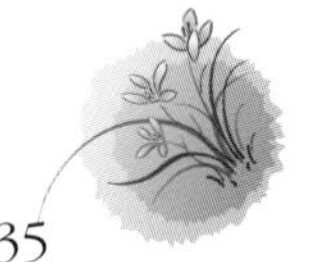

우리는 그것을 원(圓)으로 가정할 수 있다. 하지만 그것은 결코 우리 인간이 그려낼 수 있는 원이 아니다.

무엇이 '중생'인가? 간단히 말해서 생명이 있는 동물 · 식물 모두를 중생이라고 한다. 『예기 · 제의(禮記 · 祭義)』에서 "뭇 생명들은 반드시 죽게 되고(衆生必死), 죽으면 반드시 흙으로 돌아간다(死必歸土)"고 했다. 즉, 중생이란 오직 '사람'만을 가리키는 것이 아니다. 사람은 단지 중생의 일종에 지나지 않을 뿐이고, 다른 동물 · 생물 심지어 세균에 이르기까지 생명이 있는 모든 동물이 중생에 속한다. 그 모든 것의 육체도 결국 죽게 마련이며, 죽어서는 모두 흙으로 돌아간다. 하지만 영원한 삶을 사는 자성의 생명은 도체(道體)로 돌아간다.

우리는 태어나 '사람(人)'이 되고 사람은 만물의 영장이다. 사람이 없다면 어떤 생물이 무엇인지 아무도 알 수가 없다. 사람은 먼저 사람을 구제해야 하고, 생존을 도모하고, 발전을 추구해야 한다. 사람이 없다면 이른바 우주의 대도(大道)요, 이른바 생생불식(生生不息)이 무슨 소용이 있겠는가? 오직 사람이 있기에 비로소 우주 대지의 변화 현상이 있고, 난생(卵生) · 태생(胎生) · 습생(濕生) · 화생(化生) · 유색(有色) · 무색(無色) · 유상(有想) · 무상(無想) 등 12종류가 있으며, 이른바 일체 중생③이 있는 것이다.

석가모니 부처님께서는 사람이지만 모든 중생을 구제하고자 했다. 석가모니 부처님께서 "실로 여래가 제도한 중생은 없다(實

無有衆生如來度者)"㉕라고 말씀하셨는데, 그 뜻을 풀이하면 "내가 제도한 중생은 하나도 없고, 그들은 단지 각기 스스로 그러함에 따르고, 우주의 생생불식하는 대도를 따라 스스로가 스스로를 구제할 뿐이다. 마치 햇빛이 비추고 비바람이 저절로 오고 대지의 만물이 저절로 그렇게 생장하는 것처럼 말이다. 뜻이 이러할진대, 나 석가모니가 또 무엇을 할 수 있겠는가? 나도 일반 대중이며 천하 창생의 사람이다." 역시, 존경하는 석가모니 부처님의 이러한 겸허함은 성인으로 타고난 특성(本色)이시다.

제4절 금강의 무대와 스크린

1. 두 주인공

두 주인공 중에서 첫 번째 주인공은 누구일까? 바로 석가모니 부처님(釋迦牟尼, 기원전 544~464)이시다. 석가(釋迦)는 석가족의 종족명으로 '능인(能仁)'의 뜻이 있고,12) 모니(牟尼)는 '적묵(寂默)'의 뜻이 있다.13) 이름은 싯다르타이시다.

12) '석가'는 산스크리트어를 한자로 음역한 것이고, 그것을 의역한 것이 곧 '能仁'이다. '능인'은 자비로 중생의 고통을 제거해 주고 중생에게 즐거움을 준다는 의미를 갖고 있다.

13) '모니'는 산스크리트어를 한자로 음사한 것이고, 그것을 의역한 것이 '寂默'이다. '적묵'은 어떠한 상에도 탐착되지 않는다는 의미를 갖고 있다.

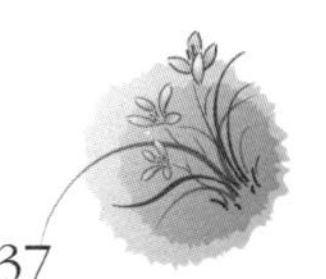

석가모니 부처님께서는 중인도 카필라위성에서 태어났다. 카필라위성은 매우 아름다운 문화가 있는 도시다. 그는 이 아름다운 성의 정반왕(淨飯王) 아들로 태어나 태자가 되었으나, 인간세의 무상함을 깨닫고 마침내 사문으로 출가하여 보리수 아래에서 깨달음을 얻고 49년간 설법하시고 원적(圓寂)에 드셨다.

사문(沙門)이란, 출가한 수도자들을 통칭하는 말로 마음과 뜻을 맑게 하고, 부지런히 닦아 번뇌를 소멸시킨다는 뜻이 있다. 석가모니 부처님께서 보리수 밑에서 세간의 번뇌를 벗어나 과거, 현재, 미래가 없는 경지에 들었다. 순간 이때 이곳의 한 송이 꽃처럼 해방되었다. 한순간 그 무엇도 남아 있지 않으며, 이미 우주대도와 합일되어 큰 '도'를 깨우쳤으며, 무엇이 영원한 삶인지를 깨닫게 되었다.

두 번째 주인공은 누구일까? 그는 바로 부처님의 십대 제자 중 하나인 수보리(須菩提)다. 수보리는 중국 문자로는 선현(善現)이 되며, '공생(空生)'이라 이름하기도 한다. 전해 오는 말에 따르면 수보리는 재력이 엄청난 집에서 태어났으며, 그가 태어나던 바로 그 찰나 간에 집안의 모든 재산이 모두 '비워(空)'졌고, 그래서 '공생'으로 이름을 지었다고 한다. 얼마 지나지 않아 그의 집 재산은 다시 나타났으며, 다시 '선현(善現)'이라 이름을 부르게 되었다고 한다. 수보리는 공(空)을 가장 잘 이해한(解空) 석가모니 부처님의 가장 큰 제자이시다.

부처님의 십대 제자

마하가섭(摩訶迦葉) - 두타제일(頭陀第一)

사리불(舍利佛) - 지혜제일(智慧第一)

부루나(富樓那) - 설법제일(說法第一)

가전연(迦旃延) - 논의제일(論議第一)

우바리(優婆離) - 지율제일(持律第一)

아난타(阿難陀) - 다문제일(多聞第一)

수보리(須菩提) - 해공제일(解空第一)

대목건련(大目犍連) - 신통제일(神通第一)

아나율(阿那律) - 천안제일(天眼第一)

나후라(羅睺羅) - 밀행제일(密行第一)

『유마경(維摩經)』 상, 『광홍명집(廣弘明集) · 십대 제자(十大弟子) · 오백 나한(五百羅漢)』

수보리는 공(空)의 이해(解空)에 능한데, 그가 공의 이치를 완전히 이해하기까지 누구의 계발을 받았을까? 바로 그의 스승인 석가모니 부처님으로부터다. 석가모니 부처님께서 없으셨다면 수보리가 어떻게 깨우칠 수 있었겠는가? '공'이 도체인 한에서 그로 하여금 그 안에서 생활하게 하고 그 세상에서 살게 하는데, 거기에는 자신의 존재도 없고 한계도 없이 무한한 것이다. 그것은 순수한 공이고 우주의 도체다. 모든 것이 풀려 완전히 해방되어 그는 자유로이 우주로, 도체로 나아가 도와 합일을 이루었다. "마음으로써 관통함(以心貫之)"이 바로 『금강경』의 중심 사상이다.

2. 나의 스승님 사랑(吾愛吾師)

수보리가 석가모니 부처님을 얼마만큼 존경했는지 알 수 있는 것으로 다음과 같이 말하였다. 수보리가 석가모니 부처님께 아뢰기를, "세존이시여, 세상에는 스승님처럼 위대한 분이 결코 있은 적이 없습니다!"라고 말하였다.

석가모니 부처님께서는 여전히 그 자리에 고요히 앉아 계시면서(靜坐) 어떠한 반응도 내보이지 않으셨다. 말없이 조금의 움직임도 없으신 채 고요하게 그 자리에 앉아 계셨다. 이에 수보리는 무릎 꿇고 합장한 채 큰 소리로 외쳤다: "세존이시여, 저는 스승님을 사랑합니다. 정말로 스승님을 사랑하고 있사옵니다. 청컨대 저의 문제에 답을 주시고 제가 어찌해야 하는지 가르침을 주소서!"

수보리는 무슨 문제를 묻고자 한 것일까? 그것이 바로 어떻게 하면 보리심(菩提心)을 항상 머무르게 할 수 있는가, 그리고 어떻게 하면 망령된 마음(妄心)을 제압할 수 있느냐는 것이다. '보리심'은 무엇인가? 바로 선천적인 본성이며, 올바른 깨달음[正覺]이기에 '정각'이라고 부른다.

그는 무엇 때문에 이 '마음'의 문제를 물었을까? 마음이란 대체 무엇일까? 육신의 덩어리인가? 아니면 도체인가? 보리심이란 바로 도체로서의 마음이며 변하지 않는 마음이다. 반면, '망령된 마음[妄心]'은 육체적인 마음이며, 언제나 정서와 환경에 따라 바

꿔고 늘 사람을 불안하게 만든다.

이때 석가모니 부처님께서 서서히 눈을 뜨시고 제자인 수보리를 바라보시더니 다음처럼 말씀하셨다:

"훌륭한 질문이로다, 아주 훌륭한 질문이로다! 그렇다면 네가 너의 그 변치 않는 보리심을 굳게 지켜보거라! 네가 그 도체의 보리심을 지킬 수만 있다면 그 육체적인, 쉽게 변하는 그 망심을 통제하고 굴복시킬 수 있을 것이다. 너의 그 보리심으로 망령된 생각(妄念)을 일으키는 그 육체적인 마음을 지배하거라! 네가 직접 스스로 실행해 보거라.

너의 지혜를 사용해서 기분(情緖)에 살지 말고 지혜 속에서 생활하라. 이 뜻을 알겠느냐? 너는 알 것이다. 그렇지 않다면 네가 어떻게 '마음(心)'에 관한 문제를 질문했겠느냐? 이는 형이상의 근본 개념(大概念)이며, 지혜가 뛰어난 상지(上智)의 사람에 대한 말이며, 네가 나로 하여금 말하도록 한 것이지 결코 내가 원해서 너에게 말한 것이 아니다. 그러니 너는 가서 잘 실천하도록 하거라!"

수보리는 스승의 말씀을 듣고 내심으로부터 감격해 무릎 꿇고 외쳤다. "세존이시여! 스승님을 사랑하나이다." 이렇게 감동의 순간을 수보리는 부처님 살아생전에 직접 뵙고 환희의 목소리를 듣고 깨우친 것이다.

3. 선각이 후각을 깨우침(先覺覺後覺)

석가모니 부처님께서는 먼저 깨우친(先覺) 사람이고, 수보리는 나중에 깨우친[後覺] 사람이다. 먼저 깨우친 사람은 인류의 스승이고, 나중에 깨우치는 사람인 후각(後覺)은 다시 깨우치는 사람이다. 인류에게 진보가 있는 까닭은 바로 선각 · 후각이 서로 이어지면서 후각의 사람이 생겨나기 때문이다.

맹자(孟子)는 다음처럼 말했다: 하늘이 사람들을 생겨나게 한 것은 우주의 대도(大道)를 먼저 깨우친 사람으로 하여금 나중에 깨우치는 사람을 각성시키게 하고, 먼저 인생의 도리를 깨달은 사람으로 하여금 후에 알게 되는 사람을 각성시키도록 하기 위함이다. 나는 하늘이 낳은 사람들 중에서 이러한 도리들을 먼저 깨우친 자로서 이 대도를 가지고 이 사람들을 각성시켜야 한다. 내가 그들을 각성시키지 않는다면 또 누가 하겠는가?[14)]

석가모니 부처님께서도 이러했고, 맹자도 이러했다. 그들은 모두 선지 · 선각자로 후자의 중생을 각성시켰다. 맹자는 "누구나 요 · 순이 될 수 있다(人人都可以成爲堯舜)"[15)]고 말하였고, 석가모니 부처님께서는 "중생은 모두 부처이며(衆生皆是佛), 차이가 없다(無有差別)"고 하셨다.

불교에서 '불(佛)'자에는 가장 큰 지혜를 가지고 스스로 깨달

14) 『맹자』 「萬章 上」.
15) 『맹자』 「告子 下」.

음에 이를 수 있으면서, 또한 중생을 각성시킬 수 있다는 뜻을 가지고 있다. 누구나 각행을 원만히(覺行圓滿)[16] 할 수 있다면 곧 부처가 된다. 부처님(佛)은 곧 "스스로 깨닫고 타인을 각성시키며, 자기와 타인을 모두 구제하는" 위대한 스승이다. 석가모니 부처님께서 수보리의 질문에 대답한 까닭은 수보리를 구제하고 수보리가 다시 다른 사람들을 구제하도록 하기 위함이다. 그러므로 부처님(佛)은 지혜로운 자(智者)이며 깨달은 자(覺者)이다.

이 책을 읽고 있는 여러분은 지혜로운 자, 혹은 깨달은 자가 되고 싶은가? 그렇다면 여러분은 망심(妄心)에 이끌리지 말고 불변의 보리심을 언제나 잘 지켜내야 한다. 큰 뜻(大志)을 세워 선지(先知) · 선각(先覺)의 사람이 되고자 일념으로 노력해야 한다.

『금강경』은 상지(上智)의 사람에게 말하는 법이며, 이른바 대승(大乘), 최상승(最上乘)에게 말하는 법이다. 공자는 중등 지혜 이상의 사람에게만 심오한 우주의 대도(大道)를 알려줄 수 있고, 중등 지혜자 이하의 사람에게는 그런 심오한 도리를 알려줄 수 없다고 말한 것[17]이 바로 이 뜻이다.

말해주지 않는 것은 시기와 인연(機緣)이 무르익지 않았기 때문이다. 여기서 석가모니 부처님께서 설법으로 중생을 구제하는

---

16) '覺行圓滿'은 석가모니 부처님의 경계를 가리키는 말이다. '각행'은 '자기 스스로 깨달음[自覺]'과 '타자를 깨우치게 함[他覺]'을 상호 원인과 결과로 해서 병진케 함을 뜻하는데, 이렇게 해서 마침내 궁극의 '圓滿'한 상태에 이른 것을 '覺行圓滿'이라고 한다.

17) 『논어』「雍也」.

데는 세 가지 큰 인연이 있는데, 그것은 곧 장소와 중생, 시간적 인연이다. 그러므로 기연(機緣)이 무르익지 않으면 설법하지 않으셨으며, 공자도 그러했고 맹자 역시 그러했다. 장소의 인연(因地)이란 모름지기 장엄한 도량(道場)이 있어야 한다는 것이고, 사람의 인연(因人)이란 반드시 불교의 진리(佛法)를 듣고 이해할 수 있는 지혜가 있어야 한다는 것이며, 시간의 인연(因時)이란 시기의 인연이 무르익기를 기다려야만 한다는 것이다.

석가모니 부처님께서 수보리에게 설법할 때는 3가지 인연이 모두 무르익었을 때, 바로 앞에서, 즉 우리가 말한 그 '일시(一時)'다.

4. '금강검'을 등에 차고

'금강검(金剛劍)'을 등에 차고 세계로 나아가고 중생에게로 나아가자. 우리는 이미 영원히 변하지 않는 보리심이 있음을 알고 있지 않는가? 이미 알고 있다면 상지자(上智者)이며 선각자(先覺者)다. 따라서, 더 이상 우리를 번뇌하게 하는 망심(妄心) 속에서 살지 말자. 망심이 있으면 망념이 많아지고, 망념이 많아지면 어떻게 자유롭게 항상 있는 그 자체(自在)일 수 있겠는가?

불교의 해석에 따르면, "사람에게 망념이 하나 있으면 8만4천 개의 번뇌가 있게 된다." 번뇌가 반드시 고통은 아니지만 그 육체적 마음(肉心)은 늘 불안하고 조급해진다. 만약, 우리가 즉시

보리심으로 되돌아갈 수 있다면 바로 그 순간 지혜가 생겨난다.

번뇌는 오히려 결코 무서운 것이 아니다. 정말 무서운 것은 우리가 제때 결단하지 못한다는 것, 다시 말해 제때 '금강검'으로 그것을 잘라내지 못한다는 점이다. 석가모니 부처님께서는 번뇌가 없었을까? 석가모니 부처님께서는 누구보다도 번뇌가 많았으리라. 그러나 '금강검'으로 자신의 번뇌를 하나하나 제거해 버림으로써 비로소 큰 지혜(大智), 큰 깨달음(大覺)을 얻게 된 것이다. 그러했기 때문에 석가모니 부처님은 수보리에게 다음처럼 말할 수 있었던 것이다: 네가 이 경의 경명을 『금강반야바라밀(金鋼般若波羅蜜)』이라고 하거라! ⑬

지금 이미 지혜로운 자(智者), 깨달은 자(覺者)라면 우리는 무엇을 해야 하는가? 우리는 '금강검'을 등에 차고 세상으로, 그리고 중생에게로 나아가 그들을 이해하고, 그들을 돕고, 그들의 번뇌를 해결해 주어야 한다. 또한, 그들에게 항상 머물러 있고 변치 않는, 즉 상주불변(常住不變)하는 보리심이 있고, 늘 변화하면서 망령된 생각을 하는 이른바 망념심(妄念心)이 있다는 것을 알려주어야 한다. 보리심은 바로 도체의 마음이며 영생하는 생명이다.

반면에 망심(妄念心)은 육체 덩어리로서의 마음으로 욕망의 덩어리이고 죽어가는 마음이다. 어떻게 해야 비로소 보리심을 굳게 지켜낼 수 있는 것일까? 그것은 바로 일체의 형상[相]을 떠나고 일체의 형상을 해체(破解)하는 것이다. 무엇을 일체의 형상

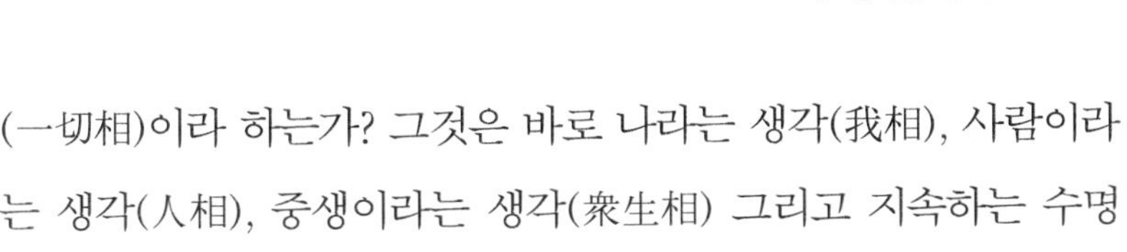

(一切相)이라 하는가? 그것은 바로 나라는 생각(我相), 사람이라는 생각(人相), 중생이라는 생각(衆生相) 그리고 지속하는 수명이라는 생각(壽者相)이다.③

상이란 천지가 만물을 생겨나게 한 모든 현상이며 동물 · 식물 · 나 · 너 · 그를 포함한다. 그중에는 또 다양한 게 많은 개인의 관념들이 포함되기도 하는데, 예를 들면 '이것은 내 것'이고 '그것은 네 것'이며, 또는 '저것은 그의 것이 아니라 이것이 그의 것이다' 등과 같은 생각들이다. 중생상(衆生相)은 인류사회의 모든 현상이며, 또한 모든 만물의 현상이다. 수자상(壽者相)은 모든 중생의 생로병사의 과정으로서, 예를 들면 나는 너보다 장수하고 그는 너보다 단명하며 그는 몇 년 못 살고 죽는다와 같은 것이다.

이런 현상은 모두 없어지기 마련이고 사라지기 마련이다. 현상은 사라지지만 영원히 살아 있는 생명은 사라지지 않고 단지 도체로 돌아갈 뿐이다. 우주는 만물을 생겨나게 하지만 소유하지 않으며, 우주의 대도(大道)는 아상 · 인상 · 중생상 · 수자상에 속하지 않는다. 그것은 누구에게도 속하지 않는 위대한 생명의 도체이며, 이것으로 생각해 보자면 네 가지 상에서 인상(人相)이 제일 중요하다. 우리는 이 몸(肉體)을 소중히 여기고 아끼고 사랑해야 하며, 생기 넘치고 건강하도록 유지해 커다란 작용을 발휘하도록 해야 한다.

큰 뜻을 세워 일체의 현상을 해체하고 그로부터 떠나야 한다.

이것은 무슨 경계일까? 우리가 무슨 경계인지 알고 있는가? 만약 알고 있다면 곧 경계가 있다는 것이고, 경계가 있으면 바로 일체의 형상을 가지고 있는 셈이다.

가자! 우리의 '금강검'을 등에 차고 가서 일체의 형상을 베어버리자. 여기서 우리가 잊지 말아야 할 것이 있다. 즉, 일체의 형상과 일체의 정감과 육망(七情六欲)은 모두 태어나면서부터 갖추어진 일종의 특수한 기능이다. 이 기능을 조종하는 사람은 바로 우리 자신으로, 우리가 어떻게 운용하는지에 따라서 양상이 달라진다. 어떤 사람은 그것을 번뇌 속에서 운용하고, 어떤 사람은 그것을 즐거움 속에서 운용한다.

이것은 완전히 우리 스스로에게 달려 있다.

5. '인간'은 죽지 않는다

인간은 우주의 현상이며, 우주는 생명의 도체이다. 인간은 죽지 않는다. 인간이 죽는다면 우주도 곧 존재하지 않는다. 하지만 공자도 죽고 석가모니 부처님께서도 죽는다. 무릇 인간이 모두 죽는다는 것은 인간의 육신이 소멸된다는 것을 뜻한다. 그러나 인간은 죽지 않는다. 이 말이 부정을 뜻하는데, 인간이 죽었는데 우주에 어떻게 또 인간이 있다는 말인가? 하지만 과거의 인간, 현재의 인간, 미래의 인간이 이렇게 이어지면서 생생불식(生生不息)하는 생명의 연속이며, 더 넓게는 우주 생명의 연속이다.

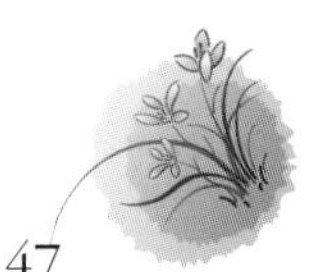

인간의 생명과 우주의 생명은 하나의 공동체다.

인간은 죽지 않으며, 중생도 마찬가지로 죽지 않는다. 죽음이란 단지 외적인 껍데기를 바꾸는 것이다. 인간이 없으면 어찌 중생이 있으며, 어떻게 중생을 알 것이며, 또 어떻게 우주가 살아있는 도체임을 알겠는가? 이 때문에 우리 인간은 만물의 척도이며 만물의 영장이다. 여기서 '영장(靈長)'의 '영(靈)'은 이끈다(領導)는 뜻이다. 인간이 있어야 비로소 난생, 태생, 습생, 화생, 유색생, 무색생, 유상생, 무상생, 비유상생, 비무상생이라는 열 가지 부류의 생명③을 알 수 있다.

이 열 가지 부류의 생명을 자세히 분석해 보면 과학에서 철학으로, 철학에서 다시 정치학 및 인생철학, 교육철학에 이르기까지 어떻게 다른 사람들을 교화하고 변화시킬 수 있는지, 어떻게 좋지 않은 시대를 좋은 세상으로 바꿀 수 있는지를 알 수 있다.

위대하신 석가모니 부처님께서는 철학자이자 교육자이며, 동시에 과학자이자 생물학자다. 석가모니 부처님께서는 우주의 중생을 12가지 유형으로 나누었다.

제1유형, 난생(卵生): 새, 닭, 오리 등과 같은 것들은 모두 난생에 속한다.

제2유형, 태생(胎生): 사람, 말처럼 각종 태중에서 나온 동물이다.

제3유형, 습생(濕生): 모기, 파리 등과 같이 유동(蠕動)하는 세균에서 나온 곤충이다.

제4유형, 화생(化生): 매미, 잠자리, 나비 등과 같이 변화하는 생물이다.

제5유형, 유색생(有色生): 모습(形象)을 가지고 있거나 물질로 되어 있어 볼 수 있는 형체를 갖고 있다.

제6유형, 무색생(無色生): 우리 인간의 육안으로는 볼 수 없는 현상으로 음 · 양 · 전기 등과 같은 것이다.

제7유형, 유상(有想): 생각과 감각이 있는 것이다.

제8유형, 무상(無想): 생각과 감각이 없는 것이다. 생명을 가진 어떤 것들은 생각하지 못하고 지각하지 못하지만 감각할 수는 있다.

제9유형, 비유색(非有色): 형태와 색깔을 가지고 있지만 다른 것에 의지해서 사는 존재로, 새우를 자신의 눈으로 삼아 활동하는 해파리 같은 것이다.

제10유형, 비무색(非無色): 소리의 외침으로 인해서 형체를 이루는 것으로 주문을 암송해서 생명을 저주하는 것(呪詛厭生)이다.

제11유형, 비유상(非有想): 생각이 없는 것이 아니라 생각이 없는 것처럼 보일 뿐이지만 사실은 생각이 있는 것이다.

제12유형, 비무상(非無想): 수행자와 같이 이미 비무상(非無想)의 경지에 이르렀다.

사실 이 12유형의 생성과 변화(生化)의 원리는 인간의 생장과정에 모두 갖추어져 있다. 우리 인간은 태중에 정자와 난자의 결합에 따른 것이므로, 이때는 난생이면서 태생이다. 어머니의

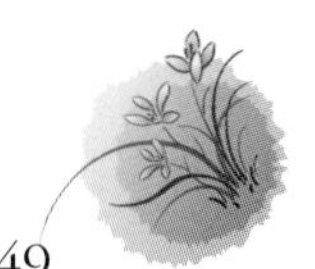

배 속에 있을 때는 습생이다. 녹색채소, 무, 소고기, 양파 등을 비롯해 각종 야채를 먹고 영양분을 쌓아 성인으로 변하므로 화생(化生)이기도 하다. 인간도 형체를 가진 '유색(有色)'으로 신체 기능이 볼 수 있는 물질로 이루어져 있다.

우리는 생각할 때도 있고 멍하게 있을 때도 있으며, 또는 아무런 생각조차도 하지 않을 때도 있고, 극도로 멍청할 때도 있는데, 이는 또 '무상(無想)'의 상태에 놓인 것이다. 어떤 수행자 또는 어른은 때때로 비유상(非有想), 비무상(非無想)의 경계에 이를 때도 있다. 우리는 석가모니 부처님을 대철학자, 대과학자, 의학자라고 말한다. 이미 우리 인간의 생명과 우주의 생명이 일체임을 증명하셨으며, 즉 우주에 있는 것은 우리 인간에게도 있고, 우주의 변화가 우리 인간에게도 그 변화가 미치게 되는 원리가 같다.

우리가 이 변화에 대해 알 수 있는지는 우리 자신의 지혜에 달려 있다. 우주는 죽지 않으며, 인간도 죽지 않으며, 중생도 죽지 않는다. 그러나 중생의 껍데기는 사라지게 마련으로 우주 속으로 사라지고 본체로 돌아간다.

불교에서는 비록 중생을 12유형으로 나누지만 그것은 단지 개념적 구분에 불과할 뿐, 그 변화는 수를 헤아릴 수 없다. 우리 인간의 몸이 바로 대우주이면서 소우주이기에 우주에 있는 모든 것은 우리 인간의 몸에도 있다.

제5절 시방 허공의 개념

1. '시방 허공'이란

진정한 불교도(수행자)는 잉여의 양식을 소유함이 없고 고정된 거처도 없다. 아무것도 소유함 없이 모든 것을 온전히 비우는 자만이 진정한 불교도다. 이것이 바로 '시방 허공(十方虛空)'이라는 거대 개념이다.

시방(十方)은 어느 곳인가? 불교에서는 동, 서, 남, 북, 동남, 서남, 동북, 서북, 상, 하를 시방이라고 한다. 동・남・서・북을 사방이라 하고, 동남・동북・서남・서북은 사우(四隅)[18]라고 한다. 여기에 상・하를 더하여 시방이라고 하는 것이다. 십(十)은 기본 수의 맨 끝자리 숫자다. 아홉(九)에 하나(一)를 더하면 십(十)이 되는데, 이는 완전함 또는 완벽하여 조금의 흠결도 없음을 이른다.

『주역(周易)・계사상(繫辭上)』에서 "하늘은 아홉(天九), 땅은 열(地十)"이라고 했다. 숫자가 십(十)에 이르면 다시 하나(一)로 돌아간다. 하나(一)가 무(無)로 회귀해 텅 비어 아무것도 없으니 바로 시방 허공(十方虛空)이다. 도체로 회귀하면 한계가 없는 형이상・형이하의 우주의 변화 현상이 된다.

석가모니 부처님께서 말씀하셨다: "동쪽의 허공은 헤아려 알

18) 『금강경』에서는 '四維'라고 했다.

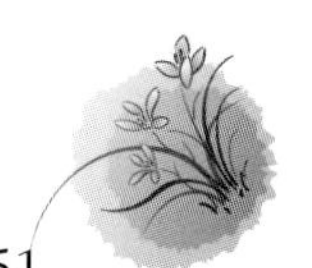

수 없으며, 남서북방 및 사유와 상하의 허공도 헤아려 알 수 없다."④ 어째서 '동쪽의 허공(東方虛空)'이라고 했을까? 그 이유는 사람들은 태양이 동쪽에서 뜬다고 알고 있지만, 진정한 동쪽은 그 끝이 없기 때문이다.

우리가 동쪽으로 가려고 한다고 생각해 보자. 우리가 아무리 열심히 동쪽으로 걸어갈지라도 영원히 동쪽에는 이르지 못하고 결국에는 다시 원점, 즉 우리의 출발점에 이르게 된다. 왜냐하면 우주는 회전 운동으로 인해 동・남・서・북과 상・하의 구분이 없기 때문이다. 이러한 방위는 그저 사람들이 말하기 쉽도록 정해 놓은 것일 뿐이지, 실제로는 '육합이 허공(六合虛空)'이다.

중국 전국시대의 장자(莊子, 기원전 369~286)는 "육합(하늘・땅・동・서・남・북)의 바깥 일에 대해(六合之外) 성인은 그대로 나누고 논하지 않는다(聖人存而不論). 육합의 안쪽 일에 대해(六合之內) 성인은 논하기는 하지만 상세히 따지지는 않는다(聖人論而不議)"[19]라고 하였다. 즉, 우주 안과 밖의 운행법칙에 대해서는 아무리 설명을 하고자 해도 확실하고 분명하게 설명해 내지 못한다는 말이다.

이는 동양문화의 특징이기도 하고 우주 안과 밖의 운행법칙은 생생불식(生生不息)하는 생명으로 우리가 어디에서 태어났을지라도 태양은 언제나 동쪽에서 떠오르기 마련이며 쉼 없이 회전

---

19) 『莊子』「齊物論」편.

한다.

우리가 만약 진정한 불교도가 되겠다고 뜻을 세운다면 마치 태양처럼, 마치 흐르는 구름이나 물처럼, 생생불식하는 생명을 갖추어야 한다. 어떠한 것도 잡아두지 않고 어떠한 것도 남겨두지 않은 채, 오로지 헌신하고 희생해야 한다. 우리의 신체, 그리고 우리의 생명까지 포함해 우리의 모든 것을 헌신해야 한다. 우리의 육신이 마치 비옥한 대지처럼 만물과 일체 중생에게 양분을 제공해야 하며, 우리의 생명이 우주의 대생명과 일체로 융합되도록 해야 한다.

바로 이때 우리는 비로소 진정한 부처(佛)이고 성인(聖人)이며, 천지와 더불어 똑같이 영원하게 된다! 참된 공은 공이 아니듯(眞空不空) 우주의 대도야말로 바로 이와 같기도 하고, 이와 같지 않기도 하다.

2. 흐르는 구름과 물은 머무르지 않는다는 비유

보라! 저 살아 있는 물이 흘러가고 있음을, 영원히 멈추지 않고 흘러가고 있음을 말이다. 흘러가고, 또 새로운 것이 오고, 그렇게 모든 것이 머물러 있지 않다. 어느 날, 공자가 황하(黃河) 기슭에서 "흘러가는 것이 마치 흐르는 물처럼 이러하구나! 밤낮을 가리지 않고 영원히 멈추지 않는구나"라고 감탄하며 말씀하셨다.

석가모니 부처님께서는 이렇게 말씀하셨다: "마땅히 머무는 바 없이(應無所住) 보시를 행해야 하나니(行於布施), 이른바 모양(色)에 머무름이 없이 보시하고(所謂不住色布施), 소리(聲), 냄새(香), 맛(味), 촉감(觸), 대상(法)에 머무름 없이 보시해야 한다(不住聲香味觸法布施)[20]."④

보라! 저 하늘에 떠 있는 구름은 고정된 거처가 없지 않는가? 하지만 모두 거처 아닌 곳이 없고, 또 어느 곳도 거처 아닌 곳이 없다. 어디에나 편안하고 자유로이 오고 가며, 떠나면 그만이고 머무르지 않는다. 그 색, 성, 향, 미, 촉, 법의 '육진(六塵)'은 모두 우주 중에 있고 모든 중생 안에도 있으며, 우리 인간의 육신 안에도 있다. 이 '육진'은 모두 볼 수 없는 것이지만 우주에 흘러다니면서 중생 안에, 육신 안에서 보이지는 않지만 분명 존재하고 있다.

『주역 · 계사(繫辭)』[21]에는 "육허(六虛)에 두루 흐르며(周流六虛) 위아래에 언제나 항상 함이 없고(上下無常), 굳셈과 부드러움이 서로 바뀌어(剛柔相易) 본보기로 요약할 수 없고(不可爲典要), 오직 변화에 적응할 뿐이다(惟變所適)"라고 하였다. 즉, 우주는 쉼 없이 변화 중에 있으며, 1분 1초라도 멈춘 적이 없다

---

20) 본서에는 "不住色聲香味觸法布施"라 하여 '색'자가 들어 있다. 그러나 무진장불교문화연구원에서 간행한 『金剛般若波羅密經』에는 '색'자가 없다. 이 판본에 따랐다.

21) 본서에는 「繫辭上」 편이라 했는데, 이어지는 인용문은 「繫辭下」 편에 나오는 내용이다. 그래서 '상'자를 생략했다.

는 말이다. 마치 우리가 꿈을 꾸는 것처럼 똑같은 꿈은 없고 잡을 수도 남겨둘 수도 없다.

우리는 모든 것을 내려놓고 상(相)에 집착하지 말아야 한다. 상에 집착하는 사람은 고통과 번뇌가 따르기 마련이다. 왜냐하면 그러한 사람은 '육진'에 탐착해 육신의 즐거움을 위하고 어떻게 하면 두루 원만히 통하게[圓通] 되는지를 알지 못하고, 우주 대도의 운행 원리를 알지 못하기 때문이다.

모든 중생의 껍데기는 사라지고 불생불멸의 그 생명만이 영원히 산다는 것을 잊지 말고 기억하자. 우리는 자신의 '육진'을 너무도 사랑한 나머지, 지혜로운 자(智者)도 아니고 대장부도 아닌데 장차 어떻게 부처가 되겠다고 하는 것인가? 우리는 마땅히 가슴을 활짝 열어 우주와 같이 크게 확장시키고 우주처럼 크게 운행해야 한다. 무엇이 복이고, 무엇이 덕인가? 우주와 마찬가지로 대가를 바라지 않고 아낌없이 자선을 베푸는 것이야말로 복이고 덕이다.

우주에는 법이니 불법이니 하는 것은 어디에도 없다. 우주에는 고정된 법칙이 없이 오직 부단히 변화하고 또 변화할 뿐이다. 우주에는 무슨 현상이라 할 것도 없고, 현상이 아니라고 할 것도 없다. 단지 스스로 그렇게 순환하고, 두루 흐르면서 멈춤이 없고, 쉼 없이 두루 흐른다. 그러니 어찌 지킬 수 있는 형색(色)이 있을 수 있겠는가?

무엇을 '색'이라 하는가? 불교에서는 유표색(有表色), 무표색

(無表色), 극미색(極微色), 극형색(極逈色)의 네 가지 유형으로 나눈다. '유표색'은 우주에서 나타나는 청, 황, 남, 백, 흑의 색, 그리고 길고(長), 짧음(短), 높고(高), 낮음(矮)을 가리킨다. 미학(美學)에서도 이렇게 표현한다. 우주 중의 땅(地), 물(水), 불(火), 바람(風) 등과 같은 물질적인 것은 모든 중생의 육신을 포함해, 모두가 일종의 일시적인 수단을 사용해 드러내 보일 수 있는 것들이다.

무표색, 극미색, 극형색은 형이상의 추상적인 것으로 우리가 과학자가 아닌 한 어떤 일시적인 수법으로도 나타낼 수 없다. 우리 일반인들은 '원자 에너지'에 대해 잘 모른다. '에너지' 자체가 바로 비어 있는 것으로 일종의 '공(空)'이다. 그것이 공이기 때문에 그 힘은 다른 것과 비교가 안 되게 엄청나게 크다. 과학 장치로도 측정하지 못할 정도다.

과학자들은 단지 '에너지'가 있음을 알 뿐이지 그것을 나타내 보일 방법이 없다. 이것이 바로 무표색이다. 극미색이란 현대 과학에서 말하는 원자, 원자핵 등으로 거의 보이지 않을 정도로 미세하게 작은 것이다. 극형색이란 끝없이[無窮無邊] 넓은 은하계로 우주 전체의 모든 것을 포괄한다. 누가 그렇게 어마어마한 것을 어떻게 머물게 하겠는가?

크게 지혜로운 자라면 어찌 소리(聲), 냄새(香), 맛(味), 촉감(觸), 대상(法)에 대한 생각에 집착을 가지고 있겠는가? 지혜로운 이는 이미 우주와 동일한 본성(同性), 동일한 몸(同體)이 우주와 한집안(一家)인데, 어디에 조금이라도 공에 대한 어떤 관념이 남아 있겠는가? '육진'이 고정적이지 않기에 '공' 역시 고정적이지 않다.

여러분은 그것을 머물게 할 수 있겠는가? 여러분 스스로 나는 어떤 사람인지 한번 생각해 보자. 사람(人)도 아니고 성자(聖)도 아니며, 부처(佛)도 아니다. 단지 하나의 도체로서 부단히 변화하고 있을 뿐이다.

3. 무위와 설법의 비유

무위(無爲)란 법이 없는 것이다. 중국 역사 철학의 아버지로 불리는 사마천(司馬遷, 기원전 145~186)은 "무위하면 저절로 교화되고(無爲自化), 맑고 고요하면 저절로 바르게 된다(淸靜自正)"라는 말로 노자를 평가하였다. 공자는 다음과 같이 말했다: "인위적으로 억지로 함이 없이 천하를 다스린 사람은(無爲而治者) 아마도 순임금일 것이다(其舜也歟)."[22] 한번은 공자가 한 노인과 우연히 마주쳤는데 그 노인은 쪽배를 타고 물결을 타면서 공자에게 다음과 같이 말하였다: "대도(大道)는 말할 수도 전할 수도 없는 것이니, 네 스스로 깨우쳐야 할 것이다"고 하였다.

석가모니 부처님께서는 "내 설법을 알기를(知我說法) 마치 뗏목의 비유처럼 하라(如筏喩者). 법도 마땅히 버려야 하거늘(法尙

22) 『논어』「衛靈公」.

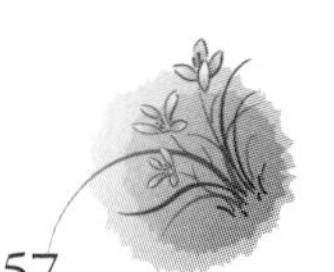

應捨), 하물며 법 아닌 것이야(何況非法)!"⑥라고 말씀하셨다. 여벌유자(如筏喩者)에서 '벌(筏)'은 나무나 대나무로 만드는 것으로 뗏목이라 부르며, 강 · 하천을 건너는 데 사용한다. 강을 이미 건넜는데 여전히 뗏목에 연연해 하는 사람은 없을 것이다. 석가모니 부처님께서 제자들에게 말해 준 법은 모두 이 같은 비유다. 『금강경』이 하나의 비유고, 『대장경(大藏經)』 전체가 모두 비유다.

노자(老子)는 "이 때문에(是以) 성인은 인위적이지 않게 일을 처리하며(聖人處無爲之事), 말 없는 가르침을 행한다(行不言之敎)"[23]라고 말했다. 진정으로 도를 깨우친 사람은 이미 상대적인 모든 명상(名相, 귀에 들리는 명칭을 '명'이라 하고, 눈에 보이는 모습을 '상'이라 함)을 초월하였고, 모든 것을 스스로 그러함에 맡기어 무위의 태도로 모든 일을 처리하며, '말하지 않는(不言)' 방식으로 모든 중생을 교화한다.

사람들이 수시로 어디를 가든 어느 곳에서 오든 필요에 의해서 강을 건널 때 사용한 그 뗏목을 등에 지고 다닌다면 어떻게 되겠는가? 하물며 아상(我相), 인상(人相), 중생상(衆生相), 수자상(壽者相)이라는 법상(法相)을 등에 졌다면 어떠하겠는가? 법상도 등에 져서는 안 될 뿐만 아니라 공상(空相)마저도 버려야 한다.

진공(眞空)은 도체로서 빛깔도 없고 형상도 없다(無色無相).

23) 『道德經』 제2장.

석가모니 부처님께서는 제자들에게 바른 법(正法)도 모두 버려야 하거늘, 하물며 법 아닌 것(非法)은 어떠하겠느냐고 가르치셨던 것이다. 이것은 일체법을 버리고 인간의 본성을 깨달아 우주대도와 합일된다는 가르침이다.

석가모니 부처님께서 제자들에게 물으셨다: “내가 너희들에게 무슨 법을 가르쳤다고 생각하느냐?” 이에 수보리가 다음과 같이 아뢰었다: “세존이시여! 스승님은 아무 법도 말씀하시지 않으셨나이다. 스승님께서는 단지 저희들에게 우주 간에 운행하는 그 ‘무위법(無爲法)’만을 알려주셨을 뿐이옵니다. 하지만 그 무위법이란 자고로 성현들 모두 같은 방법으로 모든 중생들을 교화한 것입니다. 그런데 단지 교화를 받아들이는 사람들에게 있어서 각기 그 수준이 달라 인식에서 차이가 있을 뿐이옵니다.”

석가모니 부처님께서는 아무런 말씀도 하지 않으셨고, 제자들에게 하나의 ‘열쇠’만을 건네주셨다. 제자들이 그 문을 열고 무엇을 볼 수 있는지는 그들 스스로에게 달렸다. 수보리가 진정으로 스승님의 뜻을 이해했는지, 아니면 단지 문자상의 표면적인 뜻만을 이해한 것인지에 대해서 각자의 이해에 근거하여 판단해 볼 수 있다.

4. 광대무변한 불교

불교는 무궁무진한 배움의 바다요, 지혜의 바다다. 이 끝없이 광활한 배움의 바다에는 학술 사상이 풍부하게 담겨 있으며, 이

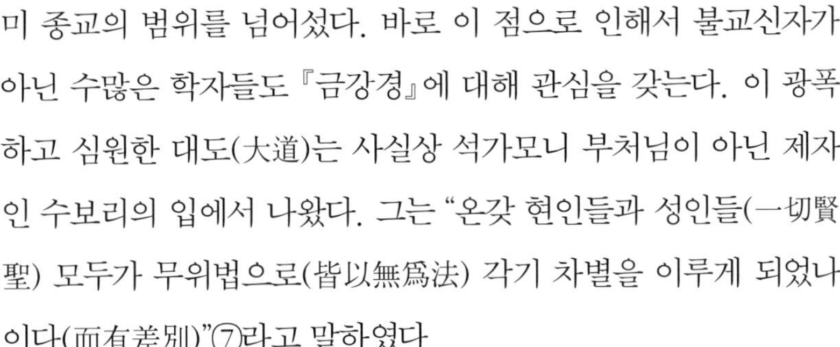

미 종교의 범위를 넘어섰다. 바로 이 점으로 인해서 불교신자가 아닌 수많은 학자들도 『금강경』에 대해 관심을 갖는다. 이 광폭하고 심원한 대도(大道)는 사실상 석가모니 부처님이 아닌 제자인 수보리의 입에서 나왔다. 그는 "온갖 현인들과 성인들(一切賢聖) 모두가 무위법으로(皆以無爲法) 각기 차별을 이루게 되었나이다(而有差別)"⑦라고 말하였다.

인간이 존재한 이래로 세상에는 얼마나 많은 학파들이 있었는가? 마치 하늘의 별처럼, 갠지스강의 모래알처럼, 황하의 물방울처럼 그 수를 헤아릴 수 없다. 하지만 그들이 인간을 교화한 대도(大道)는 오직 하나뿐으로, 바로 '무위법(無爲法)'이고 불변하지 않는 대도다. 공자도 그렇고 석가모니 부처님께서도 그렇고, 노자와 소크라테스도 모두 그러하다. 그들은 단지 방식의 차이만 있었을 뿐, 맞다고 할 것도 없고 그렇다고 맞지 않다고 할 것도 없다.

장자(莊子)가 말했다: "큰 하나와 작은 하나(大一與小一) 모두 하나이고(皆是一), 작은 하나와 큰 하나도(小一與大一) 하나이다(也是一也). 그 본체는 지극히 커서 밖이 없으므로 '대일'이라 하고(至大無外謂之大一), 또 지극히 작아 안이 없어서 '소일'이라 부른다(至小無內謂之小一). 밖이 없는 것(無外)도 우주이고, 안이 없는 것(無內)도 우주다."[24] 우리가 알다시피 우주는 시작도

24) 이 인용문의 출처가 분명치 않다. 중간의 "至大無外, 謂之大一; 至小無內, 謂之小一"은 『장자』「天下」편에 나오는 말이다. 그러나 장자의 말이 아니라

없고 끝도 없으며, 그 변화를 헤아릴 수 없다. 그래서 역대 성현들이 전하고자 한 것은 오직 하나, 바로 우주의 대도다.

석가모니 부처님의 광활한 법은 제자인 수보리(須菩提)의 표현을 거치면서 그 영역이 크게 확대되었고, 우주 공간으로까지 확대되어 이미 맞는 것도 없고 그렇다고 맞지 않는 것도 없다. 만약 여러분이 맞다고 여긴다면 그것은 분명히 틀린 것일 수도 있고, 만일 여러분이 틀렸다고 생각한다면 그것은 바로 맞는 것일지도 모른다.

불교의 영역 안과 밖에서, 불교는 이미 우주만상과 모든 중생을 포용했다. 우주만상과 모든 중생을 부정하기도 하고, 우주만상과 일체 중생을 긍정하기도 했다. 이것이 바로 '무위법(無爲法)'이면서, 또한 '무불위법(無不爲法)'이기도 한 기묘한 작용(妙用)이다. 여기서 말하는 기묘한 작용, 즉 묘용이란 바로 큰 쓰임[大用]인데, 정해진 법칙 없이 스스로 그러한 자각성에 의거하는 것으로 깨달은 정도에 비례한다.

어떤 이는 아주 빠르고 어떤 이는 비교적 더디지만 결국에는 도체로 돌아간다. 도체에는 인위적인 일체법이 없고, 언어 · 문자 · 형상도 없다. 『주역 · 계사상』에서는 "역(易)은 생각함도 없고(無思也) 하는 것도 없이(無爲也) 고요하게 움직이지 않다가(寂然不動) 느끼면 이내 천하의 모든 이치에 통한다(感而遂通天

惠施의 말이다.

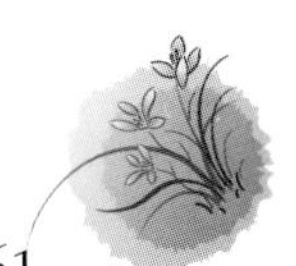

下之故). 천하의 지극히 신령한 것이 아니면(非天下之至神) 누가 능히 여기에 참여하리오(其孰能與於此)"라고 하였다.

석가모니 부처님께서는 보리수 아래에서 우주의 음양 변화의 대도, 즉 무사(無思), 무위(無爲), 적연부동(寂然不動), 감이수통(感而遂通)의 우주 심법(心法)을 깨달음으로써 "여여한 채로 움직이지 않았다(如如不動)."㉜ 이러한 '여여부동(如如不動)'의 경계에서는 모든 성현(聖賢)과 대사(大師), 그리고 중생들이 우주 대도에 대한 이해는 단지 정도의 차이만 있을 뿐 실질적으로는 같은 것이며, 오묘하고 신비해 보이는 불교를 쉽게 풀어서 말하면 바로 이와 같은 것이다.

지식과 문명을 갖고 있으면서도 능히 무지의 세계로 돌아갈 수 있는 사람이야말로 가장 위대한 사람이다. 노자는 "성스러움을 끊고 지혜를 버리며(絶聖棄智), 배우기를 끊고 근심이 없는 것(絶學無憂)이 마치 웃지 못하는 어린아이 같구나(如嬰兒之未孩)"[25]라고 말했다. 석가모니 부처님과 공자, 맹자, 노자, 장자 모두 이렇게 말씀하셨다.

어린아이와 같은 마음을 보존하고 지녀야만이 비로소 천성·인성·지성을 발휘하는 우주 대조화의 본성인 것이다. 맹자는

25) 이 인용문은 통행본 『道德經』의 제19장과 제20장의 내용을 한데 섞은 것이다. 즉, '絶聖棄智'는 제19장에 나오고, 나머지는 제20장의 내용이다. 또한, '絶學無憂'와 '如嬰兒之未孩'도 서로 이어지는 구절이 아니지만 저자는 한 문장 내에서 이어지는 구절처럼 인용하고 있다.

"앞선 성인이나 뒤의 성인이나(先聖後聖) 그 헤아림은 한 가지이다(其揆一也)"[26]라고 말했는데, 헤아린다는 의미를 갖고 있는 '규(揆)'는 표준을 뜻하며, 언제나 똑같다는 것이다.

앞에서 말한 "모두가 무위법임에도 각기 차별을 이루게 되었다(皆以無爲法而有差別)"란, 가장 지혜로운 사람에 대해서 말하든 가장 아둔한 사람에 대해서 말하든 그 말은 모두 똑같다는 것이다. 하지만 차이가 있기 마련인데, 그 차이란 단지 받아들이는 능력에 차이가 있기 때문일 뿐이지 그 결과에 있어서는 어떠한 차이도 없다. 물을 마시려는 사람으로 예를 들어보자.

가장 지혜로운 사람이라 할지라도 갈증으로 인해 물을 찾는 것과 가장 아둔한 사람이 갈증으로 물을 찾는 것은 똑같은 것이며, 심지어 날짐승과 들짐승이 물을 마시고자 물을 찾는 것도 동일하다. 또, 가장 지혜로운 자가 햇볕을 쬐는 것과 가장 아둔한 자가 햇볕을 쬐는 것이 동일하고, 심지어 꽃과 풀 · 수목 · 날짐승과 들짐승이 햇볕을 쬐는 것과도 똑같은 것과 같이 여기에는 그 어떠한 차이도 없다.

만약 차이가 있다고 생각한다면 당신은 무엇을 우주의 대도라 하는지 알지 못하는 것이며, 우주의 평등이나 우주의 조화가 무엇인지도 알지 못하는 셈이다.

---

26) 『맹자』 「離婁下」 편에 나오는 말이다.

5. 법이 없으나 억지로 법이라 함

불교는 광대무변하며 그 배움의 바다 역시 무한하다. 장자가 말하기를: "내 생명에는 끝이 있지만(吾生也有涯) 지혜에는 끝이 없다(而智也無涯)."[27] 우리 인간의 육체적인 생명은 유한하지만 우주의 대 지혜는 무한하다는 말이다. 인간은 늘 육체적인 생명을 추구하면서 무한한 우주의 대 지혜를 개척하고 많은 규범·법칙들을 만들어내는데, 이로 인해 인간 스스로의 삶이 자유롭지도(自由), 있는 그대로[自在]도 아니게 되었다. 지금까지 많은 큰 스승(大師)들이 출현하였지만 우주의 생생불식(生生不息)하는 대도(大道)를 진정으로 아는 이가 몇이나 될까? 큰 스승 개인의 의식이 들어 있을까, 그렇지 않을까? 자신의 규범으로 따르는 자들에게 규범하는 것은 아닌가?

노자는 "대도는 이름이 없으나(大道無名) 억지로 이름을 붙여 도라고 한다(强名曰道)"[28]고 하였다. 불교에서도 본래 법이 없

---

27) 『장자(莊子)』 「양생주(養生主)」편에 나오는 말이다. 우리나라에서 통용되고 있는 판본에는 '지(知)'라고 되어 있지만, 본서의 저자가 확인한 판본은 어느 것인지 분명치 않지만 '智'로 되어 있다.

28) 이 인용문의 원문 그대로는 『도덕경(道德經)』에도, 그리고 도교 경전으로 다루어지는 『청정경(淸靜經)』에서도 찾아볼 수 없다. 다만 비슷한 내용으로 이루어진 문장으로는 『도덕경』 제25장과 『청정경』에서 볼 수 있다. 따라서, 저자가 인용한 글의 출처는 확실치 않다. 『도덕경』 제25장에는 "吾不知其名(나는 그것의 이름을 알지 못해), 故强字之曰道(그래서 억지로 이름을 붙여 '도'라고 한다)"라 했고, 『청정경』에서는 "大道無名(대도는 이름이 없으나), 長養萬物(만물을 자라고 길러낸다). 吾不知其名(나는 그것의 이름을 모르지만), 强名曰道(억지로 이름하여 '도'라고 한다)"라 했다. 참고로 『청정경』의

는데 억지로 이름을 붙여 '불성(佛性)'이라 부르는 것에 지나지 않는다. 세상에 큰 스승이 있으면 바로 유위법(有爲法)이 있게 되고, 유위법이 있으면 곧 희사(施舍)와 복덕이 있게 된다.

보통 사람들은 여력이 되어 희사하면서도 의식적 · 무의식적으로 알게 모르게, 또는 오늘 아니면 내일 그에 상응한 대가가 있기를 바란다. 이는 '가르치고 배우는 방법(傳習法)'의 잘못이다. 이런 방법으로 중생을 인도하기 때문에 중생들은 평생을 미혹 속에서 살아간다.

과연 그들의 복덕은 무자성(無自性)임을 어디서 배우겠는가? 베품(施舍) 역시 자성이 없는 것(無自性)으로, 희사도 없고 복덕도 없고 어떠한 것도 모두 없다. 그것은 정해진 성질이 없는(無定性) 것이며, 일종 현상의 완전한 소멸이다. 복덕과 베품은 단지 한때의 즐거움과 자신만의 영예일 뿐 영원히 존재하는 것이 아니다. 영원한 존재는 바로 불생불멸하는 자성(自性), 즉 도의 본체다.

지혜가 있는 선생님은 학생들에게 어떻게 지혜를 개발해야 하는지, 어떻게 인생의 번뇌를 해결할 것인지를 가르치지, 재물과 부귀의 원천을 개발하고 희사를 어떻게 해야 세상 사람들의 칭송과 보답을 받는지에 대해서는 가르치지 않는다. 이것은 단지

원래 명칭은 『태상노군설상청정경(太上老君說常淸靜經)』이고, 동한시대에 갈현(葛玄, 164~244)이 그간 구전으로만 전해져 오던 것을 글로 써서 책을 지었다고 한다.

'지혜'의 운용일 뿐, '불법(佛法)'이 아니다.

불교에는 법이 없다. 불법이 바로 도체다. 도체(道體)는 흔적이 없으며, 진정으로 도를 깨우친 큰 스승(大師)도 흔적이 없다. 그에게는 아무런 특징이 없어 아무도 그를 알아보지 못한다. 그는 누구일까? 그에게는 과거도 없고 현재도 없으며 미래도 없다. 그는 제자도 없고 학생도 없으며 친구도 없고 가까운 사람(親人)도 없다. 아무것도 가지고 있지 않다. 한계나 한도도 없다. 그런데 무슨 '집착'할 것이 있겠는가?

석가모니 부처님께는 형상(像)이 없다. 그렇다면 우리가 볼 수 있는 석가모니 부처님에 관한 형상들은 어디에서 온 것일까? 그것은 후세에 따르는 사람들이 그려내고 만들어낸 형상들이며, 육체적 마음(肉心)의 망념에 의해 생겨난 것이다. 그것은 일종의 환상으로 세상에는 부처가 없고 법도 없고 지혜도 없으며, 오로지 도체(道體)만 있을 뿐이다. 도체가 무엇인가? 나는 알지 못한다.

제6절 상(相) 없는 상(相)

1. 교화를 위한 방편의 상

공자는 하나의 이치로 모든 것을 꿰뚫고(一以貫之), 석가모니 부처님의 도는 깨달음의 마음(菩提心)으로써 모든 것을 관통한다. 이 '하나의 이치(一)', 이 '마음(心)'은 동일한 하나의 원점으로 여여하게 움직이지 않는(如如不動) 원점이다. 여여하게 움직이지 않는 것이 바로 지혜의 실상이다. 실상은 상이 없는 것(無相)이고, 상이 없으면서도 상이 있는 것(有相)이 실상이다.

상 없는 상, 즉 무상의 상이 바로 실상이다. 이 작문법이 논리법칙에 따른다면 긍정, 부정, 재긍정, 재부정, 재긍정이다. 문자로 쓴다면 지혜의 실상은 하나의 상이 아니고(非一相), 다른 상이 아니며(非異相), 상이 있는 것도 아니고(非有相), 그렇다고 상이 없는 것도 아니며(非無相), 상이 없는 것이 아닌 것이 아니고(非非無相), 그렇다고 상이 있는 것이 아닌 것도 아니며(非非有相), 하나의 상이 아닌 것도 아니고(非非一相), 그렇다고 다른 상이 아닌 것도 아니며(非非異相), 있음과 없음을 함께 갖추고 있는 상도 아니고(非有無俱相), 일체의 상에서 떠나면서도(離一切相) 일체의 법에 즉한다(卽一切法)[29].

29) 본서에는 '卽離一切法'이라 했는데 오기로 보인다. 앞에서 '離一切相'이라 했으므로 여기서는 '卽一切法'이라 해야 글이 통한다. 즉, 앞에서 '일체 상을 여

무릇 상(相)이란 모두 허망한데 모든 상 자체를 해체하는 극치에 이른다면, 모든 망념까지 해체한 것이 된다. 망념이 모두 제거되고 나면 원점으로 회귀하지 않고 어디로 가겠는가? 불교에는 법이 없고(無法), 법이 아니며(非法), 법이 아닌 것도 아니며(非非法), 어떤 법에도 집착하지 않는다고 말하는 것이다. 일체의 법은 모두 법이 아니다.

지혜가 뛰어난 스승은 중생을 위해, 또 제자를 위해서 '도(道)'가 무엇인지를 그들 스스로 깨우치도록 해준다. 왜냐하면 고명한 스승들은 이미 깨달았기 때문이다. 이미 깨달아 스승 노릇을 하는 사람은 당연히 자신의 제자가 더욱 계발되기를 바란다. 바로 공자가 제자들을 가르칠 때 단계별로 차이를 두는 것과 같다.

공자는 "분발하지 않으면 깨우쳐주지 않고(不憤不啓), 입으로 애써 표현하지 않으면 표현하도록 해주지 않는다(不悱不發). 한 귀퉁이를 들어줄 때 세 귀퉁이로 대답하지 않으면(擧一隅不以三隅反) 더 이상 계속하지 않는다(則不復也)"[30]고 말했다. '분(憤)'은 마음으로 통합을 추구하지만 그렇지 못하였음을 뜻한다. '계(啓)'는 그 의념(意)을 개방함이다. '비(悱)'는 입으로 말하고자 하나 그렇게 하지 못함이다. '발(發)'은 그 말을 표현하는 것이다. '우(隅)'는 모서리(角)로 사각형인 사물에는 네 개의 모서리가 있

윈다'고 하여 부정했으므로 바로 이어서 이에 대한 긍정의 말로 '일체법에 즉하다'가 이어져야 의미상 글의 전후 맥락이 맞는다. 따라서, '卽離一切法'에서 '離'자를 빼고 번역했다.

30) 『논어』「述而」편에 나온다.

음을 말하는 것이다. '불복(不復)'은 더 이상 가르치지 않는다는 말이다.

즉, 학생이 마음속으로 통하기를 노력하지만 통하지 못한 것이 아니라면 그에게 알려주지 않고, 그가 알게 되었으면 도와준다는 말이다. 학생이 말로 표현하고 싶어 하지만 표현해 내지 못하는 상태 이외에는 일깨워주지 않고, 이미 그가 알기 시작했다면 더 많은 것을 알도록 도와줘야 한다. 만약 모서리 하나를 그에게 들어서 보여주었는데 나머지 세 모서리를 그가 미루어 생각해 내지 못한다면 더 이상 가르쳐주지 않는다. 더 이상 가르쳐주지 않는다는 것은, 그가 스스로 반성하도록 한다는 점에서 그를 가르쳐주는 것과 다르지 않다.

그래서 공자는 사교(四敎), 즉 문 · 행 · 충 · 신(文 · 行 · 忠 · 信)을 세워 제자들을 가르쳤다. '문'은 바로 시 · 서 · 예 · 악이고, '행'은 품행을 닦는 것이며, '충'은 정직하고 관대함으로 마음을 보존하는 것이며, '신'은 다른 사람에게 진실하고 믿음을 주는 것이다. 공자는 이 네 가지 상(四相)을 세워 제자들을 가르치셨다.

석가모니 부처님께서는 제자들을 교화하기 위해 수다원(須陀洹), 사다함(斯陀含), 아나함(阿那含), 아라한(阿羅漢)이라는 네 가지(四相) 과위(果位)를 세웠다.

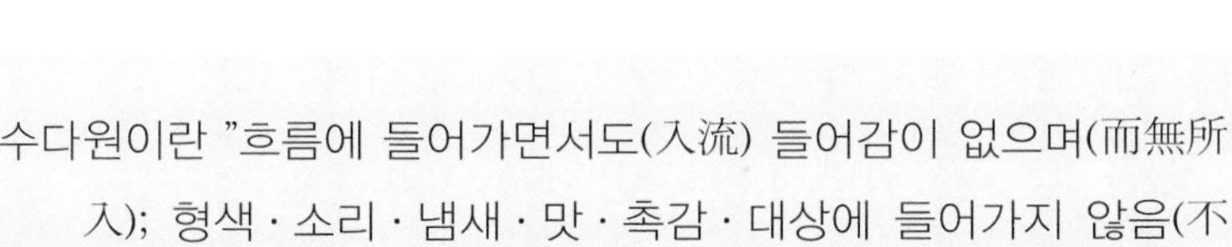

수다원이란 "흐름에 들어가면서도(入流) 들어감이 없으며(而無所入); 형색·소리·냄새·맛·촉감·대상에 들어가지 않음(不入色聲香味觸法)"[31]이다.

사다함이란 "가고 오지만(往來) 실제로는 가고 옴이 없음(而實無往來)"이다.

아나함이란 "오지 않았지만(不來) 실제로 오지 않음이 없음(而實無不來)"이다.

아라한은 곧 "실제로 법의 명칭을 갖고 있지 않았음(實無有法名)"으로 아상·인상·중생상·수자상에 집착하지 않아서 '아라한'이라 이름한다.

이 네 가지 과위(果位)에는 모두 '무(無)'자가 들어간다. 즉, 무소입(無所入), 무왕래(無往來), 무불래(無不來), 무유법(無有法)인데, 이를 '무위법(無爲法)'이라고 말한다. 수보리가 "온갖 현인들과 성인들(一切賢聖) 모두가 무위법으로(皆以無爲法) 각기 차별을 이루게 되었다(而有差別)"라고 말한 것을 이 네 가지 과위에서 증명할 수 있다.

수보리는 자신이 '아라한'과를 득했다고 인정하지 않았고, 그래서 부처님께서 비로소 "너는 고요함(寂靜)을 좋아하는 아란나행자(阿蘭那行者)다"라고 말씀했다는 것이다.[32] 이 네 가지 과

31) 『금강경』 제9 '一相無相分'에 나온다. 이하 '아라한'을 설명하는 '인용문'까지 모두 여기서 나왔다.

위는 기본적인 과제이지만 역시 등급의 차이가 있다.

첫째, 색 · 성 · 향 · 미 · 촉 · 법에 들어가지 않는다는 것은 욕심이 생겨나면 당장에 발생하지 못하게 할 줄 아는 것으로, 열매를 처음 맺는(初生果) 단계다.

둘째, 왕래하지 않음(不往來)은 더 이상 욕심의 경계를 밟지 않는 것(蹈境)으로 열매가 성장하는 단계다.

셋째, 오지 않음(不來)은 욕심의 경계를 떠난 것(離去欲境)으로 열매가 성숙해진 단계다.

넷째, 욕심을 여읜 것(離欲)으로 열매를 이미 수확한 단계다.

공자가 말하였다. "억측하지 않고(毋意), 반드시 하겠다고 하지 않고(毋必), 고집부리지 않고(毋固), 주관에 사로잡히지 않았다(毋我)"[33]라는 이른바 네 가지를 끊음(四絶)을 능히 행한 이후에야 비로소 중승(中乘) · 상승(上乘)으로 올라갈 수 있다. 중승은 혼자서 깨닫는 것(獨覺)이고, 상승은 철저하게 깨달아 우주와 하나가 되고 우주와 똑같은 자비로써 능히 자신을 이롭게 하고 동시에 남도 이롭게 한다.

우주의 자비에는 분별하는 마음(分別心)이 없어 상하와 존비가 없고, 계급이 없으며, 아상 · 인상 · 중생상 · 수자상이 없이 무

32) 원문의 인용문에는 "你是好寂靜的阿蘭那行者"로 되어 있다. 이는 『금강경』의 원문이 아니라 경의 원문을 저자가 중국어로 번역한 말이다. 또한, 『금강경』에 따르면 이 말도 부처님께서 직접 말씀한 것이 아니라 부처님께서 그렇게 말씀하실 것이라고 수보리가 말한 것이다.

33) 『논어』 「子罕」 편에 나오는 말이다.

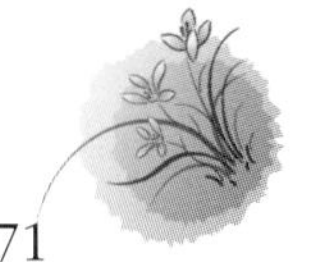

한하다. 간단히 말하면, 소승(小乘) · 중승(中乘)의 근본을 배워서 실천할 수 있어야 비로소 자신있게 걸어 나올 수 있다. 나아가 뛰어 들어가고 뛰어 나옴에 다른 어떤 힘에도 의존하지 않는 것이 마치 우주와 똑같이 운행한다면 이것은 바로 상승의 법문이면서 또한 법문이 아니고, 다시 말해 '일정하게 정해진 법이 없는(無定法)' 이치면서 형이상의 것이다.

석가모니 부처님께서 "수보리는 아란나행을 좋아한다(是樂阿蘭那行)"라고 말씀하셨지만, 수보리는 이러한 생각조차도 없는데 갑자기 아란나행의 과위(果位)라니 무슨 말인가? 즉, "수보리여, 너는 참으로 고요함(寂靜)을 좋아하는 자로다!"라고 말한 것이다. 여기서 '고요하다는 것(寂靜)'은 바로 온전히 청정한 사람이 우주라는 대정원에서 살면서 자유롭고, 있는 그대로 살면서 자신이 좋아하는 것이 무엇인지도 알지 못하는 상태를 이른다. 이것이 곧 수보리에 대한 부처님의 평가이며, 수보리에 대한 '인증'이기도 하다.

2. 무소득의 실증에 대한 비유

수행자가 만약 자신은 이미 네 가지 과위(四果)를 얻었다고 인정한다면 이 사람은 수행에는 진전이 없고 상에 빠진 것이다. 네 가지 과위는 일종의 '가설(假說)'로서 중생을 교화하는 데 사용하는 일종의 사다리일 뿐이지 참다운 것이 아니다. 참다운 것은 어떠한 상도 지니지 않는다. '현성(賢聖)'이나 '범부(凡夫)'라는 명칭도 단지 가설일 뿐이다. 무엇 때문에 수많은 명칭들을 임의로 만드는 것일까? 왜냐하면 가설은 유위법(有爲法)이기 때문이다. 유위법 없이 어떻게 무위법을 나타낼 수 있겠는가? 반야의 현묘한 지혜(妙智慧)는 어디에서든 집착된 상을 부수고, 일반 중생이 탐착하는 유위법을 깨뜨린다.

여기서 '장엄한 부처님의 땅(莊嚴佛土)', '연등불(燃燈佛)', '수미산(須彌山)'의 비유를 시설했다.[34] 불토(佛土)가 바로 정토(淨土)다. 어떠한 곳이 정토인가? 어느 곳이든 모두 정토며, 또 모두 정토가 아니다. 이른바 장엄정토(莊嚴淨土)란 결코 우리 일반인들이 마음속으로 생각하는 그런 장엄함이 아니라, 상이 없는 법신이고(非相法身) 무형(無形)의 참다운 땅(眞土)으로 취할 수 있는 형질이 없고, 볼 수 있는 모습(色相)이 없는 법성의 장엄함이다. 만일 우리가 진정 볼 수 있고 만질 수 있는 것이라면 그것은 이미 장엄한 정토가 아니며, 청정심(淸淨心)을 잃고 유위법에 떨어진 것이다.

석가모니 부처님께서 제자들에게 이야기를 들려주셨다. 이 이야기는 인도의 신화 이야기로 내용은 다음과 같다. 아주아주 먼 옛날 연등불 한 분이 계셨는데 그에게는 여래(如來)라는 제자가 있었다. 어느 날 연등불이 제자에게 물으셨다. "너는 무엇을 배

---

34) 『금강경』 제10「莊嚴淨土分」.

웠느냐?" 이에 여래는 "얻은 바가 없나이다"라고 대답했다. 그의 대답은 일체가 모두 공(空)으로, '있음(有)'도 없고 '없음(無)'도 없고, '공'조차도 없다는 말이다.

여기서의 여래는 석가모니가 아니다. 석가모니는 결코 아주 오랜 옛날의 그 여래가 아니다. 만일 석가모니가 여래 그분이 '맞다'고 믿는다면 그 사람은 미신에 빠진 것이고, 상에 집착해 상에 빠진 것이다. 석가모니 부처님께서 말씀한 법은 과거, 현재, 미래를 포함하지 않는다. 단지 한 편의 이야기를 전했을 뿐이고, 그것으로 비유를 삼았을 따름이다. 즉, 그 이야기를 비유로 삼아서 사람들에게 법과 상 모두 공임을 알아서 청정심을 일으키라고, 즉 " 마땅히 이와 같이 청정한 마음을 내어야 한다(應如是生淸淨心)"라고 말씀하셨다. 무엇을 청정한 마음(淸淨心)이라 하는가? 그것이 바로 보리심(菩提心)이다.

또한, "수미산(須彌山)을 몸으로" 비유하셨다. 이 몸은 어마어마하게 크다! 크다면 얼마나 큰가? 그것이 아무리 클지라도 크다고 하는 것에서는 여전히 형상이 있다는 말이다. 크지만 밖이 없는 큼(大而無外的大)은 곧 큼이 아니라(非大), 우주와 같이 시방이 텅 비어 있다(十方虛空)는 말이다. 그럼 수미산은 크다고 할 수 있는가? 불법(佛法)은 결코 수미산의 몸이 아니다.

불법은 몸이 없으며, 몸이 없어야 비로소 불법의 법신(法身)이다. 법신은 볼 수도 없고 말할 수도 없다. 마치 우주에 몸이 없는 것처럼 말할 수 없이 무한히 큰 것이다. 노자는 "성인은 자신의 몸을 뒤로 하는데도 몸이 앞서게 되고(聖人後其身而身先), 자신의 몸을 내버려두는데도 보존된다(外其身而身存)"[35]라고 했는데, 마치 우주처럼 만물을 길러내는 거대한 몸(大身)은 오히려 자신의 몸을 갖지 않는다는 뜻이다.

이렇게 '연등불(燃燈佛)'은 억지로 붙인 이름으로 형체도 없고 상도 없다(無形無相). 'O'을 하나 임의로 제시(假設)했는데 마침 여래가 이 원에 대한 설명을 "좇아 나오는 곳이 없고(無所從來), 또한 가는 곳도 없다(亦無所去)"㉙라고 하여 연등불이 바로 여래임을 증명하였을 뿐, 여래가 바로 연등불이지 결코 석가모니 부처님이 아니다. 석가모니 부처님께서는 단지 비유로서 역사적인 이야기를 말했을 뿐인 것이다.

'장엄불토, 수미산' 역시 일종의 비유다. 이 비유를 통해 불교에는 고정된 법과 고정된 몸이 없고, 또한 어떠한 목적도 없이 단지 보통의 희사를 행하면서도 희사한다는 생각조차 하지 않는다는 것을 말한다. 이것이 바로 불교이며, 또 불교가 아니기도 하다. 전혀 베푸는 것이 없고 전혀 얻는 것이 없으며, 실증이 없고(無實證) 또한 실증이 필요하지도 않다. 그것은 이렇게 왔다가 이렇게 간다. 그것이 우주의 불생불멸하는 거대한 몸(大身)이고, 대장엄(大莊嚴)이자, 대정토(大淨土)이며, 일체 중생의 몸과 형이상의 법신이다.

---

35) 『도덕경』 제7장에 나온다.

3. 무위와 유위의 비유

무위와 유위는 대대관계(待對法)이다. 무위(無爲)는 형이상의 개념이고, 유위(有爲)는 형이하의 개념이다. 보시(布施)는 유위법으로 보시를 하고, 복의 보답을 기대하는 것은 한계가 있는 것이다. 보시 후 바로 잊어버리고 아무것도 바라지 않는 것이 바로 무위이고, 그 복의 보답도 무량무변(無量無邊)한 것이다. 단지, 부단히 보시하고 부단히 희사해야 한다. 자신의 모든 것을 타인에게 보시하고, 자신의 생명마저도 타인을 위해 시주하며, 주는 대로 모두 잊어버려야 한다. 무위에도 머물지 않고 유위에도 머물지 않아야 한다.

노자는 "성인은 빚 문서를 지니고 있을 뿐(聖人執左契) 사람에게 빚 독촉을 하지는 않는다(而不責於人). 덕이 있으면 빚은 저절로 갚아지고(有德司契), 덕이 없으면 빚을 억지로 받아낸다(無德司徹). 천도에게는 사사로움이 없고(天道無親), 항상 선한 사람과 함께한다(常與善人)"[36]라고 말했다. '좌계(左契)'는 일종의 채권 증서를 말하며, '책(責)'은 달라고 요구하는 것을 말한다.

즉, 성덕(聖德)을 지닌 사람은 마음이 텅 비어 고요하고 조용하여 맑아서(虛靜恬淡) 다른 사람과 어떤 분쟁도 일으키지 않으며, 자신의 득실을 따지는 어떠한 생각도 하지 않는다. 설령 그가 다른 사람에게 은덕을 베풀었을지라도 마음에 담아두지 않는다.

---

36) 『도덕경』 제79장.

이것은 마치 돈을 대출해 주는 업무를 맡고 있는 담당자가 자금을 대출해 주어도 아까워하는 생각을 하지 않을 뿐만 아니라, 보답도 바라지 않는 것과 같다. 이것이 바로 덕을 지닌 사람의 행위 방식으로 오로지 타인에게 베풀 뿐이지, 그 사람에게 보답을 요구하지 않는다. 이것이 바로 무위법이다.

그러나 어떤 사람은 비록 유덕한 사람이지만 다른 사람에게 베풀면서 마치 빚 독촉을 하는 사람처럼 조금의 너그러움도 없이 준 것만큼 돌려받으려고 한다. 이것이 곧 유위법이다. 돈이나 재물을 보시하고 마음속으로 줄곧 돌아올 것을 기대한다면 이는 덕이 없는 자와 전혀 다를 바가 없다. 오직 우주의 대덕(大德)만이 사람을 가장 경탄케 한다.

우주는 만물을 길러내면서 가깝고 멈(親疏), 귀함과 천함(貴賤)을 구분하지 않고 똑같은 은혜와 자비를 베푼다. 그러므로 선행에 뜻을 둔 사람은 우주의 큰 마음(大心), 큰 덕(大德)을 배운 이후라야 우주의 지음(知音)이 되고, 우주처럼 대공무사(大公無私)한 자비심을 갖추게 된다.

우주는 천하 만물에게 준 재물과 부귀(財富)에 대해 대가를 바라는 생각이 없으며, 오직 베풀 뿐 보답을 바라지 않는다. 우주가 '채권(債券)'을 완전히 불태워버렸기에 채권 · 채무 관계는 전혀 존재하지 않는다.

석가모니 부처님께서 비유로써 제자들에게 다음과 같이 말씀하셨다: 어떤 사람이 금, 은, 유리, 대왕조개, 마노, 호박, 산호 등

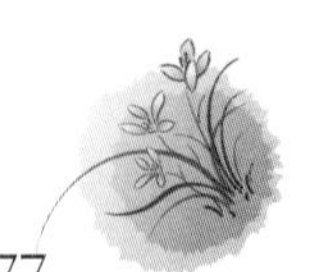

'칠보(七寶)'로 삼천대천세계(三千大千世界)[37]를 가득 채우고, 또 갠지스강의 모래알 수만큼 보시를 행하였다면 이러한 보시는 엄청나게 크고 많은 보시라고 할 수 있겠는가? 또한 그 보답으로 주어지는 복덕(福德)도 놀랄 만큼 엄청날 것인가? 하지만 석가모니 부처님께서는 "이 또한 상(相)에 집착한 보시로 모두 유위법이다"라고 말씀하셨다. 유위법은 "꿈 · 허깨비 · 거품 · 그림자와 같고(如夢幻泡影), 이슬 같고 번개 같다(如露亦如電)".㉜ 그렇다면 어떻게 해야 '무위법(無爲法)' 보시라고 할 수 있는가?

그것은 바로 우주의 대 지혜와 대자비를 본받아 대 지혜와 대자비의 뜻을 세우고, 먼저 깨달아(先覺) 뒷사람(後覺)을 깨우치게 하거나 먼저 알아(先知) 뒷사람(後知)을 깨닫게 하는 마음으로써 천하의 중생들에게 봉사하는 것이다. 무위에도 머물지 않고 유위에도 머물지 않는다는 것은 바로 햇빛이나 비 · 바람처럼 아무런 목적 없이 오로지 베풀기만 하면서 베푼다는 마음마저도 없는 것이다. 능히 이와 같이 행한다면 유위이면서 유위에 머무르지 않는 것(有爲而不住有爲)이며, 무위이면서 하지 않음이 없는 것(無爲而無不爲)이다.

어떤 사람이 무위의 행위로 천하의 중생들을 구제할 수 있을 뿐만 아니라, 천하의 중생을 구제했다는 생각조차도 갖지 않을 수 있다면, 실제 그렇게 했다면 그는 우주와 마찬가지로 무변(無

37) 원문에는 '三千大世界'로 되어 있는데, '大千'의 '千'자가 빠진 듯하다.

邊), 무진(無盡), 무량(無量), 무위(無爲)의 경계에 이른 것이다.

석가모니 부처님께서 "만약 선남자선여인(若善男子善女人)이 이 경 가운데서(於此經中) 사구게 하나만이라도 받아 지녀(乃至受持四句偈等) 다른 사람을 위해 설해 준다면(爲他人說) 이 복덕은(而此福德) 앞에서 칠보로 보시한 복덕보다 더 뛰어나다(勝前福德)"⑪고 하였다. 여기서 '받아 지닌다(受持)'는 것은 바로 열쇠 또는 처방전을 받아 지닌다는 뜻이다. 병이 나으려면 처방전에 따라 약을 지어 꾸준히 먹어야 한다. 비로소 병이 다 나으면 다시 그 처방전을 필요로 하는 사람에게 전해 주라고 다른 이에게 널리 알린다. 이렇게 해서 천하의 모든 사람들이 그 처방전으로 병이 다 나아지면 모두들 대단히 기뻐할 것이다!

이렇게 병이 다 나았는데도 그 처방전이 필요한가? 필요치 않다. 마치 강을 건너고 나면 뗏목을 잊어버리는 것과 같다. 마찬가지로 이 열쇠를 당신에게 주었으니 당신이 '금강문(金剛門)'을 열고자 한다면 가서 열고, 그렇지 않다면 열지 않아도 된다. 열고 안 열고는 당사자가 결정할 문제다. 금강문 안의 '칠보(七寶)'의 세상은 우리 자신의 선택에 달려 있지, 석가모니 부처님께서는 우리에게 어떻게 선택하라고 다그치거나 요구하지 않는다.

여기 '사구게(四句偈)'에서 '게(偈)'자는 '글자(字)'라는 뜻으로[38], 마치 "모두가 크게 기뻐하다(皆大歡喜)"라고 말하는 네 개

---

38) 일반적으로 '偈'는 찬가를 뜻하는 말로 새긴다. 그래서 '偈頌'이라 함께 사용하기도 한다. 그런데 필자는 '게'자를 '글자'라는 의미로 읽어내고 있다.

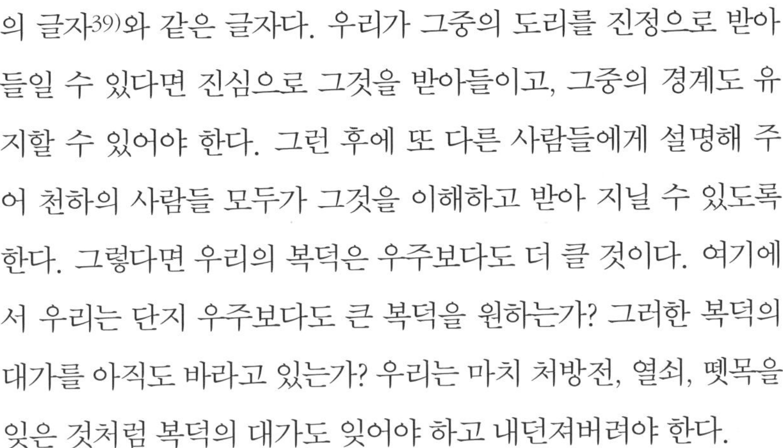

의 글자[39]와 같은 글자다. 우리가 그중의 도리를 진정으로 받아들일 수 있다면 진심으로 그것을 받아들이고, 그중의 경계도 유지할 수 있어야 한다. 그런 후에 또 다른 사람들에게 설명해 주어 천하의 사람들 모두가 그것을 이해하고 받아 지닐 수 있도록 한다. 그렇다면 우리의 복덕은 우주보다도 더 클 것이다. 여기에서 우리는 단지 우주보다도 큰 복덕을 원하는가? 그러한 복덕의 대가를 아직도 바라고 있는가? 우리는 마치 처방전, 열쇠, 뗏목을 잊은 것처럼 복덕의 대가도 잊어야 하고 내던져버려야 한다.

이 네 글자[皆大歡喜]는 『금강경』 안에 있는가? 있는가 아니면 없는가? 있다고 가정하면 『금강경』은 곧 유위법이고 문자상(文字相)을 가진 것이다. 만약 없다면 『금강경』은 무위법이고 문자상이 없는 것이다. 어떻게 해야 하는가? 대체 무슨 논리인가? 그 네 글자는 진정으로 『금강경』에 있지만, 그러나 『금강경』에 없기도 하다. 왜냐하면 『금강경』의 본체는 도(道)이며, 도는 공(空)으로 상징된다. 만물은 '도'로부터 생겨나기 때문에 '있음(有)'은 도의 작용(用)이다. 그래서 『금강경』의 설계는 공(空), 유(有), 역공(亦空), 역유(亦有), 비공비유(非空非有)라는 도체(道體)의 운용으로 되어 있다.

여기서 우리가 응당 알아야 할 것은 세상에서 발생하고 있는 일은 무엇이든지 모두 상대적이라는 점이다. 즉, 정(正)이 있으

---

39) '皆大歡喜'라는 네 글자는 『금강경』의 마지막 분인 제32 「應化非眞分」에 나온다.

면 반(反)이 있고, 부정(不正)이 있으면 불반(不反)이 있고, 정(正)이기도 하고 반(反)이기도 하며, 정과 반이 하나로 합해지기도 한다(正反合一).

누가 맞고, 누가 그른가? 이에 대해 성인은 논하지 않는다. 이는 장자의 시비관(是非觀)과 일치한다. 마지막 한마디 전하는 말이다: "직접 가서 실천하라, 묘행무주(妙行無住)를!"[40] 희사를 베풀고, 다른 사람들을 위해 경전을 해석해 주는 모두가 현묘하게 행하면서도 머물지 않는다는 '묘행무주(妙行無住)'다.

4. 부처님의 가르침 시간표

기록에 따르면 석가모니 부처님께서는 이 세상에서 80년을 사셨고, 그중 49년 동안 법을 설하셨다. 부처님께서 가르치신 시간표는 다음과 같다.

처음의 시간(初時): 『화엄경의 대승(華嚴經大乘)』을 설함
두 번째 시간(二時): 『소승의 사제법(小乘四諦法)』을 설함
세 번째 시간(三時): 『능엄경(楞嚴經)』을 설함
네 번째 시간(四時): 『반야의 금강경(般若金剛經)』을 설함
다섯 번째 시간(五時): 『법화경(法華經)』을 설함

40) 『금강경』에서 제4 「妙行無住分」이라 할 때를 제외하고 본문에서는 '妙行無住'라는 원문이 나오지 않는다. 여기서의 "직접 가서 실천하라, 묘행무주를!"은 저자의 말로 여겨진다.

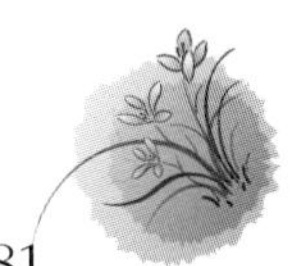

이 수업 시간표에 따르면 오전에는 수업이 없다. 오전에는 탁발을 하고 교화의 인연(化緣)을 맺어야 하기 때문이고 정오 이후에는 '금식'을 해야 한다. 탁발하는 것(化緣)은 교화의 인연도 맺지만 육신을 돌보기 위함이다. 오후 초시에 수업을 하는 것은 자성을 기르기 위함이다. 어째서 오후 '일시'에 시작하지 않고 '초시'에 시작하는 것일까? 그 이유는 '일시'가 일정하게 정해진 시간이 없는 공간이기 때문이다.

석가모니 부처님께서는 왜 오후 네 시(四時)에 『금강경』을 강설하셨을까? '천시(天時)'의 측면에서 보면 네 시가 딱 알맞은 때이며, 천시의 황금 시각이기 때문이다. '지리적 이로움(地利)'의 측면에서 보면 딱 알맞은 장소이고 꽃 · 초목 · 수목이 편히 우주의 대기를 흡수하고 만물이 새로운 시작을 기다리는 알맞은 시각이다. '사람의 화합(人和)'이라는 측면에서 보면 그의 제자들은 세상에서 가장 지혜로운 사람들이고, 인간이 존재한 이후 우주대도를 들을 수 있는 사람들이니 대단하고도 뛰어난 사람들이다. '사상(四相)'의 측면에서 보면 제자들은 모두 아 · 인 · 중생 · 수자 네 가지 상을 해체시켰다.

이 경전(經), 이 장소(處), 이 사람(人), 이 법(法)이 모두 하나로 귀결됨을 알아 청정한 마음(淸淨心)을 내며, 이 마음은 상도 없고 머무름도 없는 무상무주(無相無住)의 마음이다. 감히 묻자면, 경전은 어디에 있는가? 경전은 마음속에 있다. 부처는 어디에 있는가? 마음속에 있다. 법은 어디에 있는가? 마음속에 있다.

사람은 어디에 있는가? 무릇 인간은 모두 중생이고 천지만물도 중생으로 어디에도 다 있다.

석가모니 부처님께서 네 시에 『금강경』을 설한 까닭은 그의 제자들이 이미 값비싼 보물을 보시하는 것보다 다른 사람들의 미혹함을 해결해 주기 위해 '이 경전'을 보시하는 것이 더욱 낫다는 것을 알고 있었고, 또한 머무름 없이 자유롭게 말해도 곧장 우주 대도로 상승해 도체로 회귀할 수 있기 때문이었다. 이것이 바로 도를 닦는 방법이며, 이 방법은 곧 '머무는 바가 없음(無所住)', 즉 일체의 머무름이 없는 그러한 방법이다. 만약 어떤 사람이 이미 알고서, 일체의 무소주(無所住)를 행하였다면 그 사람은 무엇이 반야바라밀의 진리인지도 이해한다.

석가모니 부처님께서 이것이 바른 가르침이면서 또 바른 가르침이 아니라는 것을 알고 존중하기를 바랐다. 바른 가르침(正敎)은 어느 때 어디에나 있지 않은 곳이 없다(無所不在).

5. 소결론의 비유

우리가 이미 알고 있듯이 『금강경』의 제1장부터 제10장까지의 내용은 석가모니 부처님께서 제자들에게 수도하는 방법을 알려주는 것이다. 이 방법이 바로 '머무름이 없음(無所住), 일체가 모두 머무르지 않음(一切不住)'의 심법(心法)이다. 만약 어떤 사람이 '마음이 어디에도 머무르지 않는다(心無所主)'는 심법을 알

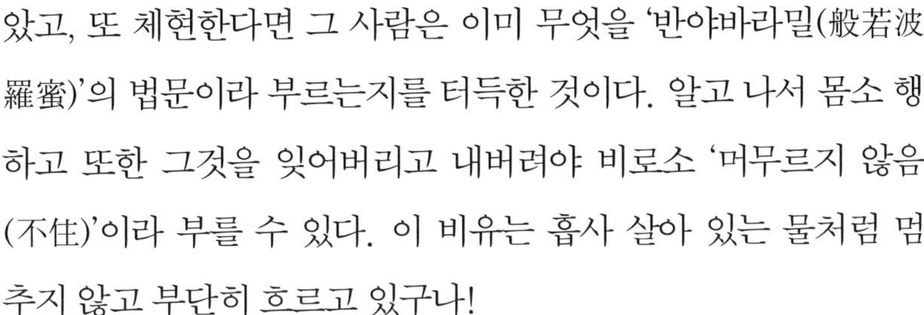

았고, 또 체현한다면 그 사람은 이미 무엇을 '반야바라밀(般若波羅蜜)'의 법문이라 부르는지를 터득한 것이다. 알고 나서 몸소 행하고 또한 그것을 잊어버리고 내버려야 비로소 '머무르지 않음(不住)'이라 부를 수 있다. 이 비유는 흡사 살아 있는 물처럼 멈추지 않고 부단히 흐르고 있구나!

그렇다면 어째서 제11장과 제12장을 추가했을까? 이 두 장은 소결론과 같다. 제자들에게 이 경전이 바른 가르침이기에 이 경전을 존중해야 한다는 것을 재차 알려주고 있다. 그래서 이 경전, 이 장소, 이 사람, 이 법 모두 다른 곳이 아닌 바로 '중생의 마음'에 있다고 말한다.

청정한 마음 가운데 무상무주(無相無住)이니 실로 최상의 귀한 법문을 이룩한 것이다. 만약 어떤 사람의 마음속에 이 경전이 있다면 그가 바로 부처이고, 그 마음이 바로 부처다. 그래서 불교에는 법보(法寶), 불보(佛寶), 승보(僧寶)라는 세 가지 보물이 있다. 이 세 가지 보물이 모두 존중받아야 하는 까닭이 바로 여기에 있다.

제7절 '반야바라밀' 비유

1. '반야바라밀' 명칭 해석

불교는 이름도 없고 상도 없는, 즉 무명무상(無名無相)의 학문이다. '반야바라밀'이라는 명칭도 하나의 가설이며 비유일 뿐이다. 사실상 이 이름은 존재하지 않는다. 마치 사람에게 붙인 성씨와 이름이 아무런 뜻이 없이 특정한 육신을 가진 그 사람을 가리킬 뿐이다. 가족처럼 아끼는 동물에게도 우리는 이름을 지어주고 부르듯이 말이다.

즉, 반야바라밀은 반야바라밀이 아니라고 말하는 것이다. 반야바라밀은 말할 수 없으며, 말한다 할지라도 분명하게 말하지 못한다. 그렇다면 그것은 무엇이란 말인가? 바로 형이상의 지혜이다. 지혜는 보이지 않는다. 공자가 말하길, "지혜를 가진 자는 물을 좋아한다(智者樂水)"[41]라고 말했다. 물은 보이지 않은 채로 대지에 우주에 담겨 있으면서 끊임없이 흐르고 있다. 석가모니 부처님께서 말씀하신 반야바라밀이야말로 보이지 않는 참다운 지혜이며 살아 있는 물이다. 이는 보기 드문 묘법(妙法)으로 여러분 스스로가 깨우쳐야 한다. 여러분 스스로 맛을 봐서 차가운지 따뜻한지를 스스로 알아야 한다.

진정한 '지혜'는 그에 상응하는 언어가 없고 어떠한 법도 없고

41) 『논어』「雍也」.

어떠한 상도 없는데 무슨 경계가 또 있겠는가? 부처님께서 말씀한 불교는 이미 모든 종교를 뛰어넘었고 어떠한 형식으로도 나타낼 수 없는, 즉 가장 보편적인 우주의 대도다. 석가모니 부처님은 어느 누구에게도 도를 완성해(成道) 부처가 되라고(成佛) 요구하지 않았다. 세상에 인간이 존재한 이래로 아무도 도를 완성한 적이 없고, 부처가 된 적이 없다. 만약 누군가가 석가모니 부처님께서 이미 도를 완성했고 성불했다고 인정한다면, 그 사람 마음속에는 상(相), 법(法), 경(經) 및 갈 곳이 있는 것으로 이미 머무는 바가 있는 것이며, 일체의 상에 집착한 자다.

중국의 노자는 자신이 세상에서 가장 아둔한 자이며, 또 사람들에게 알려지지 않은 무지한 자라고 말했다. 여러분은 노자가 어떠한 사람이라고 생각하는가? 또 석가모니 부처님은 어떤 사람이라고 생각하는가? 우리와 똑같은 사람으로 어떠한 차이도 없다. 다만, 그들은 우리처럼 스스로를 대단하다고 여기지 않는다. 석가모니 부처님과 제자들은 함께 탁발하여 음식을 섭취했고 같이 생활하되 아무런 차별도 없었다. 분별심을 가진 자는 석가모니 부처님을 따르면서 석가모니 부처님으로부터 어떤 법을 배우고자 했다. 하지만 어디에 법이 있는가? 생존하며 살아가는 것(生活)이 곧 법이다.

석가모니 부처님의 의, 식, 주, 행, 좌, 와가 바로 이와 같으며, 색다른 그 무엇이 있지 않다. 마치 공자가 자신의 제자들에게 다음처럼 말한 것과 같다: “(이삼자二三子), (이아위은호以我爲隱

乎)? (오무은호이吾無隱乎爾)!"[42] 뜻인즉, 너희들은 내가 너희들에게 숨기는 비밀이 있다고 생각하느냐? 나는 실제로 너희들한테 조금이라도 감추는 것이 없느니라! 석가모니 부처님께서 제자들에게 알려주지 않은 법이 있었겠는가? 근본적으로도 없는데, 또 무엇을 어떻게 알려주겠는가?

공자, 장자, 노자, 석가모니 부처님. 이렇게 우러르는 성현들이 아닌 사람들은 마치 대지에 부는 바람이 불어 왔다가 다시 어디론가 불어가는 것처럼, 우리는 그들이 어디로부터 오고 또 어디로 가는지를 알지 못한다.

공자가 "군자의 덕은 바람이고(君子之德風) 소인의 덕은 풀이다(小人之德草). 풀 위에 바람이 불면 풀은 반드시 눕기 마련이다(草上之風必偃)"[43]라고 말한 것과 동일한 이치다. 그들은 누구에게도 제자가 되어달라고 요청하지 않았으며, 어떤 자라야 내 제자가 될 수 있다고 고르지도 않았다. 이는 마치 덕성을 갖춘 사람이 우주의 바람과 같이 바람 부는 대로 드러눕고, 일체가 그 스스로 그러함에 따른다. 스스로 그러함(自然)에는 특정한 해석이 있을 수 없고, 법 · 언어 · 학문이 없으며, 그리고 지혜도 없다. "푸르른 대나무(靑靑翠竹)와 향기 짙은 노란 꽃(郁郁黃花)"[44]

42) 『논어』「述而」.

43) 『논어』「顔淵」.

44) 도의 無所不在함을 상징적으로 표현한 現成公案의 하나다. 원래 "靑靑翠竹盡是法身, 郁郁黃花無非般若"인데, 저자는 이를 다시 축약했다. "짙푸른 대나무는 모두가 법신이고, 짙게 향기 나는 국화는 반야 아님이 없다"로 번역

을 두고 여러분이 뭐라 말하든 바로 그것일 뿐이다.

석가모니 부처님께서 "반야바라밀(般若波羅蜜)은 곧 반야바라밀이 아니고(卽非般若波羅蜜), 이름이 반야바라밀일 뿐이다(是名般若波羅蜜). 32상(以及三十二相)도 32상이 아니고(卽非三十二相) 이름이 32상일 뿐이다(是名三十二相)"[45)]라고 말한 것은 모두 일종의 주문(呪語)이다. 그에 대한 해석은 없지만 그 원력(愿力)은 있다. 이 원력은 무한히 크다. 우주와 같이 무한히 크고 문자로 형용할 수 없을 만큼 크다. 대문호, 대철학자, 대종교가 중에서 그 누가 분명하게 말할 수 있겠는가? 그래서 석가모니 부처님, 공자, 노자, 장자를 칭하되, '사람'이 아닌 사람이라고 말하는 것이다.

『중용』에서 "군자는 자기가 처한 위치에 따라 행할 뿐이고(君子素其位而行) 그 밖의 것을 원하지 않는다(不願乎其外). 부귀함에 처해 있으면(素富貴) 부귀를 행하고(行乎富貴), 빈천함에 처해 있으면(素貧賤) 빈천을 행하고(行乎貧賤), 오랑캐의 땅에 처해 있으면(素夷狄) 오랑캐의 것을 행하고(行乎夷狄), 환난에 처

된다.

45) 『금강경』 제13 「如法受持分」에 나온다. 경전 원문의 배열과 문자도 다르다. 저자가 논의에 필요한 부분만 발췌했고, 중간에 '以及'이라는 현대어를 넣어 앞뒤 문구를 병렬시켰다. 경전에서는 "반야바라밀은 곧 반야바라밀이 아니고, 이름이 반야바라밀일 뿐이다"라 하여 석가모니 부처님께서 수보리에게 말씀하신 것이다. 경전에서는 다른 내용들이 나온 뒤에 다시 "여래께서 말씀하신 32상은 곧 상이 아니라 이름을 32라 한 것"이라 하여 수보리가 여래의 말로 자신의 생각을 밝히고 있다.

해 있으면(素患難) 환난의 것을 행한다(行乎患難). 군자는 들어가는 데마다 스스로 얻지 못함이 없다(君子無入而不自得焉)"고 했다.

석가모니 부처님께서도 이와 같이 세 가지 몸(身)을 가진다. 그 하나는 청정법신(淸淨法身)으로 부처의 진신(眞身)이며 무색무형의 본체다. 반야가 바로 진성(眞性)의 법신(法身)이다. 둘째는 원만보신(圓滿報身)이다. 무량한 서원과 수행(願行)의 과보로 인해 만억(萬億)의 원만한 불신(佛身)으로 나타나기도 한다. 이 보신은 또 자수보신(自受報身)과 타수보신(他受報身)으로 구분하기도 한다. 셋째는 응신(應身)으로, 중생을 제도하기 위해 여러 가지 모습으로 변해서 나타나는(應化) 법신이기에 또 '화신(化身)'이라 이름하기도 한다. 백천만억의 무수한 화신으로서 하늘에서는 하늘이 되고, 사람에게서는 사람이 되며, 양들에게서는 양이 되고, 사슴 속에서는 사슴이 되는 등, 온갖 모습의 그림자처럼 부류에 따라 몸을 드러낸다(現身).

32상이 바로 정해진 수가 없이 무궁하게 변화하는 응신(應身)이다. 공식으로 나타낸다면 4×8=32×8… 무한수로의 변화가 이루어진다. 『금강반야바라밀다경』은 이름이 없는 무명이면서 항상 하는 불변의 이름(常名)이 아님을 알 수 있다. 우주 역시 무명이면서 역시 항상 하는 불변의 이름(常名)이 아니기에 우주라고 이름할 따름이다.

2. 울음의 대 지혜

다른 사람이 우는 것을 본 적이 있는가? 우리 자신도 운 적이 있는가? 다른 사람이 우는 이유를 아는가? 우리 자신은 무슨 일로 또는 어떤 이유로 울었을까? 이에 대한 해답은 우리 스스로 잘 알 것이다. 여기서 생각해 보자. 이제 왜 울게 되었는지에 대한 역사철학을 한번 살펴보자.

안연(顏淵)이 죽자 공자는 "아! 하늘이 나를 망하게 하는구나. 하늘이 나를 망하게 하는구나!"[46]라고 한탄하듯 말했다. 공자는 안연을 조문하는 자리에 가서 굉장히 비통해 하면서 울었다. 공자를 따르던 자들이 "선생님께서는 너무 슬퍼하시네?" 하고 말했을 정도다. 이에 공자가 대답하기를 "내가 슬퍼함이 지나쳤느냐? 그를 위해 애통해 하며 울지 않으면 누구를 위해 애통해 하겠느냐?"라고 했다.[47] 제자들이 안연의 장례를 후하게 치르려고 했다. 그러나 공자는 "안 된다"고 했지만, 결국 문인들이 그의 장례를 후하게 치렀다. 이에 공자가 말했다: "회(안연)는 나를 아버지로 대해 주었는데, 나는 너를 아들처럼 대하지 못했구나. 내가 너의 장례를 후하게 치르게 한 것이 아니라, 너의 동학들이 한 것이다."[48]

---

46) 『논어』「先進」편에 나오는 말로 원문은 "顏淵死, 子曰: 噫, 天喪予, 天喪予!"다. 본서의 저자가 현대 중국어로 번역했기에 다른 원문의 인용문과 달리 여기서는 각주에 그 원문을 실었다.

47) 바로 위의 내용에 이어지는 내용이다. 『논어』「선진」편의 원문은 "顏淵死, 子哭之慟. 從子曰: 子慟矣. 曰: 有慟乎? 非夫人之爲慟而誰爲?"로 되어 있다.

공자는 왜 안연 때문에 울었을까? 그가 죽었기 때문인가? 그가 가난하게 살았기 때문인가? 모두 아니다. 공자는 말했다: "나와 안회가 하루 종일 대화를 나누어도 그는 아둔한 자와 같이 질문 없이 듣기만 했다. 그가 떠나 다른 사람과 사적으로 토론하는 것을 보니 나의 '도'에 대해서 많은 것을 알고 있었다. 안회는 결코 아둔하지 않다!"[49] 공자가 운 것은 자신의 도가 다른 사람들에게 전해지지 못할까 해서, 즉 도를 위해서 운 것이다.

공자가 또 말했다: "현덕하다, 안회여! 먹는 것은 밥 한 그릇, 마시는 것은 물 한 표주박이며, 누추하고 비좁은 작은 집에 산다면 다른 사람들은 모두 이러한 빈곤을 감당하지 못하겠지만, 안회는 도리어 '도'에 대한 자신의 즐거움을 바꾸지 않았다. 현덕하도다, 안회여!"[50] 이렇게 안회는 지독히 곤궁한 생활을 하면서도 도를 위해 살았는데, 이것이 바로 공자가 슬피 운 까닭이다. 이 때문에 공자는 "누군가가 나를 필요로 하면 세상에 나아가 도를 행하고 나를 필요로 하지 않을 때에는 도를 몸에 감추는데, 오직 (나와) 안회하고만 이렇게 할 수 있을 것이다!"[51]라고 말했고, 그

48) 역시 바로 이어지는 내용이다. 『논어』「선진」편의 원문은 "顔淵死, 門人欲厚葬之. 子曰: 不可. 門人厚葬之, 子曰: 回也視予猶父也, 予不得視猶子也. 非我也, 夫二三子也."다.

49) 『논어』「위정」편에 나오는 내용으로 원문은 "子曰: 吾與回言終日, 不違, 如愚. 退而省其私, 亦足以發, 回也不愚."다.

50) 『논어』「옹야」편에 나오며, 원문은 "子曰: 賢哉回也! 一簞食, 一瓢飮, 在陋巷, 人不堪其憂, 回也不改其樂, 賢哉回也!"다.

51) 『논어』「述而」편에 나오며, 원문은 "子謂顔淵曰: 用之則行, 舍之則藏. 惟我

래서 공자가 슬프게 운 것이다.

중국의 철학사에서 또 한 분이 운 적이 있는데, 그는 누구이며 왜 울었을까? 그는 바로 장자(莊子)다. 장자의 아내가 죽자 그의 친구 혜자(惠子, 즉 혜시(惠施))가 조문을 갔다. 그런데 장자가 거기에 쪼그리고 앉아서 질그릇을 두드리며 노래를 부르고 있는 게 아닌가. 혜자가 말했다: "자네의 아내는 오랫동안 자네와 함께 살았고 자네를 대신해 자녀도 낳아 키웠다네. 자네가 울지 않는 것은 그렇다 치고 오히려 질그릇을 두드리며 노래를 부르고 있으니 너무한 것이 아닌가?"[52)]

이에 장자가 다음처럼 대답했다: "아닐세. 그 사람이 막 죽었을 때 내 어찌 슬퍼하지 않았겠는가? 그러나 그녀가 태어난 시초를 관찰해 보니 애초에 그녀에게는 생명이 없었다네. 생명이 없었을 뿐만 아니라 형체도 본래부터 없었다네. 형체만 없었던 게 아니라 숨조차도 없었다네. 그런데 나중에 흐릿하고 희미한 곳에 섞여 있던 중에 변하여 숨이 있게 되었고, 숨이 변해서 형체가 있게 되었으며, 형체가 변화해서 생명이 있게 되었네. 지금은 생명이 다시 변화해서 죽음에 이른 것이지. 이러한 변화과정은 마치 봄 · 여름 · 가을 · 겨울 사시의 순환하는 운행과 같은 것일세.

그녀는 우주라는 거대한 방에서 편안하게 잠들어 있는데, 나

與爾有是夫"다. 저자의 번역 글로만 보면 마치 공자가 다른 사람에게 말한 것으로 여겨진다. 그러나 이 말은 공자가 제자인 안회에게 직접 한 말이다.

52) 『장자』 「至樂」에 나온다.

는 도리어 곁에서 소리내어 울다니! 이렇게 하는 것은 생명이 변천하는 이치를 통찰하지 못한 것임을 자각하게 되었다네. 그래서 나는 그때부터 울지 않은 것이라네!"[53]

또, 노자가 죽었다. 그의 친구 진일(秦佚)이 조문을 갔으나, 그는 형식적으로 세 번 곡을 하고 가버렸다. 노자의 제자가 그에게 말했다: "어떻게 이렇게만 하고 그냥 가십니까?"[54] 진일은 그 제자에게 다음과 같이 말했다: "너희 스승님이 살아 계실 때는 살아 있어야 할 때에 응하신 것이네. 지금 너희 스승님은 돌아가셨는데 이는 돌아가실 때에 따른 것이지. 시기에 편안하게 대처함이 순조롭게 따르니 슬픔이나 즐거움이 끼어들지 못하는데, 옛날에는 이를 일러 '제의 속박에서 벗어남(帝之懸解)'이라 했다네. 제(帝)는 조물주야. 즉, 우리가 세상에 살면서 반드시 죽음 · 삶 · 슬픔 · 즐거움의 정감에 얽매이게 마련인 것은 마치 거꾸로 매달려 있는 것처럼 고통스러운 일이지. 지금 죽음 · 삶 · 슬픔 · 즐거움의 관념을 초월할 수 있다면 거꾸로 매달린 것으로부터 스스로 해방된 것이라네. 생과 사는 단지 하나의 존재 형식일 뿐, 우주에서의 현상은 모두 한 몸으로 나아간다네. 이 이치를 능히 깨달으면, 우는 데도 조화가 있어야 한다네."[55]

---

53) 동상

54) 『장자』「양생주(養生主)」에 나오며, 이하에 이어지는 진일의 말도 이 편에 있다.

55) 바로 위의 글에 이어서 『장자』「양생주」편에 나오는 글을 저자가 번역한 것이다. 그러나 「양생주」편의 원문을 대조해 보면 중간쯤의 '帝之懸解'까지만

석가모니 부처님께서 제자들에게 『금강경』을 설하실 때 그 찰나의 순간 제자 수보리는 『금강경』의 '지고무상'한 도리를 깊이 깨닫고 '와' 하고 큰 소리로 울부짖었다. 특별한 무엇도 없이 그리고 어떤 이유도 없이 울었다. 그는 이미 우주의 대도(大道)와 하나가 되었고, 청정한 본성이 그대로 흘러나온 것이다. 우주의 조화는 온전히 환희이고 온전히 자비다! 이리하여 수보리는 땅에 무릎을 꿇고 마음속으로부터 느껴 눈물을 흘리며,[56] "세존이시여(世尊) 매우 드문 세존이시여(希有世尊)!" 하고 찬탄하였던 것이다. 인간이 존재한 이래 이와 같은 철저한 깨달음은 있은 적이 없다!

이것이 바로 울음의 지혜다. 우리가 이런 경험을 해본 적이 있나? 다른 것이 아니라 그렇게 한없는 환희가 있기에, 하지만 '환희'의 어떤 특별한 뜻이 있는 것이 아니라 단지 저절로 그렇게 눈물을 흘리며 우는 것일 뿐이다. 우리도 기연이 닿는다면 이러한 울음의 대 지혜, 우주의 지혜, 우주의 바람(風)을 맛보자! 심해의취(深解義趣, 그 뜻을 깊이 깨달아 앎)[57]란 말이 있는데, 여기서 '취'는 흘러가는 방향을 뜻하므로 이미 울음의 그 경계에 도달했다는 말이다. 하지만 '울음'은 아직 정서를 내포하고 있는 것이므

원문에 해당하고, "제는 조물주이다." 이하의 내용은 원문과 일치하지 않는다. 아마도 '帝之懸解' 이후의 내용은 저자가 해석한 글로서, 인쇄과정에서 착오가 있었던 듯하다.

56) 『금강경』 제14 「離相寂滅分」.

57) 상게서.

로 결코 '여여부동(如如不動)'의 참된 지혜는 아니다.

3. 등당입실(登堂入室)의 비유

공자는 자로(子路)라 불리는 제자가 있었는데, 자유(子由)라 불리기도 한다. 공자께서는 "자로의 학문은 이미 바르고 크고 높고 밝은(正大高明) 경계에 이르렀다. 다만 정밀하고 오묘한(精奧) 본질의 경계에까지는 이르지 못했을 뿐이다"라 하였다. 원문에는 "유(자로)는 대청까지는 올라왔으나, 방 안에까지 들어가지는 못했다"[58]고 되어 있다. 석가모니 부처님의 십대 제자 중 수보리(須菩提)라는 제자가 있다. 수보리는 이미 반야 지혜의 묘용을 깨달았으니, 대청에 올라(登堂) 방 안으로 들어온(入室) 경지에 도달했다고 할 수 있다.

이전에 수보리는 단지 외적이고 표면적으로만 거대하고 장엄한 한 건물을 보았다고 한다면, 지금은 이미 건물 안의 대청과 방으로 들어왔고 스승의 "형상이 있지만 형상이 아니다(有相非相)"[59]라는 밀실의 오묘한 깊은 뜻을 이미 깨달았다. 그래서 석가모니 부처님께서는 그에게 실천 공부에 힘쓰라고 권장했다.

실천 공부에도 단계가 있다. 무엇보다도 가장 먼저 '반야 지혜'가 무엇인지를 알아야 한다. 곧 6가지 바라밀인데 여기에는 지혜

58) 『논어』「선진」편에 나온다. 원문은 "子曰: 由也, 升堂矣, 未入室矣"로 되어 있다.

59) 『금강경』 제5「如理實見分」.

(智慧), 보시(布施), 지계(持戒), 인욕(忍辱), 정진(精進), 선정(禪定)이다. '바라밀(波羅蜜)'은 바로 피안(彼岸)으로 도체(道體)로의 회귀를 뜻한다. 6개의 바라밀 중에서 '지혜'를 얻기가 제일 어렵기 때문에 제1바라밀로 먼저 열거한 것으로, 지혜가 있으면 나머지 다섯 개의 바라밀을 행할 수 있다는 뜻이다. 다시 또 인욕바라밀을 드는데, '인욕'이 가장 행하기 어렵기 때문이다. 육바라밀은 흡사 공자가 인생을 여섯 단계로 나눈 것과 같다.[60] 공자의 여섯 단계를 보자.

열다섯에 배움에 뜻을 두다(十有五而志於學): 지혜(智慧)를 구함.
삼십에 자립함(三十而立): 보시(布施)
사십에 미혹되지 않음(四十而不惑): 지계(持戒)
오십에 천명을 앎(五十而知天命): 인욕(忍辱)
육십에 귀가 순해짐(六十而耳順): 정진(精進)
칠십에 마음이 하고자 하는 대로 해도 법도를 넘어섬이 없음(七十而從心所欲不踰矩): 선정(禪定)

그 뜻을 알아보자면 다음과 같다. 열다섯 살에 능히 마음을 한결같은 배움에 두어 지혜를 얻고자 노력했다. 서른 살에 이르러 스스로 지켜야 할 것은 확고히 지켜내게 되었고 버려야 할 것은

60) 『논어』「위정」.

버렸다. 마흔 살에 모든 일의 이치(事理)에 대해 밝게 알아 의혹이 없었으며, 끊어야 할 것을 끊을 수 있었다. 쉰 살에는 '천명(天命)'의 이치를 알아 참아야 할 것을 참을 수 있었다. 예순 살에 이르러 들은 것에 대해 모두 분명하게 알았고, 마음속으로도 더 이상 거슬림이 없었으니 이미 정진(精進)의 경계에 이르렀다. 일흔 살에 이르자 마음이 하고자 하는 대로 따를 수 있었으며, 이미 선정(禪定)의 경계에 도달해 우주 본체의 진상(眞相), 즉 실상(實相) 또한 실상이 아니라는 변화의 이치를 깨달았다.

이러한 여섯 단계는 모두 인생의 과정이며, 태어나서부터 죽을 때까지의 이치와 같은 것이다. 다시 말해 '육신은 흙으로 돌아가고 생명은 도체로 돌아간다'. 석가모니 부처님과 공자 모두 '이것'을 말씀하신 것이며, 단지 말하는 방식에서 차이가 있을 뿐 이미 '깊이 깨달아 앎(深解義趣)'이라는 그 경계에 이르렀다.

4. '인욕분신할육(忍辱分身割肉)'의 비유[61]

모든 성공은 '인과 욕'에 달려 있다. 이야기 하나를 들어보자. 수만 년 전 중국 곤륜산의 파미르고원에 복희씨(伏羲氏)라고 부르는 여왕이 살고 있었다. 그녀는 만물을 기르기 위해 그녀의 몸 전체를 내놓아 만물이 나누도록 하였다. 그녀는 마치 바람과 같이 만물에 영양분을 공급하여 생생불식(生生不息)의 대도를 만

---

61) 『금강경』 제14「離相寂滅分」.

들었으며, 유위(有爲)에서 무위(無爲)로 지식이 있는 상태(有知)로부터 지식이 없는 상태(無知)로, 갖가지 형상이 있는 상태(萬象)에서 형상이 없는 상태(無象)로, 온갖 유형으로 나누어진 상태(萬類)에서 혼돈의 도체로 돌아갔는데, 이것이 바로 노자가 말한 "근본으로 돌아가 생명을 회복함이고(歸根復命), 태허로 돌아감(返於太虛)"이다.[62]

석가모니 부처님께서 제자들에게 인욕분신할육(忍辱分身割肉)의 이야기[63]를 들려주어 아상 · 인상 · 중생상 · 수자상 4상이 없음을 확인시켜 주었고, 육신이 찢기는 비참함과 인욕의 아픔을 겪고도 고요하게 움직임이 없어야만(寂然不動) 비로소 바른 선정(正定)임을 증명해 주었다. 왜냐하면 이 정도의 인욕이 아니라면 언제나 망상(妄相)이 소멸하지 않고, 늘 놀라움 · 공포 · 두려움의 느낌이 생겨나기 때문이다.

이는 결국 '신심'이 견고하지 않은 것이기도 하다. 그래서 중국 북위시대 낙양 사람인 신광(神光) 스님은 달마대사에게 팔을 절단하는 인욕의 믿음을 보여준 후에 달마대사의 법을 얻었는데, 법호를 혜가(慧可)라고 하였으며 선종(禪宗)의 제2대 조사(祖師)

---

62) 『도덕경』 제16장. 제16장에 '歸根'과 '復命'이라는 말은 나오지만, '返於太虛'라는 말은 나오지 않는다. '返於太虛'는 '귀근복명'에 대한 저자의 해석으로 보인다. 참고로 본 장에서는 "夫物蕓蕓(대저 사물이 무성하지만), 各復歸其根(각기 자신의 뿌리로 되돌아간다). 歸根曰靜(뿌리로 돌아가는 것을 '고요함'이라 하고), 是謂復命(이것을 '명을 회복함'이라 이른다)"이라 했다.

63) 『금강경』 제14 「離相寂滅分」에서의 '인욕바라밀'.

가 되었다. 이 놀라운 이야기는 바로 중생들에게 '네 가지 상이 없음(無四相)'을 깨닫게 하려는 뜻이 담겨 있다.

이른바 경전을 듣고 말하는 것은 문자상의 지혜이며, 앞에서 말한 깊이 깨달아 안다는 뜻의 '심해의취(深解義趣)'가 바로 관조(觀照)의 지혜이고, 깊어져 실상(實相)지혜에 이른다. 앞에서 말한 진상이란 번뇌와 망상이 없이 믿음(信心)의 청정함이다. 청정함의 궁극(究竟)에 도달하기만 하면 형이상의 본성을 보게 되는데 이것을 '실상'이라고 한다. 실상도 도체며, 마음의 작용을 밝게 드러내 본성을 내보임(明心見性)이 바로 실상이다. 석가모니 부처님께서 설한 찢긴 육신(分身割肉)의 이야기는 다음과 같다:

아득한 옛날의 어느 날, 가리왕(歌利王)이 왕비와 궁녀들을 데리고 산으로 사냥을 나갔는데, 피곤해 산에서 휴식을 취하던 중 바로 졸음에 빠졌다. 깨어나서 주변을 둘러보니 데리고 온 왕비와 궁녀들이 모두 보이지 않았다. 왕은 왕비와 궁녀들을 찾으려 산을 헤매다가 동굴 하나를 보게 되었는데 찾고 있던 왕비와 궁녀들이 모두 동굴 앞에서 어떤 스님의 설법을 듣고 있지 않는가.

이에 가리왕은 대로하여 그 스님을 비난하며 말했다: "어찌 감히 여기서 부녀자를 유혹하느냐?" 스님은 "내게는 실로 아무런 욕구가 없나이다"라고 대답했다. 왕이 다시 힐난하며 말했다: "어찌 감히 아직도 여색을 보고서도 무욕하다고 말하느냐?" 이에 스님은 "계율을 지키고 있습니다(持戒)"라고 말했다. 왕이 다시 "지키고 있는 계율이 무엇인가?" 하고 물으셨다. 스님은 "욕보임

을 참는 인욕(忍辱)입니다"라고 말했다.

왕은 인욕이란 말을 듣자 화를 내며 칼을 빼어들고 스님을 베며 물으셨다: "아픈가?" 스님은 "실로 아프지 않습니다"라고 대답했다. 왕은 더욱 화를 내면서 스님의 몸을 갈갈이 난도질했다. 그리고는 "나를 증오하느냐?"고 물으셨다. 이에 스님은 "이미 내가 없는데 증오함이 어디로부터 생겨나겠나이까?"라고 말했다.

이때 하늘에서 광풍이 크게 불고 돌과 모래가 쏟아졌고, 스님의 잘린 몸은 본래의 모습을 완전히 되찾았다. 왕은 크게 놀라 스님 앞에 무릎을 꿇고 용서를 빌었다. 이에 스님이 하늘에 대신 용서를 구하자 일시에 이전처럼 하늘이 맑아졌다. 왕도 회개하고 선(善)을 향해 발원하였다.

이 비유는 석가모니 부처님께서 단지 제자들에게 지혜상에서 '형상의 해체(破相), 증오의 해체(破恨)'를 실현하라고 가르치는 일종의 교육방법일 뿐이다. 그리스 철학자 소크라테스는 억울하게 죽으면서도 얼굴에 미소를 머금고 독약을 마셨다. 그에게는 증오도 없고, 원한도 없고, 상(相)도 없었다. 달마대사도 그러했다. 그들은 모두 일체의 상을 타파했고 모든 상을 떠났다. 그들에게 육체는 이미 일종의 도구일 뿐 다 사용하든, 아니면 사용하다 손상되든 결국은 존재하지 않는다는 것을 알고 있었다. 하지만 그들은 생생불식하는 생명과 우주의 영원히 존재하는 도를 더욱 깊게 통찰하고 있었는데 이것이 곧 '지혜'다.

지혜로운 사람은 무엇이 죽음이고 무엇이 삶인지 알며, 죽으면 어디로 가고 살아서는 무엇을 해야 하는지를 안다. 이것을 '유루(有漏) · 무루(無漏)'의 지혜라고 하는데, 모든 번뇌의 옳고(是) · 그름(非)을 떠나 티 없이 맑고 깨끗한 지혜를 청정심이라 하고, 또한 '무생법인(無生法忍)'이라 부르기도 한다. 무생(無生)은 바로 생겨남이 없다는 것으로 모든 잡념이 일어나지 않는 것이 바로 무생이다. 잡념의 무생이 곧 청정심이고 도의 본체다. 그러나 단지 '생겨남이 없음(無生)'만으로는 부족하다. 이유 불문하고 모든 세속 인연을 끊고 등에 진 '금강검'으로 모든 세속적인 감정의 사슬들을 끊어야만 비로소 무생법인(無生法忍)인 것이다.

이 세상에서 살아가면서 우리 인간뿐 아니라 다른 모든 생물들도 '인욕'의 상황에서 살아가지 않는 것은 없다. 참아내지 않으면 성장하지 못하고, 모욕을 겪지 못한다면 살아갈 수 없다. 그래서 '인욕'은 우리 인간 세상에서 필수적인 일종의 단련이며, 사람을 성장시키고 있는 그대로 삶을 영위할 수 있게 해주는데 이것이 곧 지혜다.

공자가 말한 "일흔에 마음이 하고자 하는 대로 해도 법도를 넘지 않았다(七十從心所欲不踰矩)"의 도리가 바로 여기에 있다. 달리 말해서 '인욕'은 자신과의 싸움이고 자아의 존재를 해체시킨 후에야 비로소 참다운 자아로서의 '진아(眞我)'를 찾게 된다. 이 참다운 자아가 바로 우주의 도체이며 본체로 돌아온 것이다. 이렇게 되기까지 얼마나 고통스럽겠는가! 큰 고통이 따르지만 어

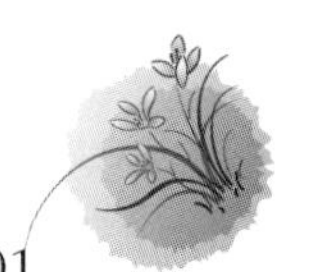

쩔 수 없이 감당해야만 한다.

5. 석가모니 부처님께서 말한 다섯 가지 '말(語)'의 비유[64)]

석가모니 부처님께서 다섯 가지의 어떤 '말(어)'을 하셨는가? 바로 참된 말(眞語), 실질적인 말(實語), 여실한 말(如語), 속이지 않는 말(不誑語), 다르지 않은 말(不異語)이다.⑭ 이 다섯 가지의 말은 결국 여실한 말(如語)이다. '여어(如語)'는 무엇인가? 바로 "좇아 나오는 바가 없고(無所從來), 좇아가는 바가 없다(無所從去)"는 여래의 말(如來語)이다. 즉, 이는 도체의 언어로 말할 수 없는 것이며, 말하지 않는 것이지만 그 소리는 천둥과 같은 것으로 이것이 바로 여어다.

'여(如)'란 마치 원처럼 시작도 없고 끝도 없는 실상의 대 지혜이며, 생명의 본원이며, 밝은 거울과 같은 청정함을 가리킨다. 청정하여 말로 표현할 수 있는 언어가 없는 것이 바로 여실한 말(如語)이다. 그래서 석가모니 부처님께서는 '여어'를 쓰셨으며, 고요히 앉아(靜坐) 미소와 조화로 우주와 동체를 이룬다.

진어, 실어, 불광어, 불이어는 모두 '여어'를 증명하는 것이다. 불교는 무실(無實) 무허(無虛)[65)]의 학문이다. '무실'은 어떠한 실체도 없고 '무허'는 한 점의 가짜도 없다는 말이다. 이는 형이상

64) 『금강경』 제14 「離相寂滅分」. 본 문단 내의 짧은 인용문들은 별도의 표시가 없는 한 제14분에 나오는 말이다.

65) 『금강경』 제17 「究竟無我分」.

의 도체로, 진짜도 가짜도 아닌 일종의 여백이다. 여백은 결코 아무것도 없는 것이 아니라, 단지 어떤 형상에도 집착하지 않거나 머무르지 않는 금강경의 본체다. 『금강경』은 곧 『금강경』이 아니다.

불교는 『금강경』이라는 이 경전 중에 있지 않으며, 이 경전은 단지 문자상으로 존재할 뿐이다. 이것은 마치 바다가 바닷속에 있지 않고, 태양이 태양 안에 있지 않은 것과 같은 이치다. '바다와 태양'도 그저 문자상일 따름이다. 진정으로 도를 깨우친 사람은 마음속에 경전이 없고 문자상도 없다. 선종 6조인 당나라의 고승 혜능(慧能, 683~713)은 '여어'의 무실무허의 도리를 깨달아 다음과 같이 말했다.

> 菩提本無樹(보리에는 본래 나무가 없고),
> 明鏡亦非臺(밝은 거울도 받침대가 없네);
> 本來無一物(본래 한 사물도 없는 것인데),
> 何處惹塵埃(어디에 티끌과 먼지가 끼겠는가)?

보리나 명경 모두 공한데 어떻게 티끌과 먼지(塵埃)가 묻을 수 있는가? 여기서 말하는 티끌과 먼지가 바로 상에 집착하는 것이며, 마음에 머무름이 있음을 가리킨다. 이른바 "응무소주(應無所住)"를 간단한 말로 하자면 이미 머무를 곳이 없다는 말이다. 아

예 생활조차도 해나갈 수 없는 상태라면 어떻게 해야 하는가? 이 정도라면 흔히들 부모님이 계시는 고향을 떠올리게 된다. 그럼 고향집으로 돌아가야 한다! 바로 그 고향집이 우주의 도체다. 고향집으로 돌아가지 않고 어디로 갈 데가 있겠는가? 어디가 우리의 고향집인가?

그 육체로부터 나오는 색 · 성 · 향 · 미 · 촉 · 법이라는 주소지에 머물려고 하는가? 그렇다면 어떻게 지혜로운 자가 될 수 있다는 말인가? 아 · 인 · 중생 · 수자의 관념(相) 중에 머물러야 하는가?

다섯 개의 '말'도 단지 하나의 비유일 뿐이다. 말할 수 있는 표현이 없으니 비유를 찾아서 말한 것으로, '도'는 무엇인가? 그 누구도 명확하게 설명하지 못한다.

인간에게는 문화가 생겨나면서부터 지혜가 있게 되었다. 이 지혜로 『금강경』의 참뜻을 이해한다면 바로 명심견성(明心見性)이며, 이것은 지극히 성실해 망령됨이 없다는 '지성무망(至誠無妄)'의 경계이기도 하다. 만약 이 경전을 진심으로 받아들여 오랫동안 지키며 자신의 마음을 기른다면 마음이 곧 부처('부처(佛)'란 깨달았다는 뜻이다)인데, 또 무엇 때문에 자기 몸 밖에서 부처를 찾으려 하는가?

부처는 오직 자기 마음속에 있어 스스로가 깨닫기만 하면 능히 이타를 행한다. 만일 스스로가 깨우치지 못한다면 또 어떻게 이타를 행하겠는가? 스스로 깨닫지 못하면서 또 어떻게 타인에게 이 경전의 무실무허(無實無虛)의 도리를 전해줄 수 있겠는가? 이것은 흡사 장님이 컴컴한 방에 들어가도, 밝은 빛이 가득한 곳에 들어가도 여전히 앞을 못 보는 것과 같다. 한 치 눈앞도 보지 못하는 장님이 어떻게 인간을 밝은 빛으로 인도해 줄 수 있겠는가? 오직 지혜의 눈(慧眼)을 가진 사람만이 석가모니 부처님께서 행한 모든 일들을 행할 수 있다.

마치 태양 빛이 대지를 고루 비추며 중생을 위할지라도 아무런 목적 없이 그렇게 베풀 뿐이고, 특정한 상에 머물지 않을 뿐만 아니라, 어디에도 머물지 않는 것과 같다. 이렇게 할 수 있어야 비로소 진정한 우주 대도의 한없는 공덕이라 할 수 있다. 그러면서 동시에 공덕이 없는 것으로써 일체를 모두 잊고 심지어 '잊음(忘)'마저도 없기에 '도'로 들어가 도와 합해져 하나가 된다. 마치 햇빛처럼, 마치 하늘하늘한 봄바람처럼, 혹은 이슬비처럼 한없이 베풀고 천하의 중생을 위해 보시한다. 가장 중요한 보시와 베품에도 어떠한 분별이나 차별이 없다.

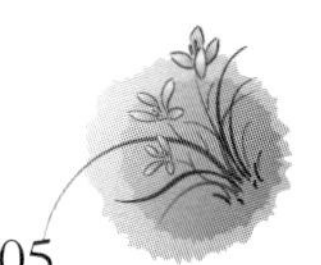

제8절 '베품'의 비유

1. 베품은 쉽지 않다

베품(施舍)은 바로 보시(布施)다. 보시는 쉽지 않은 일인데 왜 쉽지 않겠는가? 누군가 자신의 집에 한동안 머물고자 한다면 우리는 흔쾌히 수락할 수 있는가? 입고, 먹고, 거주하고, 생활하는 등 일체 비용을 그에게 제공해 주어야 하는데, 과연 기꺼이 그렇게 하겠는가? 어쩌면 그렇게 할 수도 있지만 기간이 오래 지속된다면 서로에게 불만의 마음이 생겨나지 않을까?

누군가 내 육신의 살을 먹고자 한다면 우리는 자신의 살을 기꺼이 떼어줄 수 있을까? 살을 떼어낼 때의 아픔을 생각해 두려워하지 않을까? 누군가 우리의 목숨을 원하는데 우리는 아무 망설임 없이 그에게 목숨을 내어줄 수 있을까?

세 가지 비유를 들어보자. 누군가가 우리의 집에 머물고자 할 때는 무엇보다도 우리에게 집이 있기 때문이다. 누군가가 우리의 살을 먹으려고 하는 경우에는 우리에게 먹고 싶은 살이 있기 때문이다. 어떤 사람이 우리의 목숨을 원하는 것은 우리에게 목숨이 살아 있기 때문이다. 즉, 베풀 수 있고 보시할 수 있다는 것은 우리에게 가지고 있는 것이 있기 때문이다.

우리 자신에게 물어보자. 나에게는 아무것도 없는데 남에게 베풀거나 보시할 수 있는가? 하지만 석가모니 부처님께서는 해내셨다. 천하의 중생을 위해 자신의 생명을 포함해 모든 것을 베풀었다. 그는 "다른 사람들이 참을 수 없는 것을 참아냈고(忍人所不能忍), 다른 사람들이 행할 수 없는 것을 행했다(行人所不能行)"와 같은 보시를 능히 행했다. 석가모니 부처님께서는 비유를 들어 "보시(베품)는 마치 갠지스강의 모래알 수만큼 많은 생명으로 보시해야 한다"고 말씀하셨다.

세대를 거치면서 영원히 자기를 희생하고 바쳐서 인간 사회를 위해, 그리고 각 민족의 다양한 사람들을 위해 봉사하고 어떠한 대가도 바라지 않아야 한다. 보시는 사랑하는 사람을 위해서 하는 것이 아니며, 효도를 다하거나 부모로서의 책임을 다하기 위해서 하는 것이 아니다. 만약 이러하다면 그것은 단지 일종의 사적인 사랑일 뿐이지 보시가 아니다.

보시는 아상(我相)이 없어야 하고 이름을 남기지 않아야 하며, 이익이나 공덕을 위하지 않아야 한다. 석가모니 부처님처럼 다른 사람들이 자신을 숭배하기를 바라지 않고, 스스로가 도를 완성한 자임을 인정하지도 않고, 단지 마땅히 해야 할 일을 했을 뿐이며, 실천궁행(實踐躬行)하여 인류를 위해 봉사하고 인류를 위해 '병을 치유'할 뿐 달리 차별하는 마음이 없어야 한다.

그러나 경전을 듣고 법을 말하는 중생들은 차별심이 있고 많은 망념을 가지고 석가모니 부처님을 숭배한다. 하지만 석가모니 부처님께서는 사람들이 자신을 숭배하는 것을 원치 않으셨고, 자신을 희생해 햇빛, 봄바람, 이슬비와 같이 대지에 골고루 펼쳐

지고 만물에 영양분을 공급하실 뿐이다.

우리도 과연 이런 마음을 가질 수 있을까? 석가모니 부처님께서는 이 마음을 지니셨다. 이 마음이 곧 우주의 마음이고 우주의 존재며, 우주가 본래부터 갖고 있던 것으로 우주와 동성 · 동체며 성인과 범부, 부처와 중생의 차별이 없는 마음이다. 우리는 이렇게 햇빛과 봄바람, 이슬비처럼 기꺼이 대지 만물에게 베풀고 보시할 수 있을까? 마음이 동요하거나 떨리지는 않을까? 과연 좋은 일을 하거나 보시하기를 평생 하기를 바라는가? 아니면 평생에 한번만 하는 것으로 만족할까? 하지만 평생토록 좋은 일을 하거나 보시하는 것은 결코 쉬운 일이 아니다. 또, 평생에 한번 행하는 것은 비교적 쉬운 일이지만, 한번도 행하지 않은 자를 헤아리기도 어렵다.

2. 우리의 마음은 어떤 마음인가

우리는 우리 자신의 마음이 어떤 마음인지 알고 있는가? 사람마다 마음을 갖고 있는데 도대체 무엇을 마음이라 할 수 있을까? 이에 대해 분명하고 확실하게 말할 수 있는가? 우리는 우리가 바라는 그 마음을 붙잡아둘 수 있는가? 선종사(禪宗史)에 전해지는 이야기를 하나 해보자.

780~865년 사이 중국에 한 고승이 있었는데 속성은 주(周)씨고 사천 검남(劍南) 사람으로 법호는 '덕산선감(德山宣鑒)'이다.

그는 자신이 『금강경』에 매우 정통하다고 여겨 가는 곳마다 『금강경』을 설하였다. 그래서 당시 사람들은 그를 '주금강(周金鋼)'이라고 불렀다. 하루는 그가 『금강경』을 어깨에 메고 사천에서 호남으로 가다가 도중에 구운 떡을 팔고 있는 할머니를 만났다.

그는 피곤하기도 하고 허기와 갈증이 심하기도 해 보따리를 내려놓고 할머니에게 구운 떡을 사려고 했다. 할머니가 그의 보따리를 가리키며 그게 뭐냐고 물으셨다. 덕산대사는 "『금강경』이오"라고 대답했다. 그러자 할머니는 바로 "질문이 하나 있는데 만약 대답하시면 원하시는 점심을 그냥 드리고, 그렇지 않다면 다른 곳에 가서 사시오"라고 말하며, "『금강경』에 이르기를 '과거의 마음도 얻을 수 없고(過去心不可得), 현재의 마음도 얻을 수 없으며(現在心不可得), 미래의 마음도 얻을 수 없다(未來心不可得)'고 했는데, 스님께서 점심으로 사고자 하는 그 '마음(心)'은 어떤 마음이신가?" 하고 질문을 던졌다.

덕산대사는 그 질문에 아무 말도 하지 못하고 굶주린 채로 『금강경』 보따리를 어깨에 메고 뒤도 돌아보지 않고 떠나갔다. 그날 밤 그는 죽간(옛날에는 종이가 부족해서 종이 대용으로 대나무를 이용해서 글을 썼다)으로 된 『금강경』을 모두 불태워 버렸다.

이 이야기를 읽은 후에도 우리는 우리의 그 '마음(心)'을 생각하는가? 그 '마음'을 붙잡아둘 수 있을까? 자신의 젊었을 때의 마음을 붙잡아두고 싶다고 해서 그 마음이 영원히 변하지 않고 영

원히 늙지 않을 수 있을까? 권세를 고귀하게 여기는 사람이 자신의 그 마음을 유지하고 싶다고 해서 그 마음이 영원히 불변하고 영원히 쇠락하지 않는가?

석가모니 부처님께서는 다음처럼 말씀하셨다: "여러 가지 마음(若干種心)은 모두 마음이 아니기에(皆爲非心) 이름하여 마음이라고 한 것이다(是名爲心). 과거의 마음을 얻을 수 없고(過去心不可得), 현재의 마음을 얻을 수 없으며(現在心不可得), 미래의 마음을 얻을 수 없다(未來心不可得)."⑱[66]

우리의 그 마음이 '마음이 아님(非心)'을 알고 있는가? 세상에는 많은 민족들이 있는데, 각 민족의 구성원들마다 모두 각자의 마음을 가지고 있다. 동물에게는 동물의 마음이 있고, 식물에게는 식물의 마음이 있다. 꽃은 꽃의 마음이 있고, 새는 새의 마음이 있으며, 물고기는 물고기의 마음이 있다. 여러 마음들은 모두 마음이 아니고 이름을 마음이라고 한 것이다.

형이상학에서 마음이란 마음이 아니어야 비로소 마음이다. 이 마음이야말로 진정한 마음이며, 불변의 마음이다. 우리가 가지고 있는 여러 마음들은 형이하의 변화하는 마음이다. 하지만 우리 인간 및 다른 모든 생물들은 모두 그 변화하는 마음을 붙잡고

66) 『금강경』 제18「一體同觀分」에서 부처님께서 수보리에게 말한 내용인데, 원문의 배열은 약간 다르다. 저자가 논의에 직접 필요하지 않은 부분으로 간주한 것은 생략한 듯하다. 참고로 원문은 "爾所國土中所有衆生, 若干種心, 如來悉知. 何以故? 如來說諸心, 皆爲非心, 是名爲心. 所以者何? 須菩提, 過去心不可得, 現在心不可得, 未來心不可得"이다.

집착하여 놓지 않으면서, 그것을 진정한 마음(眞心)으로 간주하는데 사실 '마음이 아니다(非心)'. 진심은 불변하는 것이며, 불변의 원리이기도 하고 영원히 불변한다. 하지만 여러 마음들은 부단히 변화하고 있으며, 꿈과 허깨비, 거품, 그림자 같은 것이다.

무엇을 불변의 진심이라 하는가? 바로 우주의 본체가 불변하고, 밤과 낮이 없으며, 과거, 현재, 미래의 구분이 없는 것과 같다. 하지만 우리 인간의 느낌으로는 오늘과 내일, 밝은 빛과 어두움이 있는데, 이것은 단지 우주의 운행 변화의 양상일 뿐이다. 사실 우주는 허공으로 생명의 생생불식(生生不息)이 이루어지는 곳이며, 영원히 불변하는 것이다. 그것은 영원히 변하지 않는 불변의 원리다.

석가모니 부처님께서는 중생의 마음이 우주의 변화하는 현상을 좇아서 변화하고, 그로 인해 여러 가지 불안한 마음이 생겨난다는 것을 알고 있었다. 이러한 마음은 모두 허망하고 진실하지 않으며, 진정한 마음(眞心)이 아니다. 즉, 우주의 마음이 아니다. 여기서 육조혜능대사와 관련하는 이야기를 하나 해보자.

때는 당나라 고종 의봉(儀鳳) 원년인 676년으로 병자년 정월 초파일에 육조혜능대사는 마음속으로 생각했다: '이제는 나가서 법을 널리 알릴 홍법(弘法)의 시기가 되었다. 언제까지나 이렇게 은둔해 있어서는 안 되지.' 육조혜능대사는 숨어 있던 사냥꾼 무리를 떠나 광주 법성사(法性寺)로 갔는데, 마침 인종(印宗)법사가 거기에서 『열반경(涅槃經)』을 강설하고 있었다.

그때 바람이 불자 깃발이 바람을 따라 크게 펄럭이고 있었다. 한 스님이 이것은 "바람이 움직이는 거야"라고 하자, 다른 스님이 "깃발이 움직이는 거야" 하고 말했다. 이 문제를 가지고 두 사람이 논쟁을 멈추지 않자, 육조혜능대사가 그들에게 다가가서 말했다:

> "바람이 움직이는 것도 아니고 깃발이 움직이는 것도 아니라, 그대들의 마음이 움직이는 것이오."[67]

모든 사람들이 육조혜능대사의 말을 듣고 경이로움을 금치 못했다. 우리는 이 이야기를 읽고 바로 경이로움을 느끼는가? 경이로움이란 모든 사상에서 계몽의 계기로 작용하는데, 여기서 경이로움을 느꼈다면 새로운 도약을 한 것이다. 만약 우리가 아직도 변화하는 그 마음에 머물러 있다면 어떻게 불교의 진리(眞諦)를 이해할 수 있겠는가? 이 상태에서 불교를 연구해 봐야 무슨 소용이 있을까? 우주는 변화하고 있고 일체가 모두 따라서 변화하고 있다. 지금 한 말도 이미 과거가 되었고, 미래의 것은 이미 왔다.

이것이 우주 현상의 변화이며, 우리 인간의 모든 감각이나 지

67) 저자는 현대 중국어로 번역을 했다. 원문은 "不是風動, 不是幡動. 仁者心動"이다.

각은 그 변화를 따른다. 석가모니 부처님께서 “과거의 마음을 얻을 수 없고 현재의 마음을 얻을 수 없으며, 미래의 마음을 얻을 수 없다”고 말씀한 것이다. 여기서 강조하는 세 가지 ‘마음(心)’은 얻을 수 없는 것이 아니라 얻을 수 있다. 다만 얻으면 곧 변화하고 변화하면 또다시 얻게 되는데, 이것이 바로 유위법(有爲法)이다.

세상의 모든 현상, 즉 꽃 · 새 · 물고기 · 곤충 · 대인 · 소인 모두가 유위법이며, 모든 것들은 부단하게 변화하고 있다. 유위법은 모두 무위법으로부터 나온다. 유위법과 무위법은 본시 하나이고, 단지 운용상에서만 차이가 있을 뿐이다. 무위는 본체이며, 유위는 운용이다. 이것은 바로 음양이 있고, 천지가 있고, 남녀가 있고, 부모가 있고, 자손과 후대가 있는 것과 같다. 천지가 없으면 어찌 만물이 있을 수 있으며, 남녀가 없으면 어찌 부모가 있을 수 있으며, 부모가 없으면 어찌 자손과 후대가 있을 수 있겠는가? 천지는 무위이고, 만물은 유위이다.

만물은 생하고 또 생하며, 죽고 또 죽는다. 무위는 그와 달리 영원히 생하지도 죽지도 않는다. 석가모니 부처님께서는 “형색에 머물러 마음을 내지 말라고 하며(不應住色生心), 소리 · 냄새 · 맛 · 촉감 · 법에 머물러 마음을 내지 말아야 한다(不應住聲香味觸法生心)”⑭라고 하시지 않았던가?

여러분의 마음이 형상 · 소리 · 냄새 · 맛 · 촉감 · 사유의 대상(法)에 머물러 있다면 무엇이 변화인지, 혹은 무엇이 변화하지

않는 이치인지를 알지 못한다. 어디에도 머무르지 않는 마음을 내어야 한다. 마음이 머무를 곳이 없다니 어찌 해야 하는가? 그렇다면 고향집으로 돌아가 청정하게 마음을 기르는 곳(淸淨養心居)에 머물 수밖에 없다.

고향집의 청정양심거(淸淨養心居)란 바로 더 이상의 위가 없는 올바른 깨달음(無上正覺)의 도심(道心)으로 이른바 아뇩다라삼먁삼보리심(阿耨多羅三藐三菩提心)이다. 더 이상 과거, 현재, 미래라는 세 마음에서 방황하지 말자. 그것은 변화무쌍한 마음이다. 평생토록 고된 나날을 보내며 살고 싶은가?

우리가 성실하게 살아가기만 한다면 어디에서든 청정한 도심이고 불변하는 마음이며, 모든 곳이 편안한 마음의 양심거(養心居)인데, 어찌 공허하고 실체가 아닌 변화하는 마음에 머무르면서 번뇌와 곤경을 자초하는가? 사람은 종종 스스로 문젯거리를 만들어내고 자기가 자기를 속이며, 게다가 헤어날 수 없을 정도로 철저하게 속아 다른 사람을 속이려 나서기까지 한다.

사람이 가엾은 원인은 자신에 있지 타인에 있지 않다. 우리가 스스로 깨닫지 않는데, 석가모니 부처님께서 무슨 뾰족한 방법이 있겠는가? 공자는 "어찌할까 어찌할까 걱정하지 않는 사람에게는(不曰如之何, 如之何者) 나도 어찌할 바를 모를 뿐이다(吾末如之何也已矣)"[68]라고 말했다. 자기 스스로에게 '이거 어떻게 하

68) 『논어』 「衛靈公」 편에 나온다. 인용문의 뒷부분에 '吾末如'는 원서에 '吾未如'로 되어 있는데, 『논어』 원문에 따르면 '吾末如'로 되어 있다. 그래서 원문대

지, 어떻게 할까' 하고 자문하지 않는다면, 공자 자신도 그러한 사람에게 무엇을 어떻게 해주어야 할지 모르겠다는 말이다.

앞에서 말한 무상정각(無上正覺)도 바로 『대학(大學)』에서 말한 "지선함에 머문다(在止於至善)"는 뜻이다. 더 이상 위없는 올바른 깨달음이라 번역되는 '무상정각', 지극한 선에 머문다로 번역되는 '지어지선(止於至善)'은 경계가 없는 도체다.

3. 불교의 다섯 가지 눈[69)]

석가모니 부처님께서 제자들에게 물으셨다: "여래에게 육안이 있느냐?"[70)] 수보리가 아뢰었다: "여래에게도 육안(肉眼)이 있나이다(如來有肉眼)." 석가모니 부처님께서는 연속해서 다음과 같이 물으셨다. "여래에게 천안(天眼), 혜안(慧眼), 법안(法眼), 불안(佛眼)이 있느냐?" 수보리가 아뢰었다. "세존이시여, 있나이다." 석가모니 부처님께서 또 물으셨다: "너는 무슨 뜻인지 아느냐?"

로 '吾末如'로 바꾸었다.

69) 이 문단도 『금강경』 제18 「一體同觀分」의 내용에 기반해서 기술되고 있다. 저자에 의해 인용되고 있는 말들은 저자가 논의의 필요에 따라 경전의 원문을 축약하거나, 경우에 따라 현대 중국어로 번역하기도 했다. 따라서, 저자가 현대 중국어로 번역한 것은 별도로 원문을 표시하고 경전의 원문을 그대로 쓴 것은 번역을 별도로 했다. 각주 표시가 없는 인용문은 모두 제18 「一體同觀分」의 내용이다.

70) 경전의 원문은 "如來有肉眼不?"다.

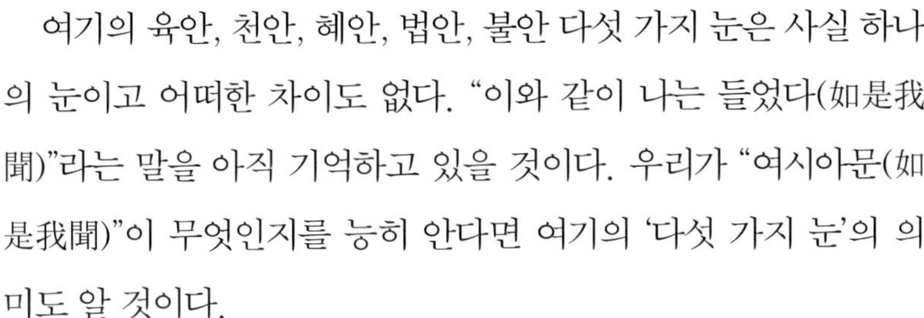

여기의 육안, 천안, 혜안, 법안, 불안 다섯 가지 눈은 사실 하나의 눈이고 어떠한 차이도 없다. “이와 같이 나는 들었다(如是我聞)”라는 말을 아직 기억하고 있을 것이다. 우리가 “여시아문(如是我聞)”이 무엇인지를 능히 안다면 여기의 ‘다섯 가지 눈’의 의미도 알 것이다.

이제 다시 분석을 해보자. 눈의 기능은 우주에서 일어나는 모든 현상을 능히 본다는 것이며, 온갖 모양으로 변화하는 그런 현상들이 있다는 것은 부정할 수 없는 진실한 것이다. 그렇다면 ‘여시아문’의 들을 ‘문(聞)’자를 눈 ‘안(眼)’자로 바꿔놓고 보자. ‘안’이란 글자는 본다는 뜻인데, “이와 같이 나는 보았다”라고 해도 되겠는가? 무엇으로 보고 무엇으로 듣는가? 이것은 눈으로 보고 귀로 듣는 것이다.

석가모니 부처님의 질문은 기가 막히게 훌륭하다! “여래에게 육안이 있는가?” 수보리의 대답도 스승님의 질문 수준과 마찬가지로 훌륭하다. 질문과 대답의 훌륭함이 어디에 있을까? 여러분이 『금강경』을 읽는 방법에 대해 잘 알고 있다면 여러분은 읽을 필요가 없고, 나 역시 읽고 쓸 필요가 없다. 왜냐하면 여러분은 이미 석가모니 부처님께서 무엇을 말하고 있는지 알고 있기 때문이지만, 또 아무 말도 하지 않았지 않은가!

두 분의 질문과 대답의 훌륭함은 어디에 있을까? 석가모니 부처님께서는 먼저 자기 자신이 일반인과 똑같이 부모님의 소생이고 육안을 갖고 있다고 인정했는데, 바로 여기에 훌륭함이 있다.

어디로부터 생겨난 육안인가? 좇아 나온 곳도 없고(無所從來) 갈 곳도 없는(亦無所去) 도체로부터 생겨난 여래는 육안을 가지고 있다. 여래는 도체이며 무위다. 이와 달리 육안은 유위이며, 부모에 의해 생겨난 일종의 현상이다. 동시에 육안은 중생이 평등하다는 위대한 사상을 배태한 계몽이기도 하다. 생명을 가진 존재는 모두 육안을 가지고 있다.

그렇다면 우리가 궁금한 것은 귀는 한 조각의 살인데 어떻게 능동적으로 듣게 되었는지, 눈도 한 조각의 살인데 어떻게 능동적으로 보게 되었는지를 알고 있어야 한다는 것이다. 육안은 형이하의 눈으로 생 · 노 · 병 · 사하는 눈이지만, 천안 · 혜안 · 법안 · 불안은 형이상의 자성의 눈(自性眼)으로 불생불멸하는 눈이고, 우주 대도의 눈이며, 무소부재한 '도의 눈(道眼)'이라는 것을 마땅히 알아야 한다.

즉, 육안이란 부모에 의해 생겨난 것으로 부단히 변화하는 물질세계의 모든 현상을 볼 수 있으며, 우리의 감각과 지각을 포함해 모두가 이 두 육안이 보는 것이다. 육안은 우리에게 희망을 가져다줄 수 있으며, 마찬가지로 우리에게 모든 실망과 번뇌를 가져다준다. 그렇다면 천안, 혜안, 법안, 불안이라는 네 가지의 눈은 도대체 무엇이고 무엇인지를 모른다. 법의 명칭이 없는 눈이다. 그래서 억지로 그것을 '사안(四眼)'이라 이름한다. 다음의 분석을 살펴보자.

천안(天眼): 불교의 설법에 따르면 천안은 물질세계를 초월한 무형의 모든 것을 능히 본다. 무엇을 무형의 것이라 하는가? 예를 들어, 크고(大) 작음(小)이 우리에게 보이는가? 정신과 영혼이 보이는가? 지혜가 보이는가? 물(水)이 보이는가? 공자는 "지혜로운 자는 물을 좋아한다(智者樂水)"고 말했다. 지혜는 보이지 않는 것이고, 물도 보이지 않는 것이다. 우리가 만약 물을 보고자 한다면 반드시 물가에 가서 보거나, 물을 담은 컵을 보아야 비로소 물이 있다는 것을 보게 된다. 하천도 없고 컵도 없다면 물은 보이지 않는다. 왜냐하면 강과 컵이 물을 담는 용기이기 때문이다.[71] 전기가 여러분에게 보이는가? 전등이 빛을 내는 것은 발전소와 같은 전기를 담은 용기가 있기 때문이다.

혜안(慧眼): 혜안은 지혜의 눈이다. 무엇을 지혜라고 하는가? 혜안은 바로 지안(智眼)이며, 계 · 정 · 혜의 공부를 거쳐 드러난다. '정'을 닦아야 혜가 나타나는데, 이 '혜'는 일반적인 지혜의 혜가 아니라, 몸과 마음의 변화를 거친 후 얻어지는 일종의 힘으로 '혜력의 눈(慧力之眼)'이라 한다. 혜력(지혜의 힘)이 부족한 사람은 성취를 바랄지라도 결코 쉽지 않다. 흔히 말하는 평범하지 않은 일은 평범하지 않은 지혜를 가진 사람이라야 그것을 이룰 수 있다. 평범하지 않은 지혜란 일반적인 보통의 작은 지혜가 아니라, 몸과 마음의 변화를 거친 후에 생겨나는 일종의 에너지다. 이런 에너지가 바로 '혜력(慧力)'이고 '혜안'이라 부른다. 따라서 진정한 혜안은 지혜의 에너지가 발산하는 일종의 능력이며, 이런 능력을 가진 사람만이 바야흐로 위대한 사업을 완성할 수 있다.

법안(法眼): 혜안이 있어야 비로소 법안을 가질 수 있다. 혜안이 공을 관찰[觀]한다면 법안은 진공묘유(眞空妙有) 우주 화생의 도리를 관한다. 만물 · 중생이 모두 평등하게 서로 대한다는 것은, 예를 들면 바람(風) · 물(水) · 불(火) · 흙(土)이라는 네 가지 원소를 모든 중생과 만물이 보편적으로 누리는 것과 같다.

불안(佛眼): 불안이 다섯 가지 눈 중에서 가장 위대하다. 불안은 중생이 모두 평등하다는 관념을 가지고 있을 뿐만 아니라, 자비라는 사랑의 마음도 능히 발휘한다. '자비'라는 두 글자에 관해 불교 명사에서 '자'는 부성뿐 아니라 남성의 지선한 사랑을 대표하며, '비'는 모성과 여성의 지선한 사랑을 대표한다. 즉, 자비는 부성과 모성이 결합된 크나큰 인덕(大仁大德)이다. 여기의 지선은 조건 없는 절대적인 선이며, 『대학』에서 말하는 "지선에 머물다(止於至善)"는 한계가 없는 사랑이다. 불교에서는 말하는 대자(大慈) · 대비(大悲)로 중생을 사랑하고 중생을 구제하며, 모든 중생에게 상 없는 보시(無相布施)로 사랑하라는 것이 바로 불안의 평등관이다.

사실 이 '오안(五眼)'은 모두 하나의 눈이다. 육안은 보이는 것이지만 공한 것이다. 다른 네 가지 눈은 보이지 않는 것이다. 그러나 육안이 없다면 어떻게 네 가지 눈이 있을 수 있겠는가? 어느 날 육안이 죽는다면 다른 네 가지 눈은 어떻게 될까? 육안은

71) 저자는 우리의 육안이 물을 보지 못한다고 생각한다. 하지만 물이 일정한 용기나 공간에 담겨 있을 때 비로소 육안에 의해 물이 보인다는 것이 저자의 논지다. 다음에 이어지는 전기 사례도 동일한 논지를 보인다.

죽어서 어디로 갈까? 육안은 본체로 돌아갈 것이다. 그래서 육안은 매우 중요한 것이며, 육안을 잘 보호해야 한다. 육안이 없다면 나머지 네 가지 눈은 근본적으로 나타날 수 없다. 이것은 다른 네 가지 눈이 육안에 의해 훈련되어 나오는, 즉 진공(眞空)에서 묘유(妙有)가 생겨나는 기묘한 지점(妙點)이기 때문이며, 계 · 정 · 혜의 법문이 있게 된 것이다.

즉, 『대학』에서 "머무름을 안 이후에 지향이 있게 되고(知止而後有定), 지향이 있은 이후에 고요할 수 있고(定而後能靜), 고요한 이후에 편안할 수 있고(靜而後能安), 편안한 이후에 사려할 수 있고(安而後能慮), 사려한 이후에 얻을 수 있다(慮而後能得)" 라고 말했다. 여기의 지향(定), 고요함(靜), 편안함(安), 사려함(慮), 얻음(得)의 다섯 가지가 계 · 정 · 혜의 법문을 포괄하고 있다. 얻었지만 얻지 못한 것이 얻은 것인데 무엇을 얻었다는 것인가? 바로 천안 · 혜안 · 법안 · 불안, 이 네 가지 눈의 기능을 얻었다는 것이다.

이러한 해석들은 모두 '믿기(信)'에는 충분치 못하다. 만일 믿는다면 희망이 없다. 노자, 공자, 맹자도 모두 눈을 형용한 말을 한 적이 있다. 그 사람의 눈을 보면 그 사람이 어떠한 사람인지 알 수 있다고 했다. 눈은 거짓말을 하지 않기 때문에, 눈은 그 사람의 '영혼의 창문'이라는 말이 생겨나게 되었다.

4. 부정과 부정, 재부정

부정이란 결코 아무것도 없다는 것을 의미하는 것이 아님을 알아야 한다. 있다고 했다가 또 부정하고, 부정했다가 또 있다고 하고, 다시(再) 부정했다가 다시 있다고 하고… 우주의 만사만물이 모두 이와 같은 것으로 부정하고 부정하며 재부정하면서 부단하게 변화 중에 있다.

석가모니 부처님은 먼저 자신의 부유함, 태자의 신분, 처와 자식 등을 부정했고, 또 자신의 소년기 · 중년기 · 노년기 및 자신의 모든 것을 부정했으며, 마지막에는 걸인이 되어서 걸인 집단의 수장이 되었지만 결국 수장 자리마저도 부정해 버리셨다. 석가모니 부처님께서는 서른한 살에 도를 깨우쳤고(悟道), 여든 살에 열반(涅槃)에 드셨다. 무엇을 열반이라 하는가? 그것은 바로 사람이 죽은 것을 가리키는데, '원적(圓寂)'이라고도 한다. 그 뜻은 참된 근본으로 되돌아간다(歸眞返本)는 것으로, 육체는 흙으로 돌아가고 자성은 도체로 돌아간다.

49년 동안 법을 말하셨으면서도 마지막에 또 부정해 버리셨다. 석가모니 부처님께서는 법을 설하지 않으셨다. 만약, 어떤 사람이 석가모니 부처님께서 설법을 했다고 말한다면 이는 석가모니 부처님을 비방하는 것이나 다름없다. 앞에서 말했듯이 『금강경』에는 경도 없고 법도 없다. 만일 경이 있고 법이 있다면, 그건 경이 아니고 법이 아니다.

예컨대 보살이 아니고(非菩薩)[72], 몸이 아니고(非身)[73], 법이 아니고(非法)[74], 복덕이 아니고(非福德)[75], 불법이 아니고(非佛法)[76], 장엄이 아니고(非莊嚴)[77], 반야바라밀이 아니고(非般若波羅蜜)[78], 티끌이 아니고(非微塵)[79], 제일바라밀이 아니고(非第一波羅蜜)[80], 머무름이 아니고(非住)[81], 중생이 아니고(非衆生)[82], 일체법이 아니고(非一切法)[83], 큰 몸이 아니고(非大身)[84], 마음이 아니고(非心)[85], 구족색신이 아니고(非具足色身)[86], 선법이 아니고(非善法)[87], 내가 있음이 아니고(非有我)[88], 범부가 아니고(非凡夫)[89], 세계가 아니고(非世界)[90], 하나로 합해진 형

72)『금강경』제3「大乘正宗分」; 제17「究竟無我分」.
73)『금강경』제17「究竟無我分」.
74)『금강경』제6「正信希有分」.
75)『금강경』제8「依法出生分」.
76) 상게서.
77)『금강경』제17「究竟無我分」.
78)『금강경』제13「如法受持分」.
79) 상게서.
80)『금강경』제14「離相寂滅分」.
81) 상게서.
82) 상게서; 제21「非說所說分」.
83)『금강경』제17「究竟無我分」.
84) 상게서.
85)『금강경』제18「一體同觀分」.
86)『금강경』제20「離色離相分」.
87)『금강경』제23「淨心行善分」.
88)『금강경』제25「化無所化分」.
89) 상게서.
90)『금강경』제13「如法受持分」.

상이 아니고(非一合相)[91], 아견이 아니고(非我見)[92], 법상이 아님(非法相)[93] 등과 같이, 부정하고 부정하며 재부정한다.

이렇게 아님(非), 아님(非), 아님(非)이 바로 부정, 부정, 재부정이다. 무엇을 부정하는 걸까? 모든 유위법(有爲法)을 부정한다. 모든 인위적 존재(人爲法)를 부정한다. 변화하는 모든 현상을 부정한다. 모든 망념을 부정한다. 이렇게 모든 것(一切)을 부정하고, 일체라는 것까지도 부정되어야 한다.

마지막으로 석가모니 부처님께서 "응당 가르쳐준 대로 머물러라(應如所敎住)"④라고 하셨는데, 그것은 바로 내가 너희들에게 가르친 것처럼 가르치라는 말로, 모든 것에 머무름이 없이 사물이 오면 그대로 응하고 지나가면 잡지 않는 것이 흡사 흘러가는 구름이나 물 같아야 한다는 것이다. 보라! 저 흐르고 있는 물은 영원히 멈추지 않고 흘러가지만 또다시 오면서 그렇게 일체가 머무름이 없으며, 사이에는 결코 텅 빈 하나의 공간도 없다. 그러나 공에서 묘하게 있는(妙有) 우주 대도가 생겨난다.

석가모니 부처님께서는 또 "법에서 끊어져 소멸하는 상을 말한 것이 아니다(於法不說斷滅相)"㉗라고 했는데, 이것은 곧 끊어짐이 없다(無斷), 소멸이 없다(無滅)는 것으로 절대로 단멸하는 것이 아니며, 나아가 공(空)을 말하지도 않았다는 말이다. '공'은

91) 『금강경』 제30「一合理相分」.

92) 『금강경』 제31「知見不生分」.

93) 상게서.

단지 하나의 가설적인 단어(假設語)로서 방편설이고 형용사일 뿐이다. 우주 대도에서 절대적인 공은 없다. 그것의 보이지 않는 그 에너지는 상호 변하는 것이며, 지금까지 소멸한 적이 결코 없었다.

"나는 이미 공(空)을 통찰했다. 사대가 모두 공함을 알고 있으니 모든 것을 간파한 셈이지"라는 말을 자주 듣는데 이는 헛소리에 지나지 않는다. 그렇게 말하는 사람은 불교에서 말하는 아니고(非)·아니며(非)·재차 아님(再非)의 부정이 무엇을 뜻하는지 근본적으로 이해하지 못하고 있다. 이런 사람은 상심하고 실망하며 허풍 떠는 꿈을 꾸고 있는 것이며, 투지가 부족하고 생각이 건강하지 못한 사람으로 '의사'의 상담을 받아 그 건강하지 못한 마음, 상심과 실망감, 허풍 떠는 마음, 투지 결여의 마음 등을 철저히 정리하고 극복해 청정한 마음이 생기도록 해야 한다. 그래서 수보리가 "위대한 스승이시여! 저는 즐겁기가 그지없사오며, 스승님의 가르침을 듣고자 원하옵니다"②[94]라고 말한 것이다.

불교를 연구하려면 큰 뜻을 세우고 대장부(大丈夫)가 되어야 한다. 무엇을 대장부라고 하는가? 맹자가 말했다: "천하의 넓은 곳에 거처하고(居天下之廣居), 천하의 바른 자리에 서서(立天下之正位) 천하의 대도를 행한다(行天下之大道). 뜻을 얻으면(得

94) 저자가 현대 중국어로 번역해 놓은 말이다. 경전의 해당 원문은 "唯然, 世尊! 願樂欲聞"이다.

志) 백성들과 함께하고(與民由之), 뜻을 얻지 못하면(不得志) 홀로 그 도를 행한다(獨行其道). 부귀해져도 그 뜻이 음란하지 않게 되고(富貴不能淫) 가난함에 처해도 그 뜻을 바꾸지 않으며(貧賤不能移), 권력과 권위도 그 뜻을 굽히지 못한다(武威不能屈). 이러한 사람을 대장부라 한다(此之謂大丈夫)."[95]

하지만 석가모니 부처님께서는 이것을 대장부로 여기지 않는다. 대장부란 성별을 떠나서 남녀 모두 대장부가 될 수 있고, 성불(成佛)하는 것도 남녀를 가리지 않는다. 부처(佛)는 남자 부처, 여자 부처의 구분이 없다. 만약 남녀의 구분이 있다면 어떻게 중생이 모두 평등하다고 할 수 있겠는가?

이 얼마나 위대한 '통찰[止觀]'인가. 대장부는 결혼 여부와 관련이 있거나, 또는 기혼자는 부처가 될 수 없고, 미혼자만이 성불할 수 있다고 한다면 이 모두 석가모니의 뜻이 아니다. 이와 관련해서 석가모니 부처님께서는 명시적인 규정을 정하지 않았고, 그에 관한 '말[話]'조차도 꺼내시지 않았는데 어떻게 그렇게 많은 불공정한 생각들이 석가모니와 관련이 있단 말인가?

그와 같이 많은 '부정'과 그렇게 많은 '아님의 아님(非非)'들은 모두 우리에게 우주 변화의 모든 현상을 알게 하려는 것이다. 이러한 현상들은 하나가 하나를 부정하면서 끊임없이 부정을 행하고 있다. 이는 대체 어떠한 '힘[力量]'일까? 이 힘은 보이지 않는

---

95) 『孟子』「滕文公下」.

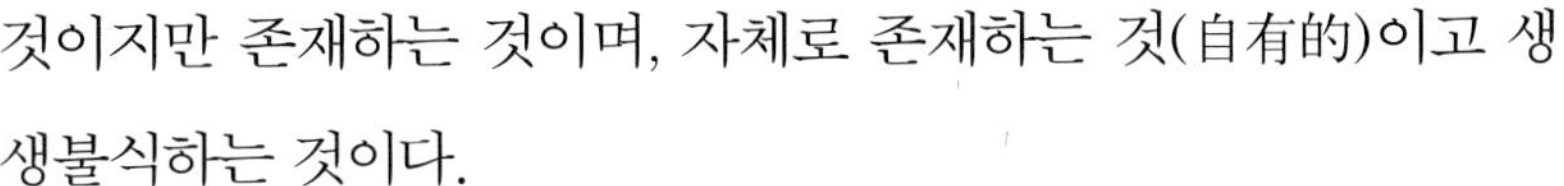

것이지만 존재하는 것이며, 자체로 존재하는 것(自有的)이고 생생불식하는 것이다.

석가모니 부처님께서는 우리에게 이런저런 도리 중의 도체(道體)를 알게 하려는 것이다. 이와 같이 간단한 것이기에 석가모니 부처님께서는 "그러하다(如是), 그러하다(如是)"㉒라고 말씀하신 것이다.

5. 긍정과 긍정, 재긍정

무엇을 긍정하고, 나아가 또 무엇을 긍정하며 다시 무엇을 재긍정한다는 것인가? 석가모니 부처님께서는 "이 경에서(…여러 부처님들과 여러 부처님들의 아뇩다라삼먁삼보리의 법이) 모든 것이 나왔다.[96] 이 경전은 진실로 받아들여 지니고 읽고 암송해야 하는 경이며,[97] 이 경이 말씀하는 것을 깊이 듣고 그 뜻을 헤아려 이해한다.[98] 이 경을 들은 그대로 능히 받아들여 지니고 읽고 외운다.[99] 이 경에는 불가사의하고 헤아릴 수 없는 무한한 공덕이 있다.[100] 어느 곳이든 이 경이 있으면 (모든 세계의 천신과 인간과 아수라에게 공양받을 것이다. 이곳이 탑이 되어 모두 공

---

96) 제8「依法出生分」의 내용이 축약된 것으로 여겨진다. 괄호 안의 내용은 경전의 원문에 근거해 역자가 부연한 것임.

97) 제12「尊重正教分」.

98) 제14「離相寂滅分」.

99) 상게서.

100) 제15「持經功德分」.

경하는 마음으로 예배하고 주위를 돌면서) 갖가지 꽃과 향을 그곳에 뿌릴 것이다.[101)]"[102)] 등을 말씀하셨다.

이것이 무슨 경전인지 알겠는가? 석가모니 부처님께서 "이 경을 『금강반야바라밀경(金剛般若波羅密經)』이라 이름했다"[103)]고 하여 이름이 붙여진 경전이다.

석가모니 부처님께서는 제자들에게 "너희들은 마땅히 받들어 지녀야 한다(汝當奉持)"고 하면서 다음과 같이 말씀하기도 했다: "반야바라밀(般若波羅蜜)은 곧 반야바라밀이 아니라(卽非般若波羅蜜) 이름이 반야바라밀이다(是名般若波羅蜜)."[104)] 이것이 바로 우주 도체로 회귀하는 미묘한 지혜이며, 또한 우주 도체로 돌아가는 미묘한 지혜가 아니기도 하다. 이는 긍정, 긍정, 재긍정의 논리이며, 또한 비(非)논리이기도 하다. 이러하고(如是) 이러하니(如是), 이러하지 않으면서(不如是), 또 이러하며(又如是) 이렇지 않은데 또 어떤가? 그것은 어디에도 있고 어디에도 없다. 가서 실천하자! 그러면 우리는 조화로운 우주, 조화로운 대지 그리

---

101) 상게서. 괄호 안의 내용은 역자가 첨가한 것임.

102) 이 인용문은 『금강경』의 원문을 分章 구분과 무관하게 저자가 임의로 축약해서 현대 중국어로 번역한 것이다. 따라서 현대 중국어로 번역된 문장에서 한 문장 내의 의미가 자연스럽게 연결되지 못하고 비약되는 감이 있으며, 또 문장과 문장 간에도 논리적 진행이 다소 억측스럽기까지 하다. 역자가 찾아본 바에 따르면 이 인용문은 제8 「依法出生分」에서 제15 「持經功德分」에 이르기까지의 내용을 축약한 것이다.

103) 제13 「如法受持分」.

104) 상게서.

고 조화로운 중생을 보게 될 것이다. 그래서 불가사의한 것이다.

석가모니 부처님께서 또 다음과 같이 말씀하셨다: "실로 법을 가지고 있지 않기에(實無有法) 무유법이고(無有法) 여래란(如來者) 모든 법이 그대로라는 뜻이다(卽諸法如義). 일체법은(一切法) 일체법이 아니므로(非一切法) 일체법이라 이름한다(故名一切法).[105] '나'와 '법'이 없음에 통달하면(通達無我法者) 법안이 생겨나므로(有法眼),[106] 설법이라(說法者) 말할 수 있는 법이 없는 것으로(無法可說) 이름을 설법이라 한 것이다(是名說法).[107]

이 법을 말하는 것을 들어도(聞說是法) 정작 얻을 수 있는 작은 법도 없다(乃至無有少法可得).[108] 이 법은 평등하여(是法平等) 모든 선법이라는 것은(一切善法) 선법이 아니지만(非善法), 이름을 선법이라 한 것이다(是名善法).[109] 법에서는 끊어 없어질 상을 말하지 않는다(於法不說斷滅相).[110] 일체법에 내가 없음을 알고(知一切法無我) 확실한 '참음'을 이루었다(得成於'忍').[111] 모든 법에 대해서(於一切法) 마땅히 이와 같이 알 것이며(應如是

105) 이상은 제17「究竟無我分」.

106) '通達無我法者'는 제17「究竟無我分」에 나오고, '유법안'이란 말은 제18「一體同觀分」에 나온다.

107) 제21「非說所說分」.

108) 여기서 '聞說是法'은 제21「非說所說分」에 나오는 말이고, '乃至無有少法可得'은 제22「無法可得分」에 나온다. 저자는 경전의 각기 다른 분장에 나오는 말을 바로 연결시키기도 한다.

109) 제23「淨心行善分」.

110) 제27「無斷無滅分」.

111) 제28「不受不貪分」.

知), 이와 같이 볼 것이며(如是見), 이와 같이 믿고 이해해야 한다(如是信解).

법상을 내지 말아야 하는데(不生法相), 법상이란(法相者) 또한 법상이 아니며(亦非法相), 법상이라 이름한 것이다(是名法相).[112] 온갖 유위의 법은(一切有爲法) 마치 꿈 · 허깨비 · 거품 · 그림자와 같고(如夢幻泡影) 이슬 같고 또 번개 같은 것이니(如露亦如電) 마땅히 이와 같이 관해야 한다(應作如是觀).[113]"[114]

여기서 말하는 '법(法)'이란 무엇일까? 석가모니 부처님께서는 "그것은 아뇩다라삼먁삼보리라 이름한 것"이라고 확실하게 말씀하셨다. 그 뜻은 무상정등정각(無上正等正覺)으로 지극한 선의 경지에서(止於至善), 어떠한 경계도 없는 선법(善法)이면서 또한 선법이 아니다. 이것은 긍정과 긍정 그리고 재긍정의 논리이면서 또한 논리가 아니고, 철학이면서 또한 철학이 아니며, 형이상학이면서 또한 형이상학이 아니다. 그것은 규정할 수 있는 어떤 '것'이 아니다. 석가모니 부처님께서 말씀하신 "이러하다(如是), 이러하다(如是)"는 이러하지 않으면서도 또한 이러하다는 말이다.

또, 세 개의 긍정, 긍정, 재긍정의 명사가 나타났다. 세 개의

112) 이상은 제31「知見不生分」.

113)『금강경』의 마지막 분장인 제32「應化非眞分」.

114) 제17「究竟無我分」에서 마지막 제32「應化非眞分」까지의 경전 원문을 저자가 임의로 축약했다. 여기서는 저자가 현대 중국어로 번역하지 않고 원문을 바로 축약하기만 했다.

명사는 누가 말한 것일까? 『금강경』의 기록에 따르면 석가모니 제자가 말하였다: "부처님께서 계시고(佛在), 부처님께서 말씀하시며(佛言), 부처님은 모든 보살을 잘 보호하고 염려해 주십니다(如來善護念)."[115] 또 하나는 과거세의 연등불의 수기(授記)에 의한 것이다: "너는 내세(汝於來世)에 마땅히 깨달음을 이루면 부처가 되니(當得作佛) 석가모니라 이름하리라(號釋迦牟尼)"⑰ 하였다.

이 세 개의 명사는 무슨 뜻일까? 참으로 말할 수도 없고 이해할 수도 없다! 그렇다면 우리가 억지로라도 한번 말해 보자. '불(佛)'이 깨달음이라 가정해 본다면 무엇을 깨닫는다고 하는 것일까? 부처가 계시다(佛在)고 하는데, 부처가 어디에 있다는 말인가? 누가 능히 말해 볼 수 있을까? '부처가 말씀하신다(佛言)'고 했는데 부처님께서 무엇을 말씀하셨다는 것일까?

석가모니께서 '능인적묵(能仁寂默)'의 뜻이라고 가정한다면 그 뜻은 또 무엇이란 말인가? "얻는 바가 하나도 없고(一無所得), 얻을 수 있는 것이 아무것도 없다(了無可得)"란 또 무슨 뜻일까? 여기서 알고 넘어가자면 '부처(佛)'는 도를 이룬 자이고, '여래'는 도체며, 석가모니는 법신 · 육신을 가지고 있다고 말하는 것인가? 이와 관련해 우리가 말을 해도 맞고 말하지 않아도 맞다. 또한, 우리가 어떻게 말하더라도 모두 틀리게 되고, 말하지 않으면

115) 인용문에서 '불재(佛在)'는 제1「法會因由分」에 나오는 말이고, '佛言'과 '如來善護念'은 제2「善現起請分」에 나온다.

더 틀리게 된다.

이 세 개의 명사는 모두 일합상(一合相)으로 하나가 되니 곧 일합상이 아니며(卽非一合相), 이름이 일합상일 뿐이다(是名一合相)㉚. '일합상'은 무엇인가? 이에 대해 말할 수 없기 때문에 우리가 말하지 않는다면 맞는 것이다.

공자는 "천하언재(天何言哉, 하늘이 무슨 말을 하는가)? 사시행언(四時行焉, 사계절이 거기에서 행해지고), 백물생언(百物生焉, 만물이 거기에서 생겨나는데), 천하언재(天何言哉, 하늘이 무슨 말을 하는가)?"[116]라고 했는데, 우주는 말이 없이 부단히 운행하며 만물이 생겨나 번성하는데 우주가 할 말이 뭐 있겠는가!라고 번역할 수 있다.

『중용(中庸)』에서는 "크도다(大哉)! 성인의 도는(聖人之道) 넘실넘실 흘러넘치는 듯하여(洋洋乎) 만물을 발육시켜(發育萬物) 하늘의 높음에 이르렀구나(峻極于天)!"라고 말했다. 석가모니 부처님과 공자의 논리(道理)는 우주에 충만하여 만물을 발육하기에 충분하며, 그 높이와 크기는 우주와 함께한다.

여기서 억지로라도 결론을 하나 내려보자. 공자께서 말했다: "배우고 그때그때 익히니(學而時習之) 또한 기쁘지 아니한가(不亦悅乎)? 친구가 멀리서 방문해 오니(有朋自遠方來) 그 또한 즐겁지 아니한가(不亦樂乎)?"[117] 여기에서 '열(悅)'과 '락(樂)'은 한

---

116) 『논어』「陽貨」.

117) 『논어』「學而」편의 내용이다. 여기서 '悅'자는 원문에 '說'로 된 것을 그 뜻

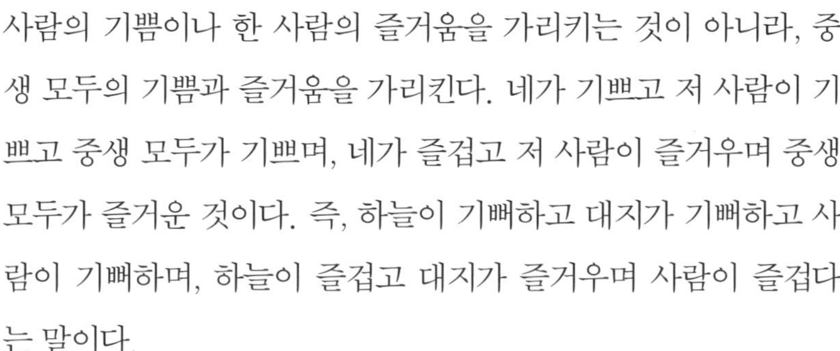

사람의 기쁨이나 한 사람의 즐거움을 가리키는 것이 아니라, 중생 모두의 기쁨과 즐거움을 가리킨다. 네가 기쁘고 저 사람이 기쁘고 중생 모두가 기쁘며, 네가 즐겁고 저 사람이 즐거우며 중생 모두가 즐거운 것이다. 즉, 하늘이 기뻐하고 대지가 기뻐하고 사람이 기뻐하며, 하늘이 즐겁고 대지가 즐거우며 사람이 즐겁다는 말이다.

『주역 · 태괘(兌卦)』에서 "하늘에 순종하고(順乎天), 사람에게 응한다(而應乎人)" 했는데, 위아래 모두 기뻐하고 모두 크게 환희하며(皆大歡喜), 믿고 지녀 받들어 행한다(信受奉行)㉜는 말이다. 이제 실천하자, 우주와 같이 자강불식(自强不息)하도록 열심히 노력해야 한다!

『금강경』에 '선(禪)'자는 없고, '좌(坐)'자만 보인다. 석가모니 부처님께서는 앉아 있으면서 아무 말도 하지 않았고 어떤 생각도 하지 않았다. "선호념(善護念)"[118]이란 머무르는 바가 없고, 법상을 내지 않으며, 여여하게 움직이지 않고, 상에 취하지 않는다는 뜻이다. 즉, 마음의 평정이 흡사 무여열반(無餘涅槃)③에 들어간 것과 같다는 말이다. 무엇을 무여열반이라 하는가? 열반은 죽음만을 뜻하는 것이 아니라, 청정함(淸淨)의 상태로 들어간 것을 가리키기도 한다.

청정의 상태에서는 생하지도 않고 죽지도 않으며, 오지도 않

에 따라 저자가 '悅'자로 고쳐 쓴 것이다.

118) 제2「善現起請分」.

고 가지도 않은 채 영원히 청정하다. 큰 혼란에 처해 있을지라도 여여한 부동의 도체는 청정함을 잃지 않는다.

공자는 "조차필어시(造次必於是), 전패필어시(顚沛必於是)"[119] 라고 했는데, 황급하고 다급한 경우에 처해도 이러하고, 어려움이나 곤경에 직면해서도 반드시 이러하다는 말이다. 여러분이 '선호념(善護念)'해야만 여러분 스스로를 제도할 수 있는 것이지, 누구도 여러분 자신을 제도하지 못한다. 이외에는 다른 뾰족한 방법이 없다.

그래서 석가모니 부처님께서 말씀하셨다. "실로 여래가 제도한 중생은 없다(實無有衆生, 如來度者). 만약 여래가 제도한 중생이 있다면(若有衆生, 如來度者), 여래에게 곧 아상 · 인상 · 중생상 · 수자상이 있는 것이다(如來卽有我人衆生壽者相). 여래께서 '아상'이 있다고 말씀하신 것(如來說有我者)은 곧 아상이 있다는 뜻이 아니다(卽非有我)."㉕[120]

육조혜능대사는 이 도리를 알고 있었으며, 다음처럼 말했다: "미혹했을 때는 스승님이 건네주지만(迷時師度), 깨닫고 나서는 스스로 건널 것입니다(悟了自度). 건넌다는 명칭은 비록 같지만(度名雖一), 쓰임은 서로 다릅니다(用處不同)."[121] 즉, 내가 아직

119) 『논어』「里仁」편.

120) 제25「化無所化分」의 원문에는 "實無有衆生如來度者. 若有衆生如來度者, 如來卽有我人衆生壽者. 善提樹, 如來說有我者, 卽非有我"라고 되어 있다.

121) 宗寶本『壇經』「行由品」.

깨우치지 못하고 미혹해 있을 당시에는 스승님이 제도해 주시길 바랐지만, 지금은 내가 진정한 가르침을 깨달은 마당에 마땅히 내 스스로가 스스로를 제도해야 한다는 뜻이다. 비록 똑같이 제도한다는 뜻을 가진 '도(度)'자이지만, 전에는 반드시 스승님의 가르침에 힘입어야 비로소 깨달을 수 있었고, 지금은 이미 깨달았으니 스스로 닦아 친히 증명해야 할 뿐만 아니라 나아가 다른 사람들도 구제해야 한다는 말이다.

같은 점이 있으면 작용에 따라 각기 다름이 있게 마련이다. 스스로 선호념하자! 우리가 이루고자 하는 대로 이루어질 것이다. 또, 우리가 무엇을 이루고자 하지 않는다면 그것은 더욱 좋은 일이면서 또한 더욱 나쁜 일이기도 하다. '더욱 좋다'거나 '더욱 나쁘다'는 말은 또 무엇을 뜻할까?

제9절 문화와 종교의 역사철학

1. 중국 문화에 관한 역사철학

중국의 문화, 역사, 철학은 매우 오래 이어져 내려오고 있다. 분명하지는 않지만 수만 년 전부터 이미 있었다. 중국에는 복희씨(伏羲氏)라는 위대한 인물이 있었다. 그가 어느 시대에 살았는지 아무도 모른다. 정확하지는 않지만 수만 년 전에 복희씨는 우러러서는 하늘의 상(象)을 살피고, 구부려서는 땅의 법(法)을 살피며, 새와 짐승의 무늬 그리고 하늘과 땅의 마땅함을 보아 가깝게는 자신의 몸에서 취하고, 멀게는 사물에서 구하여 비로소 팔괘를 만들었고, 그리하여 신명의 덕에 통하였고, 그리하여 만물이 실정을 분류했다.[122] 그가 하늘 · 사람 · 땅 사이에 문화적 기초를 세웠다. 그는 중국 고대문화의 시조인 셈이다.

공자가 다음과 같이 말했다: 위대하도다(大哉) 건의 근원이여(乾元)! 만물이 바탕하여 비롯하니(萬物資始) 이에 하늘을 거느리는구나(乃統天). 구름이 일어 비가 베풀어지고(雲行雨施) 뭇 사물이 널리 퍼져 형체를 이루며(品物流形),[123] 마침과 시작함을 크게 밝힌다(大明終始). 여섯 개의 자리가 때를 이루고(六位時成), 여섯 용을 타고 하늘을 부리는구나(時乘六龍以御天).

건의 도가 변화하여(乾道變化) 각기 심성의 생명을 바르게 하니(各正性命), 보전하고 화합하여 크게(保合太和) 이롭고 바르게 한다(乃利貞). 우두머리가 뭇 사물에서 나오니(首出庶物) 만국이 모두 편안하도다(萬國咸寧).[124] 하늘의 운행이 굳건하니(天行健) 군자는 이로써 스스로 굳건하여 쉬지 않는다(君子以自强不息).[125]

---

122) 『易傳』「繫辭下」.

123) 본서에서는 "品物流行"으로 되어 있지만, 『주역』 원문의 "品物流形"에 따라 '行'자를 '形'자로 원문에 맞게 바로잡았다.

124) 이상은 『주역』「乾卦彖傳」.

125) 『주역』「乾卦象傳」.

무릇 대인은(夫大人者) 천지와 더불어 그 덕을 합하고(與天地合其德), 일월과 더불어 그 밝음을 합하며(與日月合其明), 사계절과 더불어 그 질서를 합하고(與四時合其序), 귀신과 더불어 그 길흉을 합한다(與鬼神合其吉凶). 하늘보다 앞서면서도 하늘에 어그러지지 않고(先天而天弗違), 하늘을 뒤따라 해도 하늘의 때를 받드니(後天而奉天時), 하늘도 또한 어기지 않는데(天且弗違) 하물며 사람에게 있어서며(而況於人乎) 귀신에게 있어서랴(況於鬼神乎)?[126)]

이것이 중국 고대 문화의 첫 원리이고 생성화육의 시작으로 문화 · 철학 · 과학 · 신학 · 우주의 모든 원리를 포괄하며, 주역에서 말하는 불변의 원리, 변화의 원리, 즉 역간(易簡) · 변역(變易) · 불역(不易)을 포함한다. '역(易)'이란 낳고 낳는다는 '생생(生生) 덕(德)'에는 역간(易簡)[127)]의 뜻이 있다는 것을 뜻한다.

'불역(不易)'이란 하늘과 땅의 정해진 위치가 서로 바뀔 수 없음을 말한다. '변역(變易)'이란 낳고 낳는 생생(生生)의 도가 변하면서 서로 연속함을 뜻한다. '역'은(易) 아무런 사려나 작위가 없으며(無思無爲也), 고요하게 어떠한 움직임도 없으면서도(寂然不動) 느끼면 마침내 천하의 모든 원리에 통한다(感而遂通天下之故).

---

126) 『주역』「乾卦文言傳」.

127) 『주역』「繫辭上」에서 "易則易知, 簡則簡從…易簡而天下之理得矣"라고 한 것에 근거하면 '역간'은 쉽게 알 수 있고 간단히 따라 할 수 있는 '간단하고 쉬움'을 뜻하는 말로 이해할 수 있다.

천하의 지극한 신령함이 아니면(非天下之至神) 그 누가 여기에 참여할 수 있겠는가(其孰能與於此)?[128] 역의 글됨이(易之爲書也) 넓고 커서 세상의 이치를 다 갖추었으니(廣大悉備), 천도가 있으며(有天道焉), 인도가 있으며(有人道焉), 지도가 있으니(有地道焉) 삼재를 겸해서 둘로 하니라(兼三才而兩之), 그러므로 육이니(故六), 육이란 것은(六者) 다른 것이 아니라(非他也)[129] 곧 삼재의 도이다(三才之道也).[130]

이 때문에 형이상의 것을 '도'라고 하고(是故形而上者謂之道), 형이하의 것을 '기'라고 하며(形而下者謂之器), 변하여 제재하는 것을 '변'이라고 하고(化而裁之謂之變), 미루어서 그것을 행하는 것을 '통'이라 하며(推而行之謂之通), 들어서 천하의 백성에게 실행하는 것을 '사업'이라 한다(擧而措之天下之民謂之事業).[131] 변화에 통한다는 것은(變通者) 때에 따르는 것이고(趣時也) 일정한 법칙으로 삼을 수 없다(不可爲要典).[132]

이상과 같은 것이 바로 중국 고대 문화에 관한 역사 철학의 개요다.

---

128) 『주역』 「繫辭上」.

129) 본서에는 '非它'로 되어 있다. 그러나 『주역』 「繫辭下」 원문에는 "非他也"로 되어 있어, 원문대로 바꾸었다. 이 문장에서 이곳 외에는 모두 원문과 동일하다.

130) 『주역』 「繫辭下」.

131) 『주역』 「繫辭上」.

132) 『주역』 「繫辭下」.

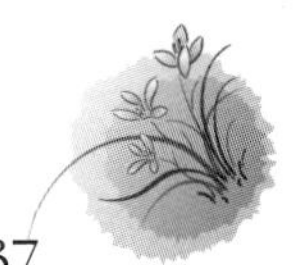

2. 요순시대의 선양(禪讓)사상

『상서 · 요전(尙書 · 堯典)』에는 요임금의 다음과 같은 말이 기록되어 있다: "공손 총명하고 문사하시어 온유하셨고(欽明文思安安), 진실로 공손하고 사양하시며(綸恭克讓), 빛을 온 세상에 펴시어(光被四表) 하늘과 땅에 이르렀으며(格于上下), 큰 덕을 밝히시어(克明峻德) 구족을 화목하게 하시고(以親九族), 구족이 화목하니(九族旣睦) 백성이 밝게 다스려지고(平章百姓), 백성이 밝으니(百姓昭明) 온 세상이 화평하게 되어(協和萬邦), 온 백성이 모두 변하여 이에 화목하게 되었다(黎民於變時雍)!"

또, 『상서 · 순전』에는 순임금의 말이 다음처럼 기록되어 있다: "먼 곳의 사람들은 달래고 가까운 곳의 사람들은 따르게 하며(柔遠能邇), 덕을 도탑게 하고 어진 사람을 믿으며(惇德允元), 곧으면서 온화하고(直而溫), 너그러우면서 위엄을 갖추고(寬而栗), 꿋꿋하면서도 거칠지 않으며(剛而無虐), 단순하면서도 오만함이 없게 하라(簡而無傲).

시는 뜻을 말하는 것이고(詩言志), 노래는 말을 길게 하는 것이고(歌永言), 소리는 가락을 따른 것이고(聲依咏), 음률은 소리와 조화를 이루는 것이다(律和聲). 팔음이 능히 조화를 이루어서(八音克諧) 서로의 음계를 빼앗지 않게 하면(無相奪倫), 신과 사람도 이로써 조화를 이룰 것이다(神人以和).

돌을 치고 돌을 두드리니(擊石拊石) 온갖 짐승들이 따라서 춤추더라(百獸率舞).” 무엇을 ‘선양(禪讓)’이라 하는가? 바로 천자가 현자에게 제위를 물려주는 것으로 요임금이 순임금에게, 순임금이 우임금에게 선양한 것을 역사에서는 ‘선양의 시대(禪讓之世)’라고 부른다.

대우(大禹)가 말했다. “진실로 이와 같으면(允若玆) 좋은 말이 숨겨질 바 없고(嘉言罔攸伏), 초야에는 버려진 어진 이가 없어서(野無遺賢) 온 나라가 모두 편안할 것입니다(萬邦咸寧). 모든 사람들에게 물어 의논하여(稽于衆) 자기를 버리고 다른 사람을 따르며(捨己從人), 외로운 이를 학대하지 않고(不虐無告) 곤궁한 사람을 버려두지 않는 일들은(不廢困窮) 오로지 요임금만이 할 수 있었습니다(惟帝時克).” 그러자 익(益)이 말했다. “요임금의 덕이 넓게 운행되어(帝德廣運) 성스럽고 신성하며(乃聖乃神), 굳세고 화려하시다(乃武乃文). 황천이 돌보시고 명하시어(皇天眷命) 온 세상을 다스리는(奄有四海) 천하의 군주가 되셨습니다(爲天下君).”

대우가 또 말했다: “올바른 길을 따르면 길할 것이요(惠迪吉), 역행하면 흉할 것입니다(從逆凶). 이는 그림자나 메아리와 같습니다(惟影響).” 익이 말을 받았다. “네, 경계하셔야 합니다(戒哉)! 근심 없을 때를 경계하시어(儆戒無虞) 법도를 잃지 마시고(罔失法度), 편안하다고 놀지 마시고(罔游于逸), 즐겁다고 지나치지 마소서(罔淫于樂). 현명한 이들에게 맡김에 두 마음을 품지 마시고(任賢勿貳), 사악한 자들을 제거하되 의심하지 마옵소서(去邪

勿疑). 의심스러운 계책을 이루려 하지 않아야(疑謀勿成) 온갖 뜻이 넓혀질 것입니다(百志惟熙). 도를 어기면서 백성들의 칭찬을 구하지 마옵시고(罔違道以干百姓之譽), 백성들을 거스르면서 자신이 바라는 것을 따르지 마옵소서(罔咈百姓以從己之欲). 게으르지 않고 소홀하지 않으면(無怠無荒) 사방의 오랑캐들도 와서 왕으로 받들 것입니다(四夷來王)."

대우가 또 말하였다: "덕은 정사를 선하게 하고(德爲善政), 정사는 백성들을 길러줌에 있습니다(政在養民). 물 · 불 · 쇠 · 나무 · 흙과 곡식을 잘 다스리고(水火木金土谷惟修) 바른 덕으로 쓰임을 이롭게 하고 삶을 도탑게 하여 조화롭게 하소서(正德利用厚生惟和). 아홉 가지 노력이 펴져서(九功惟敍) 아홉 가지 펴진 것을 노래하게 하소서(九敍惟歌).

이(고요를 가리킴)를 생각해도 고요의 공적에 있고(念茲在茲), 고요를 생각하지 않아도 고요의 공적에 있습니다(釋茲在茲). 고요를 이름하여 말해도 고요의 공적에 있고(名言茲在茲) 진실로 고요에 대한 믿음이 우러나오는 것도 그의 공적에 있습니다(允出茲在茲)."

계속 말하였다: "나라 일에 부지런하고(克勤于邦) 집안에 대해서는 검소하여(克儉于家), 자만하지 않고 뽐내지 않는 것은(不自滿假) 그대가 현명하기 때문입니다(惟汝賢). 그대가 자랑하지 않아도(汝惟不矜) 천하에 그대와 능력을 다툴 자가 없으며(天下莫與汝爭能), 그대가 내세우지 않아도(汝惟不伐) 천하에 그대와 공

을 다툴 자가 없지요(天下莫與汝爭功). 사람의 마음은 위태롭고(人心惟危), 도를 향한 마음은 미약하기만 하니(道心惟微), 정밀하게 살피고 한결같은 마음을 가져야(惟精惟一) 진실로 그 중도를 잡을 것입니다(允執厥中)."

이에 익이 칭찬하면서 말했다. "덕은 하늘을 감동시켜(惟德動天) 먼 곳이라도 미치지 않음이 없습니다(無遠弗屆). 가득하면 덜어냄을 부르고(滿招損), 겸손하면 더함을 받는데(謙受益) 이때가 하늘의 도입니다(時乃天道)."[133)]

고요(皐陶)가 "사람을 아는 데 있고(在知人), 백성들을 편안하게 하는 데 있습니다(在安民)"라고 말하자 대우가 답했다. "사람을 알아보는 것은 명철함이니(知人則哲) 능히 사람에게 벼슬을 줄 수가 있으며(能官人), 백성들을 편안히 하면 곧 은혜를 베푸는 것이니(安民則惠) 수많은 백성들이 마음에 품을 것입니다(黎民懷之)."

고요가 말했다. "관대하면서도 위엄이 있는 것(寬而栗), 부드러우면서도 꿋꿋한 것(柔而立), 성실하면서도 공손한 것(願而恭), 바로잡을 줄 알면서도 공경하는 것(亂而敬), 온순하면서도 굳센 것(擾而毅), 곧으면서도 온화한 것(直而溫), 간략하면서도 자세한 것(簡而廉), 굳건하면서도 충실한 것(剛而塞), 강하면서도 올바른 것(强而義)이니, 이러한 덕을 항상 드러내야 합니다

133) 이상은『尙書 · 大禹謨』.

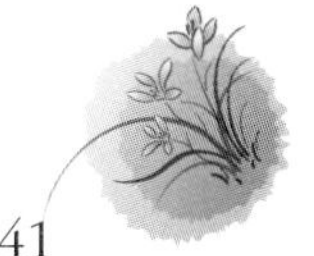

(彰厥有常).

여러 가지 관직을 비어두지 마십시오(無曠庶官). 하늘의 일을 사람이 대신하는 것입니다(天工人其代之). 하늘이 밝게 듣고 밝게 보심은(天聰明) 우리 백성들이 밝게 듣고 밝게 보는 것으로 말미암는 것이며(自我民聰明), 하늘이 선한 자를 밝게 드러내주고 악한 자를 두렵게 하는 것은(天明畏) 우리 백성이 밝게 드러내고 두렵게 하는 것으로부터 말미암는 것입니다(自我民明畏)."134)

이상의 세 편의 전적은 대략 기원전 2357~2184년 사이에 기록된 것으로 중국이 줄곧 나라를 다스리고 백성을 배양함에 있어서 문화를 근간으로 하는 문화 국가임을 충분히 보여준다.

3. 하상주(夏商周)시대의 천인사상

하나라는 기원전 2183년부터 기원전 1752년까지 432년간 지속되었고, 상나라는 기원전 1751년부터 기원전 1111년까지 640년 동안 지속하였으며, 주나라는 무왕이 상나라를 멸한 기원전 1111년부터 기원전 256년까지 850여 년의 역사를 갖고 있다.

중국 문화는 하 · 상 · 주 삼대에 걸쳐 점진적인 진보와 발전을 이루었으며, 주공(周公)시대에 와서 집대성되어 『역경』, 『주례』, 『의례』, 『예기』로써 '역' · '예'의 천인사상을 형성했다. 어떻게

134) 이상은 『尙書 · 皐陶謨』.

이와 같이 되었을까?

공자가 다음처럼 말했다: "하나라의 예는(夏禮) 내가 말할 수 있지만(吾能言之) 그 후예인 기나라는 이를 증명하기에 부족하고(杞不足徵也), 은나라의 예는(殷禮) 내가 말할 수 있지만(吾能言之) 그 후예인 송나라는 이를 증명하기에 부족하다(宋不足徵也). 그것은 문헌이 부족한 까닭이다(文獻不足故也). 문헌이 충분하다면 내가 그것들을 증명할 수 있다(足則吾能徵之矣). 주나라는 2대를 거울로 삼아서(周監於二代) 찬란하도다 그 문화가(郁郁乎文哉)! 나는 주나라를 따르겠다(吾從周).[135] 심하도다(甚矣)… 나의 노쇠함이여(吾衰也)! 오래되었도다(久矣) 내가 더 이상 주공을 꿈에 보지 못함이(吾不復夢見周公)![136] 만약 나를 써주는 사람이 있다면(若有用我者) 나는 그 나라를 동방의 주나라로 만들리라(吾其爲東周乎)![137]" 여기서 만약 공자를 써주는 사람이 있었다면 공자는 기꺼이 주나라의 도를 동방에 구현했을 것이다.

135) 『논어』 「八佾」 편.

136) 『논어』 「述而」 편.

137) "吾其爲東周乎!"는 일반적으로 "나는 그 나라를 동주로 만들 것이다"로 번역된다. 그러나 여기서 "나는 그 나라를 동방의 주나라로 만들 것이다"라고 번역한 것은 인용문에 이어서 나오는 저자의 논지를 감안해 저자의 의역을 충분히 반영한 결과다. 『논어』 「陽貨」 편.

4. 공자의 새로운 인문사상

공자는 가난한 고아였으나 한결같이 도(道)에 마음을 두었고, 학문에 한결같은 뜻을 두었다. 공자는 『주례』를 학문으로 간주했다. 『주례』는 하나라 · 은나라 2대의 장점을 취합해 비교적 완비된 체제를 구축했다. 그래서 공자는 『주례』를 실천하고 인문 문화를 고취하고자 결심했다. 이리하여 공자는 중국 문화 발전사에서 새로운 인문 문화의 변혁을 일으킨 선구자가 되었으며, 전국시대의 '백가쟁명(百家爭鳴)'이라는 학술 사조 형성에 직접적인 영향을 끼쳤다.

공자는 일생 동안 "예를 제정하고 음악을 만든(制禮作樂)" 주공(周公)을 가장 숭배하였고, 자신도 주공과 같이 기회가 되면 현명한 군주를 도와 혼란을 바로잡고 세상을 구제하는 '내성외왕(內聖外王)'의 이상 정치를 실현하고자 했다. 『중용』에 다음과 같은 기록이 있다:

仲尼祖述堯舜(공자는 요순의 도를 근본으로 기술하고), 憲章文武(문왕과 무왕을 본보기로 받들고), 上律天時(위로는 하늘의 때를 따르고), 下襲水土(아래로는 물과 땅을 따랐다). 譬如天地之無不持載(비유하자면 하늘과 땅이 만물을 실어주고 지켜주지 않음이 없으며), 無不覆幬(덮어주고 가려주지 않음이 없는 것과 같다); 譬如四時之錯行(비유하자면 사계절이 번갈아 운행하는 것과 같으며), 如日月之代明(해와 달이 번갈아 밝히는 것과 같다). 萬物竝育

而不相害(만물이 함께 자라면서 서로 해치지 않고), 道竝行而不相悖(도가 함께 행해져도 서로 어그러짐이 없다). 小德川流(작은 덕은 냇물이 흐르는 것과 같고), 大德敦化(큰 덕은 두텁게 교화하니), 此天地之所以爲大也(이것이 하늘과 땅이 위대한 까닭이다).[138)]

공자는 멀리 요순의 도리를 종지로 삼아 전하고, 문왕과 무왕의 도리를 본받아 설명한다. 위로는 천도의 운행을 본받고, 물과 흙 등 자연 조건의 일정한 이치에 순응하는 것이 마치 하늘과 땅이 싣지 못함이 없고 덮지 못함이 없는 것과 같으며, 또 사계절이 교대로 운행되고 해와 달이 번갈아 빛을 발하는 것과 흡사하다. 만물은 일제히 함께 생장하지만 서로 방해하지 않고, 사시(四時)와 일월(日月)이 교대로 운행되어도 서로 어긋나지 않는다. 작은 덕행은 비유하면 맥락이 분명한 하천의 흐름과 같이 그침 없이 길게 흐르고, 큰 덕행은 그 화육을 두텁게 하면서도 무궁하게 펴져 나간다. 이것이 바로 천지가 위대한 까닭이다.

공자는 또 '교화의 주체(敎化之主)'다. 그는 학술의 대중화를 주장했고, 자유로운 강학의 풍조를 조성한 첫 번째 인물이다. 그는 틀에 박힌 실내 교육을 무너뜨리고, 광범위한 일반 대중에게 교육의 기회를 제공하는 "교육은 부류의 차이 없이 행해져야 함

138) 제30장의 내용이다. 저자는 원문을 그대로 실은 다음, 이어서 그 뜻을 현대 중국어로 번역했다. 원문에서의 괄호 안은 역자의 번역이다.

(有教無類)"이라는 일반 대중을 위한 교육사상을 실천하였다. 큰 나무 아래나 넓은 들판에서 예(禮)를 익히고, 장소에 적합하며 시기에 적절한 일종의 공간과 시간 맞춤형 교수법을 선택했으며, 학생들과 하나로 어우러져 함께 생활했다.

그의 '정토(淨土)'는 어디에 있는가?

> 춘삼월에 산뜻한 봄단장을 하고서
> 젊은이 대여섯과 어린 아이 예닐곱이
> 기수에서 목욕하고 노래하고 춤추며
> 기쁘게 놀다가 즐겁게 노래하며 돌아온다.[139)]

어쩌면 우리는 이런 '정토'를 바랄 것이다. 아상 · 인상 · 중생상 · 수자상의 구분 없이 화목한 정취가 있고 상고의 소박하고 진실한 예악(禮樂)의 유풍이 남아 있는 그런 세상 말이다. 이것이 바로 대동(大同) 세계다. 다음 시처럼 노래한다:

> 봄옷을 만들었고 봄이 이미 도래했네(春服既成春已到)
> 서너댓 어린 아이들 춤추고 노래하네(三五童稚舞歌謠);
> 산골짜기 작은 시내에서 목욕을 하니(山澗小溪洗箇澡)
> 창문을 열어두어도 잠자리가 편하네(夜不閉戶睡眠好).

---

139)『논어』「先進」편.

우주는 본시 한 집이고 천인합일의 정문을 개방해 놓은 것이다. 쾌적한 마음으로 마음껏 마시며, 산과 사람이 함께한다. 온갖 꽃들이 일제히 꽃망울을 터뜨리고 짐승들이 기뻐 춤을 춘다. 봉황이 날아들고 해와 달이 빛을 널리 비춘다. 지혜는 거울처럼 맑고 말에 향기가 있어, 기린이 다시 교외에 나타나네!

5. 불교의 중국 전파

중국은 종교 국가가 아니라 문화 국가라고 할 수 있다. 중국인은 천지와 조상에게는 제사를 지내도 신이 실제로 존재한다고 믿고 있으며, 신에게 제사를 지내는 사람은 아주 드물다. 설령 신에게 제사를 지낼지라도 왜 그렇게 하는지 그들도 그 이유에 대해서는 알지 못한다. 중국인은 "죽은 자를 신중히 모시고 먼 조상을 추모하면(愼終追遠) 백성의 덕이 두터워질 것이다(民德歸厚)"[140]는 오랜 교훈과 풍습을 잊지 않고 있다.

불교는 언제 중국에 전파되었을까? 불교는 중국의 위진남북조(魏晉南北朝)시대에 전해지면서 얼마 되지 않아 너무도 쉽게 중국 문화에 흡수되었으며, 중국 문화의 일부가 되어 유가 · 도가 · 불가의 3가가 병립하여 새로운 생명력을 이루었다. 이 새로운 생명력은 문화 · 사상 · 철학이 합일된 새로운 문화를 그 내용으로 한다.

---

140) 공자의 제자인 曾子가 한 말이다. 『논어』「學而」편.

여기서 '신(神)'·'귀(鬼)' 두 글자는 중국의 고대 전적에서 대개 형용사로 쓰이며, 초자연적인 인격을 뜻한다. 사람이 죽으면 '귀(鬼)'라고 말하는데, 이때의 '귀'란 집으로 돌아간다는 뜻을 갖고 있다. 서양의 종교(천주교, 기독교)는 전쟁을 위한 '대포'와 함께 중국에 들어왔지만 중국 문화에 발을 붙이지 못했다.

이 절의 결론을 맺어보자: 우리의 『금강경』 독법은 바로 『주역』의 상전(象)에서 말한 "용구는(用九) 하늘의 덕이 머리가 되어서는 안 된다(天德不可爲首也)"[141]라는 형이상의 도 관념에 근거한 것이다. 이어지는 제2장에서의 경전 내용 분석은 '8'분(4×8=32)이 32라는 것에 근거해 구성했다. 이제 『금강경』을 하나의 원으로 가정해 보자:

141) 이 말은 『주역』의 乾卦에 대한 象傳의 해설이다.

원 내부의 공백은 도체이며 무위·무상이다. 외곽선은 유위이며 상을 갖고[有相] 있다. 무위와 유위는 모두 머무는 바가 없고(無所住), 머무는 곳을 찾는다면 당연히 청정심에 머물러야 한다. 청정심 또한 머무는 바가 없는 것(無所住)인데 어떻게 해야 하는가? 석가모니 부처님께서는 "이러하다(如是), 이러하다(如是)"라고 말씀하셨다.

『주역』에서는 "역이란(易) 사려함도 없고(無思也), 작위함도 없다(無爲也). 고요하게 아무런 움직임이 없으면서도(寂然不動) 감응해서는 천하의 모든 일에 통한다(感而遂通天下之故)"라고 했고, 석가모니 부처님께서는 "여여하게 움직이지 않는다(如如不動)"라고 말씀하셨다. 과연 우리는 '움직이고(動)' 있는가?

제 2 장

『금강경』 내용의 귀납적 분석

제2장 『금강경』 내용의 귀납적 분석

제1절 불교도의 세상 개념

1. 있는 그대로(自在)의 고독원 생활

그곳은 정말 존재하는 그 자체로다! 그곳의 꽃, 그곳의 새, 그곳의 흐르는 물, 그곳의 산, 그곳의 햇빛, 그곳의 바람 그리고 그곳의 조화로움! 그곳은 중국의 주나라 목왕(穆王) 10년, 대략 기원전 994년으로 인도국의 사위성(舍衛城) 남쪽에 있는 고독원(孤獨園)이라는 대정원이다.

이곳은 당시 천시(天時)·지리(地利)·인화(人和)를 얻어 모든 것이 풍부하고, 문화가 발달했으며, 도처에 꽃향기가 가득하고 새소리가 넘치는 곳이었다. 그곳에는 거대한 불교단체가 거주하고 있었다. 그들은 본래 아내와 자녀가 있고, 재산·권세·

학식이 있었으며, 심지어 왕이나 태자와 같은 신분이었던 자들도 있었다. 하지만 그들은 그 모든 것들을 포기하고 자신의 모든 것을 남에게 주었다. 그저 베푼 것이 아니라 자신들의 생명까지도 포함한 완벽한 헌신이었다.

그들은 '하고 싶은 것은 억지로 더 하지 않는' 그러한 사람들의 무리였다. 얼핏 보면 그들 스스로 자기 자신의 의지를 포기한 채 어떠한 의지도 없이 지극히 엄격한 방식으로 생활하는 듯했다. 그러나 일종의 형이상의 시선으로 그들을 바라본다면 그들은 훨씬 생동감 넘치고 자연스럽고 자비롭기가 우주와 같이 자비로웠다.

석가모니 부처님께서 바로 그 단체의 지도자다. 석가모니 부처님께는 아난(阿難)이라는 제자가 있었으며, 아난이라는 이름은 '더럽혀지지 않음', '환희', '기쁨'이라는 뜻이다. 『금강경』은 바로 두 분 사제 간의 실제 생활상을 담아낸 것으로 아난이 기록하였다.

이와 같이 내가 들었다(如是我聞): 어느 때(一時) 부처께서 사위국의 기수급 고독원에서(佛在舍衛國祇樹給孤獨園) 큰 비구들 천이백오십 명과 함께 계셨다(與大比丘衆千二百五十人俱).

그때(爾時), 세존께서 공양 때가 되자(世尊食時) 가사를 입고 발우를 가지고(着衣持鉢) 사위성으로 걸식하러 들어갔다(入舍衛大城乞食). 그 성에서(於其城中)[1] 차례로 걸식을 마쳤다(次第

乞已).

본래 계시던 곳으로 돌아와(還至本處) 공양을 마치시고(飯食訖), 가사와 발우를 거두시었다(收衣鉢); 그러고 나서 발을 씻으시고(洗足已) 자리를 펴고 앉으셨다(敷座而坐).①

우리는 이미 앞장에서 “여시아문(如是我聞)” 네 글자의 뜻에 대해 설명했다. ‘여(如)’는 도체로 여여하게 움직이지 않는다(如如不動)는 ‘여’다. ‘아(我)’는 육체적인 나와 자성적인 나를 가리킨다. ‘문(聞)’은 육체의 귀와 자성의 귀로 들음을 의미한다. 쉽게 말해서 아난이 위대한 스승이신 석가모니 부처님 곁에서 직접 말씀을 듣고 기록한 것이다.

‘일시(一時)’는 특정한 시공 관념을 벗어나 정해지지 않은 때를 가리킨다. 즉, ‘이때’나 ‘그때’이면서도 ‘이때’도 ‘그때’도 아닌 그러한 때를 말한다. 공자가 “아침에 도를 들으면(朝聞道) 저녁에 죽어도 좋다(夕死可矣)”[2]라고 했는데, 여기서의 아침(朝)과 저녁(夕)은 시공을 벗어난 것으로 아침은 시작이고 저녁은 마침이다. 아침과 저녁은 우주 도체의 운행으로 일정한 시간이 아니라, 단지 도를 깨닫는 그 시점을 가리키는 것으로 이것이 바로

1) 저자는 ‘於此城中’이라 했다. 구마라습 역의 『금강경』에는 ‘於其城中’으로 되어 있어 이 판본을 따랐다.

2) 『논어』 「里仁」 편.

'일시'의 묘한 작용(妙用)이다.

비구(比丘)란 바로 승려(乞士)[3]를 말하는 것인데, 불생불멸하는 영원한 음식을 구걸하며, '생사를 마치고 번뇌의 제거'를 추구한다는 뜻이다. '이시(爾時)'는 바로 이때를 가리킨다. 법회인유(法會因由)의 '분(分)'은 곧 분석이라는 뜻이다.

그때 나는 우리의 스승님이신 석가모니 부처님께 말씀을 들었다. 매일 아침 일찍 일어나 부처님께서는 서민의 복색을 하시고 삿갓을 쓰고, 나무로 된 발우를 드시고, 막대기를 들고 맨발로 사위국 기수급 고독원의 수천 명의 제자들과 함께 탁발하러 나갔다.[4]

그 많은 제자들과 함께 사위국의 성 안으로 차례로 탁발을 하고 나서 원래의 거주처로 돌아와, 모두 공동생활을 했으므로 함께 거처로 돌아와서 각자 정리하듯이 부처님께서는 삿갓을 걸어두고 그릇을 깨끗하게 씻고 막대기를 한쪽에 두고, 그리고 발을 씻은 다음 각자가 땅에 자리를 깔고 앉았다.

부처님께서는 평범하고 소박하게 평민들 속에서 생활하셨다.

---

3) '乞士'는 '比丘'의 산스크리트어인 'bhiksu'를 의역한 말이다. 즉, 산스크리트어 'bhiksu'에 음식을 빌어먹는다는 뜻이 있어 '乞士'로 의역한 것이다. 漢語에서 스님을 가리키는 통속적인 표현으로는 '和尙'이 있다. '比丘'는 산스크리트어 'bhiksu'의 음역이다.

4) 현대 중국어로 쓰인 내용을 번역했다.

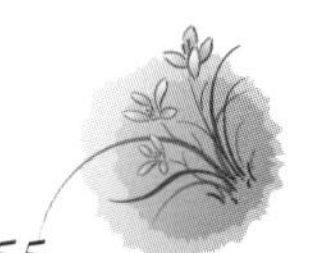

비록 그들은 각기 다른 계층 출신이지만, 지금은 평민생활을 하면서 함께 지내고 있었다. 그들은 자신이 인간이며, 인간의 세계로 돌아가야 한다는 것을 알았다. 그들은 그저 앉아 있으면서 아무것도 필요하지 않았고, 아무것도 생각하지 않았다. 오전에 탁발하는 것은 육신을 기르는 것이고, 불생불멸의 '음식'을 구해 자성을 기르는 것이었다.

2. 수보리의 스승 찬미

무엇을 '선현기청(善現起請)'[5]이라고 하는가? 바로 수보리가 진리를 깨닫기 위해 가르침을 청한 것이다. 이 또한 아난이 기록한 것이다.

이때(時), 장로 수보리가 대중 가운데 있다가(長老須菩提在大衆中) 일어나서(卽從座起) 옷소매를 벗어 오른쪽 어깨를 드러내고(偏袒右肩), 오른쪽 무릎을 땅에 꿇고(右膝着地), 합장하여 공경하며(合掌恭敬) 부처님께 아뢰었다(而白佛言): "드무신 세존이시여(希有世尊), 여래께서는 모든 보살을 잘 염려하여 보호해 주시고(如來善護念諸菩薩), 보살들에게 잘 당부하시옵니다(善付囑諸菩薩). 세존이시여(世尊)! 선남자나 선녀인이(善男子 · 善女人) 아뇩

5) 본서에는 '善現啓請'이라 되어 있는데, 여기의 '啓'는 '起'의 오기로 여겨져 '起'로 고쳤다. 이어서 나오는 인용문이『금강경』제2「先賢起請分」의 내용이기 때문이다.

다라삼먁삼보리의 마음을 일으키려면(發阿耨多羅三藐三菩提心) 어떻게 머물러야 하옵니까(云何應住)? 어떻게 그 마음을 항복시켜야 하옵니까(云何降伏其心)?"

부처님께서 말씀하셨다(佛言): 좋도다(善哉), 좋아(善哉)! 수보리여(須菩提), 네가 말한 바와 같이(如汝所說) 여래께서는 모든 보살을 잘 염려하여 보호해 주시고(如來善護念諸菩薩), 보살들에게 잘 당부하시니라(善付囑諸菩薩). 너희들은 이제 자세히 들어라(汝今諦聽). 너희들을 위해 말해 주리니(當爲汝說), 선남자나 선여인은(善男子 · 善女人) 아뇩다라삼먁삼보리의 마음을 일으켜야 하느니라(發阿耨多羅三藐三菩提心). 그러려면 응당 이와 같이 머물며(應如是住), 이와 같이 그 마음을 항복시켜야 하느니라(如是降伏其心).

수보리가 말했다(須菩提言): 예(唯然). 세존이시여(世尊)! 원컨데 즐거이 듣고자 하옵니다(願樂欲聞).②

'시(時)'는 바로 그 당시를 가리키는 것으로 어떤 조건을 갖춘 '때'이기도 하다. '선현(善現)'은 도덕이 지선하고 장수(長壽)한다는 뜻이다. '백(白)'은 말하다는 뜻이다. '백'자는 중국 남북조시대에 '도백(道白)'이라고 하였는데, 노래할 때는 노래하고 노래하지 않을 때는 말하는 것으로 이것을 '도백'이라고 하였다. 즉, 수보리가 진리를 깨우치려 하고 있는 이때 석가모니 부처님께서는 눈을 감은 채 앉아 있었다는 말이다.

제자들 중에서 덕이 높고 나이가 많은 수보리가 대중 속에 있

다가 자기 자리에서 일어났다. 오른쪽 어깨를 드러내고 오른쪽 무릎을 땅에 대고 두 손을 합장해 매우 공경하며 정중하게 석가모니 부처님께 예를 행하고 찬탄하면서 말했다: "참으로 위대하신 세존이시여! 아직 성불하지 못한 보살 제자들이 어떻게 해야 자신의 선한 마음에 대해 관심을 갖고 잘 보호할 수 있는지, 또 어떻게 해야 부처를 배우는 대중들을 이끌도록 잘 당부해야 하는지 저희들에게 알려주십시오.

세존이시여! 또 불제자인 일반 남녀 신자들이 있는데, 만약 그들이 이미 위없이 평등하고 바른 깨달음의 보리심을 일으켰을 때는 어떻게 해야 이 보리심이 사라지지 않고 항상 머물게 할 수 있습니까? 만일 그들에게 망념이 일어나면 어떻게 해야 그 망령된 마음을 항복시킬 수 있습니까?"

부처님께서 대답하셨다: "좋은 질문이다. 참으로 좋은 질문이다. 수보리여, 네가 말한 바에 따르면 내가 성불하지 못한 보살 제자들에 대해 관심을 갖고 잘 보호해 주고, 부처를 배우는 모든 대중들을 가르치는 데 잘 당부하고 있다는 것을 너는 알고 있구나. 네가 이 도리에 대해 분명하게 알고 있는 만큼, 내가 너희들에게 설명을 하노니 마음을 다해 상세히 잘 들어보아라." 수보리는 스승님의 말씀을 듣고 곧바로 대답했다. "알겠습니다, 세존이시여! 스승님의 가르침을 기쁘게 경청하겠나이다."

여기에는 여래, 부처(佛), 세존, 보살, 아뇩다라삼먁삼보리심 등 몇 개의 명사들이 나타나고 있는데 다시 한번 설명하자면, 여래는 부처님의 대명사다. 실제로 불교에서 부처님에게는 열 가지의 상이한 명칭들이 있는데, '여래'도 그중 하나이고 '부처님(佛)'도 그중 하나이며 '세존(世尊)'도 그중의 하나다.

'여래'란 이미 도를 이룩하고 부처가 된 자에 대한 통칭이다. 그래서 석가모니 부처님(釋迦牟尼)을 석가여래(釋迦如來), 석가여래불(釋迦如來佛), 아미타불(阿彌陀佛), 아미타여래(阿彌陀如來) 등으로 부른다. 아미타와 석가모니는 개인의 이름으로 특수한 명칭(特稱)이고, 여래와 부처(佛)는 통칭이다. 마치 중국 사람들이 공자를 성인이라고 부를 때 성인은 통칭이고 공자는 특수한 명칭인 것과 같다.

여기서의 여래라는 명칭은 석가모니 부처님 자신을 말한 것이다. "좇아 나온 곳도 없고(無所從來) 갈 곳도 없으므로(亦無所去) 여래라 이름한다(故名如來)."[6] 옴이 없고 감도 없다는 말은 생겨나지 않고 소멸하지도 않으며, 움직이지 않고 고요하지도 않다는 말이다. 그렇다면 자연스럽게 기쁨도 없고 또한 걱정도 없으며, 높지 않고 낮지도 않아 모두가 평등하고 영원히 존재하는 것이라 해석된다. 이것이 바로 여래며 도체다. '여래'는 '여거(如去)'가 아닌데 이러한 용어는 참으로 고차원적이고 오묘하며, 중국 문자학의 묘용이라 하겠다.

'보살(菩薩)'이란 명칭을 온전하게 말하면 '보리살타(菩提薩

---

6) 『금강경』 제29 「威儀寂靜分」.

埵)'라고 부른다. '보리'는 깨달음(覺悟)이고 '살타'는 유정(有情)이라는 뜻이다. 만일 깨달음에 정이 있다는 '각오유정(覺悟有情)'으로 번역한다면 어떤 깨달음이 있고, 어떤 정이 있다는 말인가? 그리고 아뇩다라삼먁삼보리(阿耨多羅三藐三菩提)는 무슨 뜻인가? '아뇩다라'는 위없는(無上), 또는 지극히 높아 더 이상의 위가 없다(至高無上)라는 말이다. '삼먁'에서 '삼'은 바름(正)이고 '먁'은 평등(平等)이며, '보리'는 깨달음(覺悟)으로 무상정등정각(無上正等正覺)의 마음이라고 한다.

번역할 수 없는 산스크리트어는 곧 일종의 진언(呪語)이다. 진언은 들리지 않는 소리를 듣는 것(聞聲不聞)이다. 무슨 뜻일까? 주문을 암송하는 것은 단지 우리에게 들으라고 하는 것일 뿐이며, 우리 스스로 깨우치라는 뜻이다.

수보리가 스승님의 물음에 대답한 "유연(唯然)"이라는 두 글자는 무슨 뜻일까? '유(唯)'는 그렇다고 대답하는 것이고, '연(然)'은 좋다는 말이다. 이것은 흡사 공자가 제자에게 "증삼아(參乎)! 내 도는 하나로써 관통한다(吾道一以貫之)"[7]라고 말하자, 증자가 "네(唯)"라고 대답한 것과 같은 말로 모두 같은 뜻을 지닌다. '삼(參)'은 증자(曾子)의 이름이다. 석가모니 부처님께서는 『금강경』의 도를 설명하면서 청정심으로 일관했다.

---

7) 『논어』 「이인」 편.

3. '무여열반'으로의 진입

무엇을 '대승정종(大乘正宗)'이라 부르는가? 이것은 바로 최상의 대승법이다. 석가모니 부처님께서 말씀하셨다:

> 석가모니 부처님께서 수보리에게 말씀하셨다(佛告須菩提): 모든 보살 · 마하살(諸菩薩 · 摩訶薩)은, 응당 이와 같이 그 마음을 항복시켜야 한다(應如是降伏其心). 세상의 온갖 중생의 부류인(所有一切衆生之類), 난생(若卵生), 태생(若胎生), 습생(若濕生), 화생(若化生), 유색(若有色), 무색(若無色), 유상(若有想), 무상(若無想)과 비유상(若非有想), 비무상(非無想)에 대해서 내가 모두 무여열반(無餘涅槃)에 들도록 제도할 것이니라(我皆令入無餘涅槃而滅度之).
>
> 이와 같이 무량, 무수, 무변의 중생을 제도했지만(如是滅度 無量, 無數, 無邊衆生), 실제로는 제도된 중생이 없다(實無衆生得滅度者). 과연 무엇 때문이겠느냐(何以故)? 수보리여(須菩提)! 만약 보살이 아상 · 인상 · 중생상 · 수자상을 갖고 있다면(若菩薩有我相 · 人相 · 衆生相 · 壽者相), 이는 곧 보살이 아니기 때문이니라(卽非菩薩).③

'마하살(摩訶薩)'은 '크다(大)'는 뜻으로 모든 큰 보살들을 가리킨다. '모든(一切)'은 범위의 한정이 없는 것으로 어떠한 것이라도 '일체'에 포함된다는 뜻이다. '열반'이란 '원적(圓寂)'의 뜻으로서 원만하게 청정하다는 뜻이며, 죽음을 뜻하기도 한다. 열반은

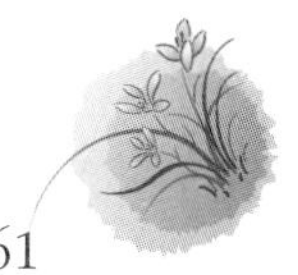

또 유여열반(有餘涅槃)과 무여열반(無餘涅槃)으로 나뉜다. 유여열반은 나한(羅漢)의 경계로 철저하지 못하지만 무여열반은 부처의 경계로서 대단히 철저하다. '멸도(滅度)'는 원력(願力)과 포부다. 부처는 권위적이지 않고 단지 평범하고 소박한 신념으로 사람들을 교화하고 돕는다. '하이고(何以故)'는 무슨 까닭인가라는 뜻이다. '상(相)'은 바로 현상이며, 사람의 관념을 가리키기도 한다.

이것은 최상승의 법으로 모든 중생을 교화하여 무여열반에 들어가도록 하는 것이다. 석가모니 부처님께서 수보리에게 다음처럼 말씀하셨다: "여러 보살 · 마하살 등은 마땅히 내가 말한 방법에 따라 자신의 망념심을 항복시켜야만, 비로소 보리심을 항상 머물게 할 수 있다. 망심을 항복시키는 방법은 일체의 중생상에 집착하지 말아야 하는 것이다. 나는 모든 중생을 다음의 몇 가지 종류로 분류한다. 예컨대 알에서 깨어나는 것(卵生), 어미 뱃속에서 태어나는 것(胎生), 습한 데서 태어나는 것(濕生), 변화해서 생겨나는 것(化生)과 모양이 있는 것(有色), 모양이 없는 것(無色) 그리고 생각이 있는 것(有想), 생각이 없는 것(無想), 생각이 있는 것 같지 않은 것(若非有想), 생각이 없는 것 같지 않은 것(若非無想) 등과 같은 중생이다. 우리는 이 모든 중생들이 온갖 고통과 번뇌에서 떠나 더 이상 고통과 번뇌가 없는 불생불사의 청정무위의 고향, 즉 무여열반(無餘涅槃)에 들어가도록 해주어야 한다.

하지만 내가 비록 모든 중생들을 교화해 제도했지만 실제로 나는 하나의 중생도 제도한 적이 없고, 그런 생각조차도 전혀 없다. 어떤 이유 때문일까? 그 이유는 모든 중생과 대보살들이 나와 마찬가지로 보리심을 가지고 있으며, 나는 그들에게 약간의 방법만을 알려주는 것에 불과할 뿐이기 때문이다. 그들은 이미 자기의 망심을 소멸시켜 청정심으로 되돌아갔는데, 그것은 그들이 본래 가지고 있던 자성을 회복시켜 그들 스스로 제도한 것일 뿐이다. 결코 내가 그들을 제도한 것이 아니라 그들 자신이 스스로 자신을 제도한 것이다.

수보리여! 너는 아느냐? 대승법의 보살도를, 배우는 사람이 만일 여전히 멸도의 생각을 가지고 있다면 그것은 아상 · 인상 · 중생상 · 수자상에 집착하는 것이며, 아직도 자성에 집착하는 중생일 뿐이다. 그렇다면 이런 사람은 아직 '무여(無餘)'에 들지 못한 것이므로 자연히 보살도 아니다. 왜냐하면 그런 사람의 마음은 여전히 '유여(有餘)' 중에 있기 때문이다." 이것이 바로 대승정종에 대한 분석이다.

우주는 만물을 낳았지만 만물을 점유하지 않는다. 우주 대도는 크게 공평하여 아무런 사사로움이 없으며(大公無私), 만물 중생의 어디에도 속하지 않는다. 석가모니 부처님께서는 이미 성도(成道) · 성불(成佛)의 이치를 중생에게 알려주었으므로 이제는 중생 스스로 어떻게 실천할 것이냐 하는 일만 남았다. 무엇을 무여열반이라 부르는가? 그것은 바로 무량하고 무한한 대우주다.

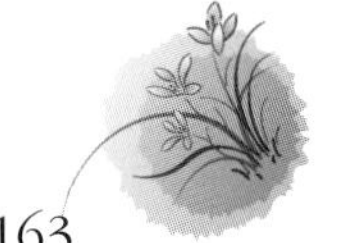

4. 자강불식하는 대우주의 묘행

무엇을 '묘행무주(妙行無住)'라고 하는가? 그것은 바로 행하는 바가 없으면서(無所行), 행하지 않는 바가 없다(無所不行)는 것이다.

다시(復次), 부처님께서 말씀하셨다(佛言)[8]: 수보리여(須菩提)! 보살은 법에 대해서(菩薩於法) 마땅히 머무는 바 없이(應無所住) 보시를 행해야 하느니라(行於布施). 이른바 색에 머무름 없이 보시할 것이며(所謂不住色布施), 소리 · 냄새 · 맛 · 촉각 · 법에 머무름 없이 보시해야 하느니라(不住聲 · 香 · 味 · 觸 · 法布施).

수보리여(須菩提)! 보살은 마땅히 이와 같이 보시해야 하며(菩薩應如是布施), 상에 머물지 않아야 하느니라(不住於相). 무엇 때문이겠느냐(何以故)? 만약 보살이 상에 머물지 않고 보시하면(若菩薩不住相布施) 그 복덕은 헤아릴 수 없을 것이니라(其福德不可思量). 수보리여(須菩提)! 네 생각은 어떠하느냐(於意云何)? 동쪽의 허공을(東方虛空) 생각해 헤아릴 수 있겠느냐(可思量不)?

수보리가 아뢰었다(須菩提言): 못 하옵니다(不也), 세존이시여(世尊).

수보리여(須菩提)! 남 · 서 · 북쪽(南西北方)과, 사방의 네 사이와 위아래(四維上下)의 허공을 생각으로 헤아릴 수 있겠느냐(虛空可思量不)?

수보리가 아뢰었다(須菩提言): 못 하옵니다(不也), 세존이시여(世尊).

수보리여(須菩提)! 보살이 상에 머무름 없이 보시한다면(菩薩無

住相布施) 복덕 역시 이와 같이(福德亦復如是) 생각으로 헤아릴 수 없는 것이니라(不可思量). 수보리여(須菩提)! 보살은 다만 마땅히 가르쳐준 대로만 머물러야 하느니라(菩薩但應如所教住).④

무엇을 '묘행무주'라 하는가? 바로 행하는 바가 없으면서(無所行) 행하지 않는 바가 없다(無所不行)는 것이다. '묘한 행(妙行)'은 길을 걷는 것이 아니라 석가모니 부처님께서 설한 불법을 묘하게 닦는 것이다. 무엇을 '교주(教住)'라고 하는가? 석가모니 부처님께서 모든 보살에게 가르쳐준 대승법을 머무름 없이 실천함을 뜻한다.

석가모니 부처님께서 수보리에게 다음과 같이 말씀하셨다: "보살은 무상정등정각의 법에 대해서 마땅히 상(相)에 집착하지 않고 보시해야 한다. 상에 집착하지 않고 보시한다는 말은 바로 육근(六根: 眼・耳・鼻・舌・身・意)을 청정하게 해서 형색(色)・소리(聲)・향기(香)・맛(味)・촉감(觸)・의식(法) 등의 표상(塵相)을 떠나서 보시해야 한다는 것으로, 베푸는 자는 베푼 것을 잊고 받는 자는 받은 것을 잊으며, 나아가 보시한 물건조차 잊어야 한다.

이와 같은 시공(施空)・수공(受空)・물공(物空)을 가리켜 '삼

8) '佛言'은 저자가 편의상 집어넣은 것이다. 경전의 원문에는 없다. 이하 두 곳에서 '須菩提言'이 나오는데, 이 역시 저자가 편의상 표시한 것이다.

륜 체공(三輪體空)'이라고 한다. 수보리여, 보살은 마땅히 상(相)에 머무름이 없이 보시해야 하는데, 너는 그 까닭을 아느냐? 왜냐하면 상에 집착해 보시하는 것은 상에 국한되는 것이며, 중생의 상은 실제로 하나의 먼지와 같은 것으로서, 이로 인해서 복덕이 따를지라도 유한할 뿐이기 때문이다. 만약 상에 집착하지 않고 보시한다면 이는 머무를 수 있는 상이 없는 것이며, 이렇게 상에 머무름 없이 보시한 복덕은 헤아릴 수가 없다."

석가모니 부처님께서 비유로 수보리에게 "동쪽의 저 끝없는 허공에 대해 너는 생각으로 그것을 헤아릴 수 있겠느냐?"라고 물으셨다. 수보리가 "불가능합니다, 세존이시여!"라고 대답했다. 그러자 석가모니 부처님께서 또 "수보리여! 동 · 남 · 서 · 북 사방의 허공과 상 · 하의 허공이 그와 같이 무한한데, 너는 너의 생각으로 그것을 헤아릴 수 있겠느냐?" 하고 물으셨다. 수보리는 "그럴 수 없습니다, 세존이시여!"라고 대답했다.

석가모니 부처님께서 또 수보리에게 다음처럼 말씀하셨다: "수보리여! 보살이 만약 능히 상에 집착하지 않고 보시한다면 그에 따라 얻는 복덕도 허공과 같이 헤아릴 수 없다. 수보리여! 보살은 마땅히 내가 말한 '선호념(善護念) · 선부촉(善咐囑)'의 가르침에 따라서 망심을 다스리고 또 상에 집착하지 않고 보시해야 하며, 항상 보리심을 굳건히 지켜야만 한다. 알겠느냐?"

무엇을 '복덕(福德)'이라고 하는가? '복(福)'은 곧 무엇이든지 다 있다는 말이고, '덕(德)'은 무엇이든지 다 원만하다는 뜻이다.

어떻게 원만하다는 것인가? 그것은 바로 지혜가 있어야 하고 다시 복덕이 더해져야 한다는 것으로, 곧 지혜가 구족하고 복덕이 구족하다는 것이다. 그렇다면 어떻게 실천해야 그것들을 얻을 수 있는가?

석가모니 부처님의 가르침대로 '상에 머물지 않고(不住相)' 보시하고, 남을 이롭게 하거나 도와주고 온갖 중생들에게 자비를 베풀어 그들에게 봉사해야 한다. 『경(經)』에서의 '불(不)'자는 (의문사로서) '부(否)'자의 뜻이다.

5. 여래가 곧 도체

무엇을 "이치대로 참되게 봄(如理實見)"이라고 하는가? 그것은 바로 상이 없으면서(無相)도 상이 아님이 없다(無不相)는 이치로 여래를 봐야 한다는 말이다.

석가모니 부처님께서 말씀하셨다(佛言)[9]: 수보리여(須菩提)! 너는 어떻게 생각하느냐(於意云何), 몸의 형상으로 여래를 볼 수 있겠느냐(可以身相見如來不)?

수보리가 아뢰었다(須菩提言): 아니옵니다(不也). 세존이시여(世尊)! 몸의 형상으로써 여래를 볼 수 없사옵니다(不可以身相得見如來). 무엇 때문이겠나이까(何以故)? 여래가 말씀하신 몸의 형상은(如來所說身相) 곧 몸의 형상이 아니기 때문이옵니다(卽

非身相).

석가모니 부처님께서 수보리에게 말씀하셨다(佛告須菩提): 무릇 형상이 있는(凡所有相) 모두가 허망한 것이니라(皆是虛妄). 모든 형상이 형상 아님을 본다면(若見諸相非相) 곧 여래를 보게 되느니라(卽見如來).⑤

부처(佛)에게는 법신(法身), 보신(報身), 화신(化身)이라는 삼신(三身)이 있다. '법신'은 곧 본체로서 우주 만유의 본체다. 본체란 우주에서의 모든 에너지이기도 하다. '보신'은 현상이다. 법신이 본체인 한, 현상을 본체로 삼을 수는 없다. '화신'은 변화하는 작용이다. 철학적으로 본다면 곧 체(體), 상(相), 용(用)이다. 우주에서의 모든 사물은 그 자체로 모두 체 · 상 · 용이라는 세 가지 변화를 거친다.

물(水)을 예로 들어보자. 물은 체(體)다. 체로서의 물로 차를 끓일 수 있고, 밥을 지을 수 있으며, 여러 가지 다른 현상들로 변할 수도 있다. 여러 가지 현상들의 변화가 바로 용(用)이다. 하지만 물의 본성은 불변하는 체다. 불교에서는 청정한 법신이 있고 원만한 보신이 있으며, 천백억 형상(形相)으로 상이하게 변화하는 화신이라는 삼신이 있는 것이다.

9) 여기의 '佛言'과 아래의 '須菩提言'은 경전 원문에는 없다. 저자가 편의상 표기한 것이다. 이 인용문의 마지막에 '佛告須菩提'는 경전의 원문에 있는 말이다.

무엇을 "무상(無相), 무불상(無不相)의 이치로 여래를 본다"고 하는 것일까? 석가모니 부처님께서 물으셨다. "수보리여! 네가 생각하기에 보통의 수행자들이 여래의 형체를 볼 수 있겠느냐?"

수보리가 아뢰었다. "세존이시여! 여래의 형체를 볼 수 없습니다. 원인이 무엇이겠나이까? 왜냐하면 스승님께서 말씀하신 여래의 형체는 결코 형체가 아니라 법상이기 때문에 그래서 볼 수 없나이다."

석가모니 부처님께서 또 수보리에게 말씀하셨다: "나의 형상(形相)이 이러할 뿐만 아니라, 세간의 모든 형상도 모두 진실하지 않은 허망한 것이다. 만일 모든 형상이 허공에 지나지 않을 뿐이라는 논지(道理)를 간파한다면 여래의 법상을 볼 수 있을 것이다."

'여래'가 곧 법상이며, 우주의 도체로서 볼 수는 없지만 그것은 또 존재하지 않는 곳이 없다. 불생불멸하며 항상 활발하게 생동하는 여래는 일종의 보이지 않는 생명이다. 그래서 『중용』에서는 "도라는 것은(道也者) 한순간도 떠날 수 없는 것이니(不可須臾離也), 떠날 수 있다면(可離) 도가 아니다(非道也)"라고 말하였다.

6. 사상을 버리는(舍四相) 뗏목 비유[10]

수보리가 부처님께 아뢰었다(須菩提白佛言): 세존이시여(世尊)! 자못 어떤 중생이(頗有衆生) 이와 같은 말씀과 글귀를 듣고서(得聞如是言說章句) 진실한 믿음을 내겠사옵니까(生實信不)?

부처님께서 수보리에게 말씀하셨다(佛告須菩提): 그런 말 하지 마라(莫作是說).

“바른 믿음이 드물게 있음(正信希有)”이란 무슨 뜻일까? 석가모니 부처님을 바라봄에 ‘형상에 머무르지 않는’ 지혜다. 수보리가 이렇게 의문을 가지고 스승님께 가르침을 청해 물으셨다: “세존이시여! 상에 머무르지 않는 보시, 그리고 말씀하신 ‘모든 형상이 형상 아님을 보면(若見諸相非相) 여래를 볼 수 있다(卽見如來)’라는 상 없는 진실한 공(無相眞空)의 묘리를 일반 중생들이 듣고서 이해할 수 있고, 참되다고 믿을 수 있겠습니까?”

석가모니 부처님께서 듣고 바로 수보리에게 말씀하셨다. “내가 말한 법은 비록 깊고 묘하지만 설마 믿는 사람이 아무도 없겠는가? 지금도 믿는 자가 있고, 장래에도 믿는 자가 있을 것이다.”

석가모니 부처님께서 비유를 들어 말씀하셨다.

---

10) 뗏목 비유는 제6「正信希有分」에 나온다. 여기의 경전 인용문들은 별도의 언급이 없는 한, 모두 제6「正信希有分」에서 인용한 글이다.

여래가 멸도한 후(如來滅後), 후 오백년(後五百歲)에도 계를 지키고 복을 닦는 이가 있어서(有持戒修福者), 이 글귀에(於此章句) 능히 믿는 마음을 내어(能生信心) 이것을 진실로 여길 것이로다(以此爲實). 이 사람에 대해 마땅히 알아야 할 것은(當知是人) 이 사람의 선근은 한 부처님이나 두 부처님이나 셋, 넷, 다섯 부처님만이 선근을 심은 것이 아니라(不於一佛二佛三四五佛而種善根), 이미 한량없는 천만 부처님께서 심어놓은 여러 선근이느니라(已於無量千萬佛所種諸善根).

석가모니 부처님께서 말씀하셨다: “내가 죽은 지 오백년 뒤에 계율을 지키고 복전(福田)을 넓게 닦는 자가 있어, 이 경전 중의 한 장(一章)이나 한 구절(一句)만을 보고서 스스로 능히 믿어 참되다고 여길 것이다. 이러한 사람의 선근은 깊고 두터워 하나, 둘, 셋, 넷, 다섯 부처님께서 심어놓은 선근일 뿐만 아니라, 한량없는 부처가 심은 것으로부터 얻게 된 선근이다.” 또 다음과 같이 말씀하셨다:

이 구절을 듣고서(聞是章句) 한 생각으로 깨끗한 믿음을 낸다(乃至一念生淨信者). 수보리여(須菩提)! 여래는 모두 알고 모두 보니(如來悉知悉見) 이 여러 중생들(是諸衆生)이 이와 같이 한량없는 복덕을 얻는 것이다(得如是無量福德).

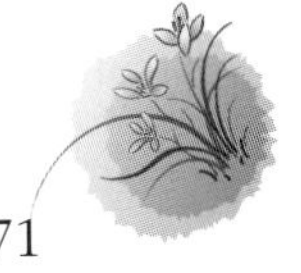

이런 사람은 이 경전 중의 한 장이나 한 구절을 보고 능히 마음이 맑아져 혼란하지 않게 되고 믿는 마음에 아무런 의심이 없다. 수보리여, 나는 확실히 이러한 '깨끗한 믿음(淨信)'을 가진 중생들이 불성(佛性)과 통한다는 것을 통찰할 수 있으며, 마치 "시방의 허공(十方虛空)은 무한하여 경계가 없다(漫無天際)"는 것과 같은 한량없는 복덕을 얻을 수 있다는 것을 잘 알고 있다.

석가모니 부처님께서 말씀하셨다:

무슨 까닭인가(何以故)? 이 여러 중생들에게는 더 이상 아상 · 인상 · 중생상 · 수자상이 없으며(是諸衆生無復我相 · 人相 · 衆生相壽者相); 법상도 없고(無法相), 또한 법상 아님도 없기 때문이다(亦無非法相).

무슨 까닭인가(何以故)? 이 여러 중생들이(是諸衆生) 만약 마음에 형상이 걸리면(若心取相), 즉 아 · 인 · 중생 · 수자를 집착하는 것이기 때문이고(卽爲着我 · 人 · 衆生 · 壽者); 만약 법상을 취하면(若取法相), 즉 아 · 인 · 중생 · 수자를 집착하는 것이기 때문이다(卽着我 · 人 · 衆生 · 壽者).

그 이유는 무엇일까? 왜냐하면 이러한 중생들의 선근은 굉장히 무르익어 이미 진공(眞空)과 무상(無相)의 도리를 깨우쳤으며, 이미 아상 · 인상 · 중생상 · 수자상을 여의었고 아울러 법상이 없음(無法相)도 알고, 법상 아님이 없음(無非法相)도 알기 때

문이다.

석가모니 부처님께서 또 말씀하셨다:

무슨 까닭인가(何以故)? 만약 법상이 아니라는 것을 취하면(若取非法相), 즉 아 · 인 · 중생 · 수자에 집착하는 것이기 때문이다(卽着我 · 人 · 衆生 · 壽者). 이 때문에(是故) 응당 법을 취해서도 안 되고(不應取法), 응당 법이 아님을 취해서도 안 된다(不應取非法).

이러한 이유는 무엇일까? 중생들에게 있어서 만일 마음에 형상을 취하는 바가 있다고 한다면 곧 아 · 인 · 중생 · 수자의 '사상(四相)'에 집착하는 것이며, 만약 이 경전의 구절(章句)에 집착한다면 마찬가지로 아 · 인 · 중생 · 수자의 '4상'을 집착하는 것이다. 만일 마음이 공(空)에만 치우쳐 집착한다면 사람이 죽어서 몸과 마음이 모두 없어져 공무(空無)로 돌아간다는 잘못된 견해(斷見)를 고집하는 것으로 '사상'에 집착하는 것과 다르지 않다. 그래서 법상(法相)에 대해서 실로 있는 것이라고 집착해서도 안 되고, 없는 것이라고 집착해서도 안 된다. 그래야 비로소 성공(性空)의 도리를 깨달아 알 수 있으며, 자연히 '법'을 여의게 되는 것도 바로 성공의 도리 때문이다.

석가모니 부처님께서 또 말씀하셨다.

> 이러한 뜻 때문에(以是義故), 여래께서 항상 말씀하시기를 너희들 비구들은(如來常說汝等比丘) 나의 설법을 뗏목의 비유처럼 여기라고 하셨다(知我說法如筏喩者). 법상도 마땅히 버려야 하거늘(法尙應捨) 하물며 법 아닌 것이야(何況非法)?⑥

석가모니 부처님께서 마지막으로 또 비유로써 말씀하셨다: 내가 항상 너희들에게 알려준, 즉 내가 말한 일체법에 대해서 단지 너희들에게 이 법의 도움으로 형상(相)을 여의고 본성(性)을 보라고 한 것이며, 이 법의 도움으로 너희들이 생사의 고해를 벗어나도록 하려는 것이었다. 만약 너희들이 자신의 본성을 보고 열반의 기쁨을 증득했다면 이 법도 버릴 수 있다. 마치 뗏목을 만들어 강을 건넌 후에는 뗏목이 더 이상 필요 없는 것과 같다. 부처님의 바른 법(正法)조차 버려야 하거늘, 하물며 불법(佛法)이 아닌 세간의 문장이나 용어는 또 무엇 때문에 버리지 못하고 굳게 지키는 것인가?

무엇을 '바른 믿음(正信)'이라 하는가? 바로 버려야 할 것을 아낌없이 버려야 하며, 버린다는 생각마저도 버려야 한다는 것이다. 만약 우리에게 아직도 버린다는 관념이 있다면 그것은 곧 형상에 집착하는 것이며, '삶과 죽음을 안다(了生死)'고 말하는 것에 해당한다. 생사에 대한 초월적 관념은 중국 철학사에서 일찍이 찾아볼 수 있다.

장자가 말했다. "생(生者)은 빌린 것이다(假借也). 빌려서 살고 있는 것은(假之而生生者) 먼지나 때와 같은 것이다(塵垢也). 살고 죽는 것은 낮과 밤 같다(生死爲晝夜)."[11] 서한(西漢)의 회남왕(淮南王) 유안(劉安)이 "삶은 의탁하는 것이고(生, 寄也), 죽음은 돌아가는 것이다(死, 歸也)"[12]라고 말한 데서도 보인다. 삶과 죽음(生死)이 낮과 밤 같은 것임을 능히 안다면 무엇을 바른 믿음(正信)이라 하는지 알게 된다. 생사는 온 곳도 없고 갈 곳도 없으며, 시작과 끝이 없는 완전히 하나의 '도체'다.

하나의 원에서 어디가 시작이고 어디가 끝인지 알 수 있는가? 죽음을 뜻하는 한자 '사(死)'를 파자하면 맨 위의 '一'이 도체의 생(生)이고, 아래의 '夕과 匕'은 석양이 서쪽으로 지고 사람이 집으로 돌아가 휴식을 취하듯이 본체로의 회귀를 나타낸다. 우주가 본래 한 몸(一體)인데, 어떻게 알 수 있는 생사가 있고 어떻게 알 수 없는 생사가 있겠는가? 단지 우주가 순환하는 이치, 그리고 우주가 생생불식하는 자강의 정신을 알지 못하기에 '삶과 죽음을 안다' 또는 '삶과 죽음을 알 수 없다'고 말하는 것이다.

석가모니 부처님께서 말씀한 "이러하고 이러함(如是, 如是), 그대로 오고 그대로 옴(如來, 如來), 가는 바도 없고(無所去), 오는 바도 없음(無所來)"이 하나의 도체로서 차별도 없고 같은 것도 없고 모든 것이 원래 그대로다. 사람이 잠을 자는 것은 죽은

---

11) 『莊子 · 外篇』「至樂」.

12) 『淮南子』「精神訓」.

것이며, 사람이 깨어나면 사는 것인데, 무슨 이해할 수 있는 삶(生)과 죽음(死)이 있다는 말인가?

7. 무위법의 사상[13)]

무엇을 '얻을 것도 없고 말할 것도 없음(無得無說)'이라 하는가? 그것은 바로 취함과 버림에 있어서 일정한 방법이 없다는 말이다. 석가모니 부처님께서 제자에게 물어 말씀하셨다:

> 수보리여(須菩提)! 네 생각은 어떠하느냐(於意云何)? 여래가 아뇩다라삼먁삼보리를 얻었다고 여기느냐(如來得阿耨多羅三藐三菩提耶)? 여래가 설법한 것이 있다고 여기느냐(如來有所說法耶)?

석가모니 부처님께서 제자에게 질문한 내용이다: "수보리여! 너는 내가 이미 무상정등정각의 보리를 얻었다고 생각하느냐? 내가 이미 철저하게 깨우쳤다고 생각하느냐? 내가 이미 성불·성도했다고 여기느냐? 네가 생각하기에 내가 일정하게 정해져 있는 설법을 가지고 있느냐?" 이렇게 수보리에게 반문하셨다.

---

13) 여기서는 주로 제7 「無得無說分」의 내용이 중심이 된다. 이하에서의 경전 인용문들은 별도의 언급이 없는 한, 모두 제7 「無得無說分」에서 인용한 글이다.

수보리가 아뢰었다(須菩提言): 제가 부처님께서 말씀하신 뜻을 이해하기로는(如我解佛所說義) 일정한 법이 있는 것이 아니며(無有定法), 이름이 아뇩다라삼먁삼보리(名阿耨多羅三藐三菩提)이고, 또한 일정한 법이 없다고 여래께서 말씀하셨사옵니다(亦無有定法如來可說).

수보리가 다음처럼 대답했다: "세존께서 말씀하신 뜻을 제가 이해하기로는 일정한 설법이 없으십니다. 무상정등정각의 보리, 철저한 깨우침, 성불 · 성도 등에도 말할 수 있는 일정한 법이 없습니다. 동시에 세존께서 말할 수 있는 일정한 법도 없습니다."

수보리가 계속 아뢰었다.

무슨 까닭이겠나이까(何以故)? 여래께서 말씀한 법은(如來所說法) 모두 취할 수도 없고(皆不可取) 말할 수도 없으며(不可說); 법이 아니고(非法) 법이 아닌 것도 아니옵니다(非非法). 그 까닭이 무엇이겠나이까(所以者何)? 모든 현인과 성인이(一切賢聖) 모두 무위법으로써 차별이 있게 되었기 때문이옵니다(皆以無爲法而有差別).⑦

이것은 석가모니 부처님께서 말씀하신 무상보리(無上菩提)의 법이 마음으로 깨우칠 수는 있어도 색(色) · 상(相)으로 얻을 수

는 없으며, 단지 이해할 수 있을 뿐 설명할 수 없는 것이기 때문이다. 따라서, 그것은 '법이 아니며(非法)' 또한 '법이 아닌 것이 아닌(非非法)' 그러한 법이기 때문이다. 다시 말해서, 고정적인 설법이 없는 것이면서도 고정적인 설법이 없는 것도 아니다. 참된 법(眞法)은 말로 표현할 수 없는 것이며, 능히 말해지는 법은 참된 법이 아니다.

참된 법은 말할 수 없는 것인데, 예를 들자면 우리가 달을 보거나 맛있는 음식을 먹는다는 그 순간 그것은 이미 진정한 달이나 맛 좋은 음식이 아니다. 그것은 단지 문자상의 형용일 뿐이다. 진정한 달이나 맛있는 음식은 우리가 보지도 못하고 먹지도 못하는 것으로서 우리가 느끼는 것은 이해하거나 깨닫기만 할 뿐이다.

수보리가 또 말하기를, 이것은 또 무슨 까닭인가? 수보리가 보는 스승님만이 이와 같을 뿐 아니라 인간이 있은 이래로 모든 현인과 성인들도 이 '무위법(無爲法)'으로 수양했는데, 단지 그 수양의 정도가 서로 다름에 따라 얻게 된 깨달음(證悟)에 차이가 있게 되었기 때문이며, 법을 듣는 사람들의 깨달음(證悟)도 각기 다르기 때문이다.

여기서 말하는 '차이(差別)'를 어떻게 해석할 것인가? 진리의 대도(大道)와 우주의 대도는 본시 차이가 없는데 단지 듣는 이들의 깨달음 정도의 차이만 있을 뿐이다. 진정한 우주 대도는 만상(萬象)을 포용하면서 만상을 부정하기도 하며, 또 만상을 내세웠지만 끊임없이 변화하는 중에서 생생불식(生生不息)하기 때문에 말할 수 없는 것이다. 우리가 어떻게 말해도 틀리거나 혹은 맞고, 하지만 맞을지라도 완전하게 맞는 것이 아니다.

이른바 '응당 머무는 바가 없어야 함(應無所住)'이란, 어떠한 법에라도 머무르게 되면 모두 잘못된 것이라는 말이다. 석가모니 부처님께서 말씀하신 법은 모두 머무를 수 없고, 취할 수 없고, 말할 수 없는 것이다. 만일 우리가 머물고, 취하고, 말할 수 있는 것이 있다면, 이것은 곧 우리가 있는 그대로가 아니라는(不自在) 말이다.

수보리가 대단한 이유는 그는 능히 무엇이 '무위법'인지를 알고, 또 그 차이가 생겨난 원인을 능히 말하였기 때문이다.

8. 불법은 법이 아니라는 비유[14)]

무엇을 '법에 의존해 생겨남(依法出生)'이라 하는가? 바로 아상·인상·법상에 집착하지 않는 바른 깨달음을 말한다. 석가모니 부처님께서 말씀하셨다:

---

14) 이 비유는 기본적으로 제8「依法出生分」의 내용을 중심으로 한다. 그러므로 별도의 표기가 없는 인용문은 모두 제8「依法出生分」이 출처가 된다.

수보리여(須菩提)! 네 생각은 어떠하느냐(於意云何)? 어떤 사람이 삼천대천세계에 가득한 칠보(若人滿三千大千世界七寶)로 보시에 사용한다면(以用布施) 이 사람이 얻는 복덕은(是人所得福德) 많지 않겠는가(寧爲多不)?

석가모니 부처님께서 제자에게 물어보신 내용이다: "수보리여! 네 생각은 어떠하느냐? 가령 어떤 사람이 삼천대천세계를 가득 채울 정도로 그렇게 많은 재물, 즉 금 · 은 · 차거(硨磲) · 마노(瑪瑙) 등을 모두 보시해 다른 사람들에게 나누어준다면 네가 생각하기에 이 사람이 받을 복덕이 많겠느냐, 아니면 많지 않겠느냐?"

수보리가 아뢰었다(須菩提言): 심히 많사옵니다(甚多). 세존이시여(世尊)! 무엇 때문이겠나이까(何以故)? 이 복덕은(是福德), 즉 복덕의 성품이 아니오니(卽非福德性) 이 때문에 여래께서 복덕이 많다고 말씀하신 것이옵니다(是故如來說福德多).

수보리가 석가모니 부처님께 대답한 내용이다: "당연히 아주 많습니다. 세존이시여! 무엇 때문이겠나이까? 이러한 복덕은 상에 집착한(有相) 보시이니 결국은 복덕의 성품(福德性)이 없기 때문입니다. 세상 사람들이 얻는 복의 보답(福報)으로 말하면 아

주 많을 것이지만, 만일 복덕의 성품으로 말한다면 복덕이라 할 것이 없습니다. 왜냐하면 진정한 복덕의 성품은 보이지 않고 형상이 없는(無相) 것이기 때문입니다."

석가모니 부처님께서 또 물으셨다.

만약, 또 어떤 사람이 이 경전 중에서 받아 지니어(若復人於此經中受持), 심지어 사구게만이라도(乃至四句偈等) 다른 사람에게 말해주면(爲他人說) 앞서 칠보를 보시하는 것보다 더 뛰어나리다(其福勝彼). 무엇 때문이겠는가(何以故)? 수보리여(須菩提)! 모든 부처님들과(一切諸佛), 그 부처님들의 아뇩다라삼먁삼보리법(及諸佛阿耨多羅三藐三菩提法)이 모두 이 경전으로부터 나오기 때문이다(皆從此經出).

수보리여(須菩提)! 우리가 말하는 불법이란 것은(所謂佛法者), 즉 불법이 아니다(卽非佛法).⑧

이 뜻은 다음과 같다: 만약 어떤 사람이 이 반야경을 받아 지니기만 해도, 심지어 다른 사람에게 이 경전 중의 사구게만, 즉 네 구절의 경문만을 말해 줄지라도 그가 얻는 복덕은 바로 앞에서 말한 대천세계(大千世界)를 가득 채운 '일곱 가지 보물(七寶)로 보시한 것보다 얻는 복덕이 훨씬 많다. 왜 그런지 아느냐? 수보리여! 그 이유는 일체 제불, 그리고 무상정등정각을 성취한 보리법이 모두 이 경전으로부터 나오기 때문이며, 그렇기 때문에

반야를 모든 부처(諸佛)의 어머니라고 말하는 것이다.

수보리여! 알고 있느냐? 하지만 네가 주의해야 할 점은 반야가 결코 불법이 아니라는 점이다. 이것은 곧 본래부터 말할 수 있는 어떠한 불법도 없다는 말이다. 하지만 중생을 깨치게 하기 위해 잠시 빌려서 거기에 불성이라 이름을 붙인 것일 뿐, 우리가 말하고 있는 불법이란 곧 불법이 아니다. 알겠느냐?

『반야경』은 지극히 높은 지혜로서 무형무상(無形無相)하다. 석가모니 부처님께서는 교육자로서 중생을 제도하고 교화하는 것이야말로 마땅히 자신이 해야 할 일이라 여겼다. 이미 행했다면 곧 지나간 것으로 그의 마음속에는 어떠한 흔적도 남아 있지 않으며, 보답에 대한 생각도 당연히 없다. 그는 비록 불법(佛法)을 말했지만 또 불법을 부정하기도 했다. 마치 흐르는 물처럼 발을 물에 담갔을 그 순간, 이미 그 물은 흘러가 버렸듯이 끊임없이 흐르고 있고 끊임없이 부정하고 있으며, 끊임없이 변화하고 있는데 어떻게 우주의 변화를 잡을 수 있겠는가?

제2절 일상무상(一相無相)의 큰 의미[15)]

1. '실로 행한 바가 없음(實無所行)'의 비유[16)]

무엇을 '상 없는 상(一相無相)'이라 하는가? 간단히 말하자면 바로 상이 있는 모든 것은 허망하다는 것이다. 석가모니 부처님께서 물으셨다:

수보리여(須菩提)! 너는 어떻게 생각하느냐(於意云何)? 수다원이 생각하기를(須陀洹能作是念) '내가 수다원의 과위를 얻었다'고 하겠느냐(我得須陀洹果不)?

수보리가 아뢰었다.

아닙니다(不也). 세존이시여(世尊)! 무엇 때문이겠나이까(何以故)? 수다원은 '무리에 들어감'이라 이름하지만(須陀洹名爲入流) 들어가지 않은 것이고(而無所入); 색 · 성 · 향 · 미 · 촉 · 법에 들어가지 않았기에(不入色 · 聲 · 香 · 味 · 觸 · 法) 수다원이라 이름한 것이옵니다(是名須陀洹).

---

15) 제9「一相無相分」에서부터 제16「能淨業障分」까지의 내용을 주제로 한다.
16) 제9「一相無相分」에 나오는 비유다. 여기서의 경전 인용문은 별도의 표기가 없는 한, 모두 제9「一相無相分」을 출처로 한다.

석가모니 부처님께서는 물으셨다: "수보리여! 네가 생각하기에 어떤 사람이 수다원을 수행하고 있을 때 미리 자신이 이미 성문(聲聞)의 초과(初果)를 얻었다고 생각해야 하느냐?"

수보리가 아뢰었다: "세존이시여! 그렇지 않습니다. 성과(聖果)를 처음 얻은 자는 그러한 생각을 하지 않을 것입니다. 왜냐하면 수다원의 뜻이 비록 '흐름에 들어감(入流)'이라고 하지만 오히려 들어간 것이 없으며, 색 · 성 · 향 · 미 · 촉 · 법에 들어가지 않았기 때문입니다. 어떤 흐름(流)에 들어간다는 것은 성인의 흐름(聖人流)에 들어갔다는 것으로써 수다원이라 부릅니다."

석가모니 부처님께서 또 물으셨다.

수보리여(須菩提)! 네 생각은 어떠하느냐(於意云何)? 사다함이 생각하기를(斯陀含能作是念) '내가 사다함의 과위를 얻었다'고 하겠느냐(我得斯陀含果不)?

수보리가 아뢰었다.

아니옵니다(不也). 세존이시여(世尊)! 무엇 때문이겠나이까(何以故)? 사다함은(斯陀含) '한번의 갔다 옴'을 이름한 것이지만(名一往來), 실제로는 갔다 옴이 없기에(而實無往來) 사다함이라 이름한 것입니다(是名斯陀含).

석가모니 부처님께서 이렇게 물으셨다: "수보리여! 네가 생각하기에 사람이 사다함을 수행할 때 미리 자기 자신이 이미 성문(聲聞)의 제2과를 얻었다고 생각하겠느냐?"

수보리가 아뢰었다: "세존이시여! 그렇지 않습니다. 제2 성과를 수행한 자는 그런 생각을 하지 않을 것입니다. 왜냐하면 사다함의 마음상태(心境)는 이미 지극히 고요한 데 이르렀기에, 비록 당시의 수행이 여전히 한번 생하고 한번 멸하기(一生一滅) 때문에 '한번 갔다 옴(一往來)'이라고 부르지만, 실제로는 이미 그 이상의 생멸이 없고 마음이 생멸의 상에 집착하지 않았기 때문에 실제로는 갔다 옴이 없는 것입니다."

부처님께서 계속 물으셨다.

수보리여(須菩提)! 네 생각은 어떠하느냐(於意云何)? 아나함이 생각하기를(阿那含能作是念) '내가 아나함의 과위를 얻었다'고 하겠느냐(我得阿那含果不)?

수보리가 아뢰었다.

아닙니다(不也). 세존이시여(世尊)! 무엇 때문이겠나이까(何以故)? 아나함은(阿那含), '오지 않음'이라 이름한 것이지만(名爲不來), 실제로는 오지 않음이 없기에(而實無不來) 이 때문에 이름을 아나함이라 한 것이옵니다(是故名阿那含).

석가모니 부처님께서 또 질문하셨다: "수보리여! 네가 생각하기에 어떤 사람이 아나함을 닦을 때 그는 자기 자신이 이미 성문의 제3과를 얻었다고 생각하겠느냐?"

이에 대해 수보리가 아뢰었다: "세존이시여! 그럴 리가 없습니다. 제3 성과를 닦는 자는 그러한 생각을 일으키지 않을 것입니다. 왜냐하면 그 이유는 아나함은 마음이 비고 자아가 없어(心空無我) 이미 진식(塵識)과 사혹(思惑)을 단멸했기 때문이며, 육진(六塵)과 4상(四相)에 대해서 하나하나 공하다는 것을 증득하여 오지 않았다는 상(不來之相)이 없기 때문입니다. 그래서 아나함의 뜻은 비록 '오지 않음(不來)'이라 칭하지만, 사실은 더 이상 욕계(欲界)로는 영원히 오지 않는다는 뜻입니다."

부처님께서 또 물으셨다.

수보리여(須菩提)! 네 생각은 어떠하느냐(於意云何)? 아라한이 생각하기를(阿羅漢能作是念) '내가 아라한도를 얻었다'고 하겠느냐(我得阿羅漢道不)?

수보리가 아뢰었다.

"아니옵니다(不也). 세존이시여(世尊)! 무엇 때문이겠나이까(何以故)? 실로 법이 있지 않기에(實無有法) 이름을 아라한이라 한 것이옵니다(名阿羅漢). 세존이시여(世尊)! 만약 아라한이 생각하기를(若阿羅漢作是念) '내가 아라한의 도를 얻었다'고 한다면(我得阿羅漢道) 이는 곧 아상 · 인상 · 중생상 · 수자상에 집착하는 것이옵니다(卽爲着我 · 人 · 衆生 · 壽者). 세존이시여(世尊)! 부처님께서 저를 일러서 무쟁삼매를 얻은(佛說我得無諍三昧) 사람들 중 가장 첫 번째라고 하신 것은(人中最爲第一) 욕심을 여읜 첫 번째 아라한이기 때문입니다(是第一離欲阿羅漢).

세존이시여(世尊)! 저는 다음처럼 생각하지 않사온데(我不作是念), 즉 '나는 욕심을 여읜 아라한이다'라는 것이옵니다(我是離欲阿羅漢). 세존이시여(世尊)! 제가 다음과 같이 생각한다면(我若作是念), 즉 '내가 아라한의 도를 얻었다'라고 말입니다(我得阿羅漢道). 그렇다면 세존께서는 수보리는 아난다행을 좋아하는 자라고 말씀하지 않으셨을 것이옵니다(世尊則不說須菩提是樂阿蘭那行者). 그러나 제가 실로 행한 바가 없기 때문에 수보리는 아난다행을 좋아한다고 이름하신 것이옵니다(以須菩提實無所行, 而名須菩提是樂阿蘭那行).⑨

석가모니 부처님께서 다음처럼 물으셨다: "네가 생각하기에 어떤 사람이 아라한을 닦으면서 미리 자신이 이미 성문 제4과를 얻었다고 생각하겠느냐?"

이에 대해 수보리가 아뢰었다: "세존이시여! 그럴 리가 없습니다. 제3 성과를 닦는 자는 그러한 생각을 일으키지 않을 것입니다. 왜냐하면 아라한은 이미 마음이 비어(心空) 있고 상도 모두

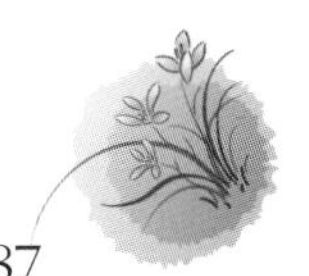

멸하여, 도를 획득하고자(得道) 하는 생각이 없으면서 과위를 얻고자(得果) 하는 생각도 없고, 더 이상 미래의 생사를 느끼지 않기 때문입니다. 결코 아라한이라 부를 수 있는 실재하는 자성의 법이 따로 있다고도 여기지 않습니다. 만약 아라한이 도를 얻었다고 스스로 생각한다면, 그는 '사상(四相)'에 집착한 것이고, 아라한이라 부를 수도 없습니다.

세존이시여! 스승님께서는 일찍이 제게 다음처럼 말씀하셨습니다. '상에 대한 일체의 집착과 상을 취하는 일체의 분별심을 여의고, 일체의 시비를 떠나 진리에 계합하면 이미 오묘한 곳에 이른 것이다'. 여러 제자 중에서 제가 공(空)을 이해하는 으뜸(解空第一)이라 칭찬하셨고, 인아(人我)를 완전히 벗어났고 욕심을 여의었다는 이 생각마저도 끊어버린 첫 번째 아라한이라 하셨습니다.

세존이시여! 제가 만약 아라한과를 얻었다는 생각을 한다면 곧 망념이 생긴 것인데, 어떻게 육욕(六欲)이 모두 공해진(六欲皆空) 아라한을 얻겠습니까? 그러나 제가 만약 '나는 아라한과를 얻었다'고 생각한다면, 스승님께서는 제가 적정(寂靜)함을 좋아한다는 뜻이 있는 아란나행(阿蘭那行)을 좋아하는 자라고 말씀하시지 않았을 것입니다. 제 마음은 원래 얻은 바가 없고, 또한 행하는 바도 없이 단지 본성(本分)에 조금의 염착도 없어(一塵不染) 이것으로써 수보리라는 이름을 얻게 된 것일 뿐입니다. 스승님께서는 제가 적정(寂靜)함을 좋아하는 수행자라고 칭찬하셨습니다."

불교에는 대승(大乘)과 소승(小乘)이라는 두 가지 수행과정이 있다. 소승에서는 수다원(須陀洹), 사다함(斯多含)[17], 아나함(阿那含), 아라한(阿羅漢)의 사과(四果)로 나누어지는데, 무엇을 '소승'이라고 하는가? 먼저 자신을 구하고 세상을 벗어나며 세간에 들어가기를 회피하는 경향을 보이는 것을 소승이라 하며, 또 성문(聲聞)이라 이름하기도 한다.

어떻게 수행해야 사과(四果)에 이를 수 있는가? 그것은 바로 견혹(見惑)과 사혹(思惑)을 능히 끊어버리는 것이 필수적인 조건이다. '견혹'에는 신견(身見), 변견(邊見), 견취견(見取見), 사견(邪見), 계금취견(戒禁取見)의 다섯 가지가 있으며, 모두 사상적, 학문적, 관념적인 문제에 속한다.

'사혹(思惑)'[18]에도 탐냄(貪), 성냄(瞋), 어리석음(痴), 자의식(慢), 의심(疑) 다섯 가지가 있다. 이 견혹과 사혹은 특히 종교가, 철학자, 대학자로 불리는 사람들 중에서 대다수가 거기에 빠진다. 사혹의 탐욕(貪) · 성냄(瞋) · 어리석음(痴) · 자의식(慢) · 의심(疑)은 태어나면서부터 모두 갖추어 나오는 것이라고 볼 수 있다.

소승은 대승의 기초로서 소승을 행하지 못하면서 대승으로 도

---

17) 본서에는 원래 '斯陀洹'이라 되어 있다. 여기서 '洹'은 '含'의 오기로 여겨져 수정하면서 용어 사용의 일관성을 고려해 '斯多含'이라 했다.

18) 본서에는 '思見'으로 되어 있다. 일반적으로 '思惑'이라 해서 일반적인 용어로 고쳐 썼다.

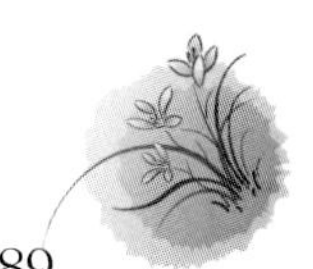

약하고자 한다면 그것은 쉽지 않은 일이다. 흔히 말하는 '3승(三乘)'이란 대승(菩薩), 중승(緣覺), 소승(聲聞)을 가리키며 3승이라 총칭한다. 수보리가 만약 이미 자신이 아라한과를 닦았다고 인정하면서 또한 적정행자(寂靜行者)의 아란나행을 좋아하는 자라는 생각을 가지고 있었다면, 그는 틀렸어도 한참 틀렸고 그 잘못됨은 그런 생각을 하고 있는 데 있다.

그렇다면 무엇을 '대승'이라 하는가? 『법화경』에 "또 어떤 중생이(若有衆生) 석가모니 부처님 세존을 따라 법을 듣고 믿으며(從佛世尊聞法信受), 부지런히 닦아 정진하여(勤修精進) 한량없는 중생들을 가없이 불쌍하게 생각하고 편안하고 즐겁게 하며(憫念安樂無量衆生), 온 세상을 이익 되게 하고(利益天下) 모든 이를 제도하여 해탈시키려 한다면(而度脫一切) 이것이 대승이다(是爲大乘)"[19]라고 말했다.

소승은 곧 나한(羅漢)이나 독각불(獨覺佛)이고, 또 벽지불(僻支佛)이라 이름하기도 하는데, 바로 자기 스스로 깨닫고 현실을

19) 이 인용문은 『妙法蓮華經 · 譬喩品 · 第三』의 내용을 저자가 의역한 내용으로 보인다. 번역문의 괄호 안은 저자가 번역한 현대 중국어를 그대로 옮긴 것이다. 참고로 「譬喩品」의 원문은, "若有衆生(만약 어떤 중생이), 從佛世尊(부처님 세존을 따라), 聞法信受(법을 듣고 믿고 받아들여), 勤修精進(부지런히 닦고 정진하여), 求一切智(구하기를 일체지와), 佛智(불지), 自然智(자연지), 無師智(무사지), 如來知見(여래의 지견과), 力無所畏(십력과 사무소외하여), 愍念安樂無量衆生(한량없는 중생들을 가없이 불쌍히 여기고 편안하고 즐겁게 하며), 利益天人(천상과 인간을 이익 되게 하려고), 度脫一切(일체를 제도해 해탈시키려고 하니), 是名大乘菩薩(이런 자를 대승보살이라 이름한다)"이다.

초월한 성인을 뜻한다.

2. '사람 몸이 수미산 왕과 같다(人身如須彌山王)'는 비유[20)]

무엇을 '정토를 장엄한다(莊嚴淨土)'고 하는가? 그것은 바로 비상(非相), 법(法), 신(身), 무형(無形), 무색상(無色相)이다.

석가모니 부처님께서 수보리에게 말씀하셨다(佛告須菩提): 네 생각은 어떠하느냐(於意云何)? 여래가 옛적에 연등부처님 처소에 있으면서(如來昔在燃燈佛所) 법에서 얻은 바가 있었겠느냐(於法有所得不)?

수보리가 아뢰었다.

아니옵니다(不也). 세존이시여(世尊)! 여래께서 연등부처님의 처소에 계실 적에(如來在燃燈佛所) 법에서 실로 얻은 바가 없었사옵니다(於'法'實無所得).

20) 이 비유는 제10「莊嚴淨土分」의 중심 내용을 이룬다. 그러므로 이하에서 제시되는 인용문은 별도의 표기가 없는 한 대체로 제10「莊嚴淨土分」이 출처가 된다.

석가모니 부처님께서 다음처럼 물으셨다: "수보리여! 네가 생각하기에 예전에 내가 연등불과 만나 얘기를 나눴을 때, 거기에서 법을 얻었겠느냐?"

이에 수보리가 아뢰었다: "세존이시여! 그럴 리가 없습니다. 스승님께서 연등불과 만나셨을 때, 스스로 닦고 스스로 깨달으셨지 실로 법을 얻은 바가 없으셨습니다."

석가모니 부처님께서 또 물으셨다.

수보리여(須菩提)! 네 생각은 어떠하느냐(於意云何)? 보살이 불국토를 장엄히 하느냐(菩薩莊嚴佛土不)?

수보리가 아뢰었다.

아니옵니다(不也). 세존이시여(世尊)! 무엇 때문이겠나이까(何以故)? 불국토를 장엄히 했다는 것은(莊嚴佛土者), 즉 장엄히 한 것이 아니기에(卽非莊嚴) 이것을 장엄이라 이름한 것이옵니다(是名莊嚴).

석가모니 부처님께서 물어보신 내용이다: "수보리여! 네가 생각하기에 보살은 불국토를 장엄하게 만들겠다고 발심하는데, 정

말 장엄히 할 수 있는 불국토가 있는 것이냐?"

수보리가 아뢰었다: "세존이시여! 그럴 리가 없습니다. 왜냐하면 스승님께서 말씀하신 장엄은 형상의 장엄이 아니라 장엄의 이름을 빌리신 것에 지나지 않을 따름입니다."

석가모니 부처님께서 또 물으셨다.

그러므로(是故): 수보리여(須菩提)! 여러 보살 · 마하살은(諸菩薩 · 摩訶薩) 응당 이와 같이 청정한 마음을 내고(應如是生淸淨心), 색에 머물러 마음을 내어서는 안 되며(不應住色生心), 성 · 향 · 미 · 촉 · 법에 머물러 마음을 내어서도 안 되고(不應住聲 · 香 · 味 · 觸 · 法生心), 마땅히 머무는 바 없이(應無所住) 그 마음을 내어야 하느니라(而生其心).

수보리여(須菩提)! 비유컨대 어떤 사람(譬如有人)의 몸이 수미산 왕과 같다면(身如須彌山王), 너는 어떻게 생각하느냐(於意云何)? 그 몸이 크다고 하겠느냐(是身爲大不)?

석가모니 부처님께서 물으신 내용이다: "바로 이와 같기 때문에 수보리여! 모든 보살 · 마하(대)보살은 마땅히 이렇게 한결같은 마음으로 청정한 마음을 내야 하고, 형색 · 소리 · 냄새 · 맛 · 감촉 · 의식 내용(法)에 집착해서 생각을 내어서는 안 된다. 그렇지 않으면 '육진(六塵)', 즉 안 · 이 · 비 · 설 · 신 · 의에 가려지고 속박되어 망념이 이어지는데 어떻게 청정할 수 있겠느냐? 청정

심은 본래 머무는 바가 없는 것이다."

석가모니 부처님께서는 또 비유로 말씀하셨다. "수보리여! 어떤 사람의 몸이 수미산 왕만 하다면 네가 생각하기에 그의 몸집이 아주 크겠느냐?"

수보리가 아뢰었다:

> 심히 크옵니다(甚大). 세존이시여(世尊)! 무엇 때문이겠나이까(何以故)? 부처님께서 말씀하신 것은 형체로서의 몸이 아니라(佛說非身), 그것을 큰 몸이라 이름하셨기 때문이옵니다(是名大身).⑩

수보리가 아뢰었다: "엄청나게 큽니다. 세존이시여! 왜 그렇겠습니까? 비록 이 사람의 몸집은 매우 크지만 '큰 몸(大身)'이라 부를 수도 없습니다. 왜냐하면 그 이유는 그의 몸집이 아무리 클지라도 결국은 생멸이 있어 불생불멸의 법신에는 도달할 수 없기 때문입니다. 스승님께서 앞에서 말씀하신 '상 아닌 법신(非相法身)'이 바로 청정한 본심이며 진정한 법신입니다.

이 마음은 태허(太虛)를 포괄하고 법계(法界)를 두루 함장(含藏)하고 있으면서 상도 없고 머무름도 없는데(無相無住), 어찌 수미산(須彌山, Sumeru)으로 비교할 수 있겠습니까? 이것은 단지 하나의 명칭을 빌려 그것을 '큰 몸(大身)'이라 부르는 것에 불과할 뿐입니다. 법신이야말로 큰 몸이며, 우주와 같이 비교할 수 없을 정도로 큽니다." 수미산은 바로 히말라야에 있는 산이다.

3. '갠지스강의 모래알 수(恒河沙數)'의 비유[21]

무엇을 '무위의 복이 뛰어남(無爲福勝)'이라고 하는가? 바로 보시의 상에 머물지 않는 것이다. 행함이 없음(無爲)이 온전하지 않은 행함이 없음(無爲)은 유위의 복(有爲福)이다. 석가모니 부처님께서 물으셨다.

수보리여(須菩提)! 갠지스강에 있는 모래알 수와 같이(如恒河中所有沙數), 이 모래알 수와 같은 갠지스강이 있다면(如是沙等恒河), 네 생각은 어떠하느냐(於意云何)? 이 모든 갠지스강의 모래(是諸恒河沙)가 어찌 많지 않겠느냐(寧爲多不)?

수보리가 아뢰었다.

심히 많사옵니다(甚多). 세존이시여(世尊)! 단지 모든 갠지스강만 해도 무수히 많은데(但諸恒河尙多無數) 하물며 그 모래라면 어떠하겠나이까(何況其沙)!

---

21) 이 비유는 제11 「無爲福勝分」에 나온다. 이하에서 별도의 표기가 없는 인용문은 모두 제11 「無爲福勝分」을 출처로 한다.

석가모니 부처님께서 물어보신 내용이다: "수보리여! 갠지스강에 있는 모든 모래알 수로 비유를 삼아서 모래 한 알로 갠지스강 하나를 비유한다면, 그렇다면 모든 갠지스강에 있는 모래알 전부에 대해서 설마 많지 않다고 여기지는 않겠느냐?"

수보리가 아뢰었다: "엄청나게 많습니다. 세존이시여! 모래 한 알로 갠지스강 한 줄기를 대신하는 경우, 강만 해도 무수하게 많은데 하물며 그 모든 강에 있는 모래 전부는 어떠하겠습니까?"

석가모니 부처님께서 또 물으셨다:

수보리여(須菩提)! 내가 지금 진실된 말로 네게 알려주겠노라(我今實言告汝): 만약 불법을 믿는 선남자 · 선여인(若有善男子 · 善女人)이 일곱 가지 보배로 저 갠지스강의 모래 수와 같은 삼천대천세계에 가득 채워서(以七寶滿爾所恒河沙數三千大千世界) 그것으로 보시한다면(以用布施) 얻을 복이 많겠느냐(得福多不)?

수보리가 아뢰었다.

매우 많습니다(甚多). 세존이시여(世尊)!

부처님께서 수보리에게 알려주셨다(佛告須菩提): 수보리여! 만약 선남자 · 선여인(若善男子 · 善女人)이 이 경전 가운데서(於此經中) 사구게만이라도 받아 지니고(乃至受持四句偈等), 다른 사람을 위해 말해 준다면(爲他人說): 이 복덕은(而此福德) 앞에서 칠보로 보시한 복덕보다 뛰어나도다(勝前福德).⑪

석가모니 부처님께서 하신 말씀이다: "수보리여! 내가 진실로 네게 알려주는데, 만약 어떤 선남자나 선여인이 모래 한 알을 전 세계인 하나로 삼아 갠지스강의 모래알 수만큼 많은 삼천대천세계를 가득 채운 금 · 은 · 유리(琉璃) · 차거(硨磲) · 마노(瑪瑙) · 호박(琥珀) · 산호(珊瑚) 등 '칠보(七寶)'로써 보시한다면, 그럼 그들이 얻을 복덕은 많겠는가?"

수보리가 아뢰었다: "당연히 매우 많을 것입니다. 세존이시여!"

석가모니 부처님께서 이때 수보리에게 알려주신 뜻은 다음과 같다: "만약 선남자나 선여인이 다른 사람을 위해 이 경전을 말해 준다면, 심지어는 단지 네 구절만이라도 받아 지녀서 다른 사람에게 말해 준다면, 이 법의 보시로 인해 얻을 복덕은 앞에서 '칠보'로 보시하는 일체의 복덕보다도 뛰어나며 얻는 것도 훨씬 많을 것이다."

부정, 부정, 재부정이다. 어떤 부처를 이루든 어떤 성인이 되든, 또는 어떤 지혜를 이루든 모두가 공(空)하다. 일체의 권세나 재부, 제왕, 문무대신(將相), 고층 아파트나 빌딩 모두가 공하다. 일체가 모두 헛된 환상이고, 일체가 모두 헛된 환상 중에 있는 한 줄기 바람일 뿐이다. 자고로 부처가 된 적이 있는 사람이나 성인이 된 적이 있는 사람은 아무도 없으며, 일체가 모두 변화 중에 있는 것이다.

그것은 어떤 것이 아니면서 어떤 것이기도 하고, 상대적이면서 상반되는 것이기도 하다. 부정이면서 긍정이고(卽反卽正), 긍

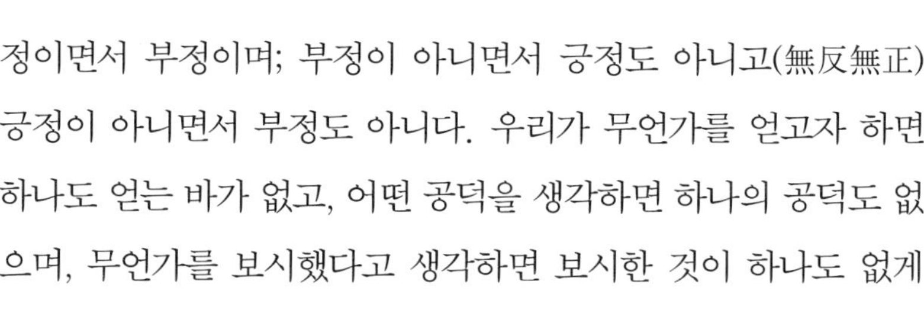

정이면서 부정이며; 부정이 아니면서 긍정도 아니고(無反無正) 긍정이 아니면서 부정도 아니다. 우리가 무언가를 얻고자 하면 하나도 얻는 바가 없고, 어떤 공덕을 생각하면 하나의 공덕도 없으며, 무언가를 보시했다고 생각하면 보시한 것이 하나도 없게 되는 것이다.

우리가 스스로를 대단하다고 여기면 그 순간 틀린 것이고, 이 세상에는 대단한 일 같은 것은 없다. 현재는 지나가고 있고, 과거는 일찌감치 지나갔고, 미래도 마찬가지일 것이다. 모든 것이 꿈 같은 환상이며, 일체는 부단히 변화하고 있다.

4. '경전이 있는 곳에 부처님과 탑이 있다'는 비유[22)]

무엇을 '존중해야 하는 바른 가르침(尊重正教)'이라 하는가? 그것은 바로 반야 지혜가 모든 부처의 어머니라는 것으로, 마치 중국에서 『주역(周易)』을 모든 지혜의 어머니라고 하는 것과 같다.

> 그리고 또한(復次), 수보리여(須菩提)! 이 경전을 어디서나 말하되(隨說是經), 사구게에 이르러서는(乃至四句偈等), 이곳에서 마땅히 알아야 할 것은(當知此處), 일체 세간 · 천 · 인간 · 아수라(一

22) 제12 「尊重正教分」에 나오는 비유다. 이하에서 별도의 표기가 없는 인용문의 출처는 모두 이로부터 나온 것이다.

切世間 · 天 · 人 · 阿修羅)들 모두가 마땅히 공양하기를(皆應供養) 마치 부처님의 탑묘같이 해야 하거늘(如佛塔廟), 하물며 어떤 사람이 온전히 받아들여 지니고서 독송함에야 어떠하겠느냐(何況有人盡能受持讀誦).

수보리여(須菩提)! 마땅히 알아야 할 것으로 이런 사람(當知是人)은 최상의 제일 드물게 있는 법을 성취할 것이니라(成就最上第一希有之法). 이처럼(若是) 경전이 있는 곳(經典所在之處)이 곧 부처가 계신 곳이고(則爲有佛), 존중한 제자가 있는 곳이로다(若尊重弟子).⑫

석가모니 부처님께서 반복해서 수보리에게 말씀하셨다: "수보리여! 너는 알아야 한다. 만일 어떤 사람이 반야의 지혜경을 설함에 있어서도 그 장소가 어디든 관계없이, 심지어 적어도 그 경전 중의 네 구절만이라도 말을 해주어 듣는 사람으로 하여금 망념을 제거하게 한다면, 그 경전이 설해진 장소를 만나게 된 것조차 매우 귀중한 인연이다. 일체 세간의 천신 · 인간 · 귀신 등은 그 장소에 대해서 예를 올려 꽃을 뿌리면서 공경히 공양해야 하는데, 마치 부처님의 탑에 공양하듯 해야 한다.

이 반야 지혜의 경전을 완전히 받아 지녀서 독송하는 사람이라면 특별히 존중받을 만하지 않겠는가! 수보리여! 이러한 사람이 세상에서 제일 귀한 무상보리(無上菩提)를 성취하게 될 것임을 잘 알아야 한다. 왜냐하면 반야가 능히 무상보리로 향하면 세

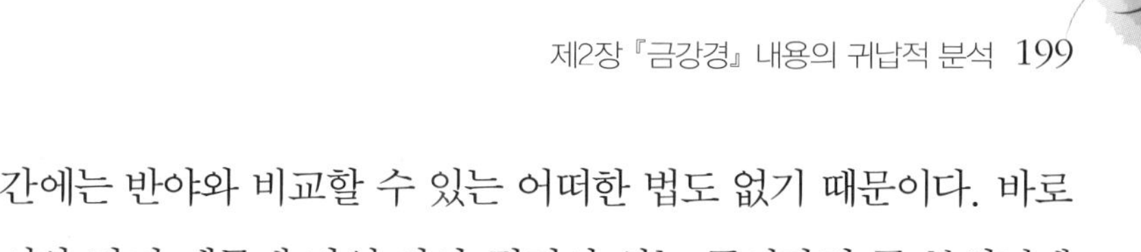

간에는 반야와 비교할 수 있는 어떠한 법도 없기 때문이다. 바로 이와 같기 때문에 만일 반야 경전이 있는 곳이라면 곧 부처님께서 계신 것과 같으며, 불제자의 '삼보'와 함께 거주하는 것이라고 말할 수 있을 정도다.

불 · 법 · 승 삼보 중에서 불은 큰 깨달음을 얻은 자고, 법은 부처가 설한 교법이며, 승은 부처의 교법에 따라 수양하는 자이다. 이 경전을 설하는 사람에 대해서도 불제자를 대하는 것과 같이 그렇게 존중해야 한다. 알겠느냐? 이것이 바로 '존중해야 하는 바른 가르침(尊重正教)'에 관한 설명이다."

이 때문에 『금강경』을 놓아둔 곳이라면 어디든지 그곳에는 부처님께서 계신다. 『금강경』이 여기에 있으면 부처님께서도 여기에 계신다. 절(廟)이 저기에 있으면 불법(佛法)도 저기에 있다. 도대체 저기에 있다는 것인가, 아니면 여기에 있다는 것인가? 여기든 저기든 어디에도 있지 않다. 우리의 마음에 있다. 우리의 마음이 바로 탑이고, 부처님이다. 부처님을 어디에서 구하는가? 자기 자신에게서 구해야 한다.

5. '32상'의 변화 세계[23)]

무엇을 '여법하게 수지한다(如法受持)'고 하는 것인가? 그것은

---

23) 제13 「如法受持分」의 중심 내용을 이루는 비유다. 이하의 경전 인용문은 별도의 표기가 없는 한 이 곳을 출처로 한다.

바로 반야 지혜의 묘법에 따라 수행하는 것이다.

그때(爾時) 수보리가 석가모니 부처님께 아뢰었다(須菩提白佛言): 세존이시여(世尊)! 마땅히 이 경의 이름을 무엇으로 해야 하나이까(當何名此經)? 우리들은 어떻게 받들어 지녀야 하옵니까(我等云何奉持)?

부처님께서 수보리에게 이르셨다(佛告須菩提): 이 경의 이름은 『금강반야바라밀』이니(是經名爲『金鋼般若波羅蜜』), 이 이름으로써(以是名字), 너희들은 마땅히 받들어 지녀야 하느니라(汝當奉持). 그 까닭이 무엇이겠느냐(所以者何)? 수보리여(須菩提)! 부처가 반야바라밀이라 말한 것은(佛說般若波羅蜜) 곧 반야바라밀이 아니며(卽非般若波羅蜜), 이름을 반야바라밀이라 한 것이니라(是名般若波羅蜜). 수보리여(須菩提)! 네 생각은 어떠하느냐(於意云何)? 여래가 법을 말한 것이 있겠느냐(如來有所說法不)?

수보리가 부처님께 아뢰었다(須菩提白佛言): 세존이시여(世尊)! 여래께서는 말씀하신 것이 없사옵니다(如來無所說).

그때 수보리가 스승에게 여쭈었다: "세존이시여! 이 경을 무슨 이름으로 불러야 하겠습니까? 저희들은 어떻게 이 경을 받아들여 지니면서 실천해야 합니까?"

석가모니 부처님께서는 수보리에게 다음처럼 말해 주셨다: "이 경은 『금강반야바라밀』이라 이름을 붙였으니 너희들은 마땅히 법에 의거해서 실천해야 한다. 무엇 때문에 이 이름으로 지었

을까? 수보리여! 내가 말한 반야바라밀은 본성을 묘하게 깨닫고 태허와 같이 공(空)한 것이다. 본체가 이미 텅 비어 없는 것인데 어찌 이름이라는 것이 있겠는가? 단지 단견(斷見)을 가진 사람들 때문에, 그리고 많은 제자들이 받들어 지니기에 편리하도록 하기 위해서 부득이하게 『금강반야바라밀』이라는 명칭을 지은 것에 불과할 뿐이다. 수보리여! 너는 내가 이에 대해서 설법한 것이 있다고 생각하느냐?"

수보리가 아뢰었다: "세존이시여! 반야는 자기 성품으로 스스로 깨닫는 데 있으므로, 이름할 수 없는 이름이고, 저희 스승님께서는 말씀하신 바가 없습니다."

석가모니 부처님께서 또 물으셨다.

수보리여(須菩提)! 네 생각은 어떠하느냐(於意云何)? 삼천대천세계에 있는 모든 티끌이(三千大千世界所有微塵) 많겠느냐(是爲多不)?

수보리가 아뢰었다.

심히 많사옵니다(甚多). 세존이시여(世尊)!

석가모니 부처님께서 또 말씀하셨다.

수보리여(須菩提)! 그 티끌들에 대해서(諸微塵) 여래는 티끌이 아니라고 말했기에(如來說非微塵) 이름이 티끌인 것이며(是名微塵), 여래가 말한 세계(如來說世界)는 세계가 아니라(非世界) 이름이 세계인 것이니라(是名世界).

석가모니 부처님께서 물으셨다: "수보리여! 너는 삼천대천세계에 있는 티끌이 많다고 생각하느냐?"

수보리가 아뢰었다: "매우 많습니다, 세존이시여."

석가모니 부처님께서 말씀하셨다: "수보리여! 티끌은 비록 많다고는 하지만 단지 티끌이라는 명칭을 빌린 것에 불과할 따름이다. 동일한 이치로 내가 말한 세계는 비록 크지만 그러나 모든 겁(劫)이 다하면 파괴되고 허공처럼 실체가 없는 것으로, 단지 세계라는 명칭을 빌린 것에 불과할 따름이다."

수보리여(須菩提)! 네 생각은 어떠하느냐(於意云何)? 32상으로써 여래를 볼 수 있겠느냐(可以三十二相見如來不)?

수보리가 아뢰었다(須菩提言): 아니옵니다(不也). 세존이시여(世尊)! 32상으로 여래를 뵐 수 없사옵니다(不可以三十二相得見如來). 무엇 때문이겠나이까(何以故)? 여래께서 말씀하신 32상은(如來說三十二相) 곧 상이 아니라(卽是非相), 32상으로 이름한 것이옵니다(是名三十二相).

석가모니 부처님의 세 번째 질문이다: "수보리여! 너는 32상으로 여래를 뵐 수 있다고 생각하느냐?"

수보리가 아뢰었다: "그럴 수 없습니다. 세존이시여! 32상으로 여래를 뵐 수 없습니다. 무엇 때문이겠나이까? 왜냐하면 스승님께서 말씀하신 32상은 인연(因緣)의 가합(假合)에 속하는 것이며, 또한 중생의 망심에 따라서 나타나는 가상(假相)이고 근본적으로 얻을 수 있는 실재의 그 자체의 상이 없는, 단지 32상이라는 명칭을 빌린 것에 불과할 뿐이기 때문입니다."

수보리여(須菩提)! 선남자 · 선여인(若有善男子 · 善女人)이 갠지스강의 모래같이 많은 몸과 목숨으로 보시했다고 해보자(以恒河沙等身命布施). 또, 어떤 사람이 이 경 중에서(若復有人於此經中) 단지 사구게만을 받아 지니어(乃至受持四句偈等) 다른 사람을 위해 말해 준다면(爲他人說) 그 복은 아주 많을 것이로다(其福甚多).⑬

석가모니 부처님께서 다시 한번 제자를 일깨우려 말씀하신 내용은 다음과 같다: "수보리여! 어떤 선남자 · 선여인이 갠지스강의 모래알처럼 많은 생명으로써 중생에게 보시하거나, 생명을 바쳐 보시함으로써 복덕을 구한다고 해보자. 다시 말해, 가령 어떤 다른 사람이 이 경전을 설하거나 심지어 적어도 단지 네 구절만이라도 남에게 설해 준다면, 그가 경을 지니고 보시해 얻는 복

은 앞에서 말한 희생(捨身) 보시의 복보다 훨씬 많을 것이다.”

여기서 우리가 알아야 할 것은, 『금강경』의 구조에서 제1품으로부터 제10품까지는 석가모니 부처님께서 제자들에게 수도(修道)의 방법을 가르치는 것으로, 바로 ‘응무소주(應無所住)’로서 어디에도 머무르지 않는 방법이다. 어디에도 머무르지 않음을 실현한다면 반야바라밀이 무엇인지를 알게 된다. 제11품과 제12품은 ‘응무소주’의 중요성, 그리고 『금강반야바라밀경』을 어떻게 존중해야 하는지를 설명하고 있다.

제13품에서는 수보리가 스승님에게 제13품의 이름과 어떻게 받아 지닐 것인가에 대해 묻고 있다. 석가모니 부처님께서는 우선 반야바라밀을 부정하고, 또 삼천대천세계의 티끌을 부정하고, 다시 32상을 부정하며, 갠지스강의 모래알만큼 많은 생명 보시를 부정하였지만, 다른 사람을 위해 이 경을 설하는 중요성에 대해서는 긍정하였다.

석가모니 부처님께서 말씀하신 모든 것은 가설적인 비유다. 즉, 모든 것이 헛된 환영이므로 꽃이 피고 지고 다시 핀다. 모든 티끌은 변화하고 또 변화하고 있으며, 물질로 변했다가 물질이 또 변화해서 또 공성(空性)으로 변한다. 모든 중생은 성상(性相)이 평등하고, 복덕의 성품이 공하여 이러하고 이러하다. 깨달으면 자유롭고 깨닫지 못하면 번뇌가 끊이지 않는다.

‘쇠사슬’을 풀 수 있는 도를 알아야 할지니! 풍화하면 자연스레 풀리며, 어떤 것이라도 다 풀리게 된다.

6. '청정심'의 비유[24)]

무엇을 '상을 여읜 적멸(離相寂滅)'이라 하는가? 그것은 바로 일체의 환상(幻相)을 떠나는 것이다. 수보리는 이 도리를 한층 더 깊이 깨닫고 감동의 눈물을 멈추지 못했다. 아난은 다음처럼 기록했다:

이때(爾時) 수보리가 이 경을 말씀하시는 것을 듣고서(須菩提聞說是經), 그 뜻을 깊이 이해하고(深解義趣) 눈물을 흘리면서(涕淚悲泣) 부처님께 아뢰었다(而白佛言): 드물게 있으신 세존이시여(希有世尊)! 부처님께서 이와 같이 뜻 깊은 경전을 말씀하셨는데(佛說如是甚深經典), 제가 옛적부터 지혜의 눈을 뜬 이후로(我從昔來所得慧眼) 일찍이 이와 같이 경을 들어본 적이 없사옵니다(未曾得聞如是之經). 세존이시여(世尊)! 만약 다시 어떤 사람이 이 경을 듣고서(若復有人得聞是經) 믿는 마음이 깨끗해지면 곧 실상이 생겨나니(信心淸淨卽生實相), 이 사람이 제일의 희유한 공덕을 이루었음을 마땅히 알게 될 것이옵니다(當知是人成就第一希有功德).

아난의 기록은 이러하다. 그때 또는 이때, 수보리는 스승님께서 여기까지 말씀하신 것을 듣고서, 마음속으로 이미 그 종지를

---

24) 제14 「離相寂滅分」에 나오는 비유다. 이하에서의 경전 인용문은 별도의 표기가 없는 한, 이곳을 출처로 한다.

깊이 깨닫고 감동하여 눈물을 흘렸다! 그는 참지 못하고 자기 스승님께 찬탄해 마지않았다: "세존이시여! 스승님께서 말씀하신 이 심오한 경전은 설령 예전에 제가 지혜의 눈을 뜨고 한 번에 천 배를 들었을지라도, 이제껏 이렇게 심오한 경전을 들어본 적이 없습니다. 세존이시여! 저는 이미 이 경에서의 자성이 청정함(自性淸淨)을 듣고 본래 완전하고도 참다운 실상을 지니고 있다는 것을 이미 깨달았습니다. 만일 어떤 사람이 이 경을 듣고 믿음이 청정하게 맑아져(淸淨) 조금의 세속적인 생각(塵念)도 없다면 반야실상(般若實相)의 상(相)이 생겨납니다. 이러한 사람은 매우 보기 어려울 뿐만 아니라 제일 귀한 공덕을 성취한 자임을 알 수 있습니다."

세존이시여(世尊)! 이 실상이란 것은(是實相者), 곧 상이 아니어서(卽是非相) 이 때문에 여래께서 실상이라고 이름을 말한 것이옵니다(是故如來說名實相). 세존이시여(世尊)! 제가 지금 이와 같이 경전을 듣고(我今得聞如是經典) 믿고, 이해하고, 받아들이고, 지니는 것 등은(信 · 解 · 受 · 持) 어렵지 않사옵니다(不足爲難).

만약 다음 세상(若當來世), 이후 오백세(後五百歲)에 어떤 중생이 이 경을 듣고서 믿고, 이해하고, 받아들이고, 지닌다면(其有衆生得聞是經信 · 解 · 受 · 持) 이 사람이 제일 드물게 있는 사람이옵니다(是人卽爲第一希有). 무엇 때문이겠나이까(何以故)? 이 사람

에게는 아상 · 인상 · 중생상 · 수자상 등이 없사옵니다(此人無我相 · 無人相 · 無衆生相 · 無壽者相).

그 까닭이 무엇이겠나이까(所以者何)? 아상은 곧 상이 아니며(我相卽是非相), 인상 · 중생상 · 수자상(人相 · 衆生相 · 壽者相)도 곧 상이 아닙니다(卽是非相). 무엇 때문이겠나이까(何以故)? 일체의 모든 상을 여의어서(離一切諸相) 곧 '제불'이라 이름 하기 때문이옵니다(卽名諸佛).

수보리가 또 아뢰었다. "그러나 세존이시여! 정확히 이 반야의 실상이란 바로 제법의 공상(空相)을 가리키는 것이지 일반적으로 말하는 실체적 사물(實物)이 아닙니다. 하지만 중생들로 하여금 집착을 벗어나서 본심을 되찾도록 이끌기 위해 부득이하게 하나의 명칭을 빌리지 않을 수 없었고, 그것을 '실상'이라 부르는 것일 따름입니다.

세존이시여! 제가 이 경전을 여기까지 듣고 이미 그 속의 묘리(妙理)를 이해했기에 믿고 닦아 지니는 것은 그다지 어렵지 않습니다. 그러나 가령 500년 후 혼탁한 말법(末法)의 시대라면, 그 때는 이미 스승님 시대로부터 아주 멀리 떨어진 시대인데 괴로움의 망망대해에 살고 있는 그 시대의 중생이 이 경을 듣고서 능히 믿고(信), 이해하고(解), 받아들이고(受), 지니는(持) 사람이라면 결코 쉽지 않은 일이지만, 이 사람이야말로 참으로 자기 성품(自性)을 분명하게 알고 있는 첫 번째 사람일 것입니다.

왜 그렇겠습니까? 왜냐하면 진공을 단박에 깨우치는 것은 반드시 아상 · 인상 · 중생상 · 수자상 사상(四相)이 없어야 하는 것이기 때문입니다. 즉, 그 사람은 이미 아상은 상이 아니며, 인상 · 중생상 · 수자상 등도 상이 아니라는 것을 이미 깨달았기 때문에 능히 일체 상을 떠나고, 그 마음이 멸적(滅寂)[25]하기에 그를 부처님이라고 부를 수 있습니다." 이것은 수보리가 마음속으로 느낀 것을 표현한 것이다.

여기서, 수보리는 어째서 슬피 울었을까? 그는 진정으로 "이 경전의 말씀을 듣고(聞說是經) 그 뜻과 취지를 깊이 이해(深解義趣)"한 것일까? 만일 그가 진정으로 깨달았다면 슬프게 울지 않았을 것이다. 슬프게 우는 것은 일종의 감정(情緖)이지 진정한 지혜(眞智)가 아니다. 만약, 수보리가 진정으로 깨달았다면 석가모니 부처님께서는 더 이상 말하지 않고 여여부동(如如不動)하셨을 것이며, 또 슬피 우는 상황이 생길 일도 없다. '후 오백세(後五百歲)'는 단지 일종의 정해지지 않은 가정으로 맹자가 "오백년(五百年)에 반드시 왕다운 왕이 생겨난다(必有王者興)"[26]라고 말한 것과 같은 이치다.

---

25) 일체의 법이 모두 고요히 사라져 없어진 경지를 이르는 말.

26) 『맹자』「公孫丑下」.

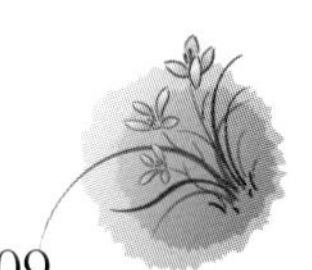

석가모니 부처님께서 수보리에게 말씀하셨다(佛告須菩提): 그러하고 그러하니라(如是如是). 만일 또 어떤 사람이 이 경을 듣고서(若復有人得聞是經) 놀라지 않고 겁내지 않고 두려워하지 않으면(不驚 · 不怖 · 不畏), 마땅히 알아야 할 것은 이 사람(當知是人)이 매우 드물게 있는 사람이라는 것이로다(甚爲希有). 무엇 때문이겠느냐(何以故)? 수보리여(須菩提)! 여래가 말하는 제일바라밀은(如來說第一波羅蜜), 곧 제일바라밀이 아니라(卽非第一波羅蜜) 이름이 제일바라밀이니라(是名第一波羅蜜). 수보리여(須菩提)! 인욕바라밀(忍辱波羅蜜)은 여래가 인욕바라밀이 아니라 말하기에(如來說非忍辱波羅蜜) 이름이 인욕바라밀이니라(是名忍辱波羅蜜).

석가모니 부처님께서 수보리에게 다음과 같이 알려주셨다: "맞다. 네가 그렇게 말한 것이 맞다. 후세에 만약 어떤 사람이 반야의 묘법을 듣고서 놀라지 않고 두려워하지 않고 무서워하지 않는다면, 이러한 사람은 실제로 아주 드문 사람이라는 것을 마땅히 알아야 할 것이다! 무엇 때문인가? 수보리여! 이것이 바로 내가 말한 제일바라밀이고, 이 사람의 지혜는 이미 피안에 이르렀다. 다만 이 경을 수행하고 지니는 사람은 피안에 대해 집착하는 바가 있어서는 안 된다. 그것은 단지 중생으로 하여금 수행하고 지니도록 이끌기 위해서 특별히 명칭을 부여해 '제일바라밀'이라 부르는 것에 불과할 뿐이다.

수보리여! 다시 인욕바라밀을 말하면 모욕을 당하는 상황이 오더라도 침착하게 대처하고 분노를 일으키지 않는 것이 인욕바라밀이다. 네가 알아야 할 것은 진공(眞空)은 본래 상이 없어 밖으로는 욕됨(辱)이라 할 것이 보이지 않고, 안으로는 참음(忍)이라 할 것이 보이지 않아, 혼연히 양쪽 모두를 잊은 상태다.

철저히 인욕에 집착하지 마라. 그래서 내가 인욕바라밀이 아니라고 말한 것이다. 단지 중생들이 수행하고 지키기에 편하도록 하기 위해서, 특별히 하나의 명칭을 부여해 그것을 인욕바라밀이라고 부를 뿐이다." 석가모니 부처님께서는 이 문제에 대해 이야기 하나를 말씀하셨다:

무엇 때문이겠느냐(何以故)? 수보리여(須菩提)! 내가 옛적에 가리 왕에게 몸이 갈기갈기 찢겼던 것을 말해 보겠노라(如我昔爲歌利王割截身體). 나는 그때(我於爾時) 아상도 없고, 인상도 없었고, 중생상도 없었고, 수자상도 없었느니라(無我相 · 無人相 · 無衆生相 · 無壽者相). 무엇 때문이겠느냐(何以故)? 내가 옛적에 몸을 찢길 때(我於往昔節節支解時) 만일 아상 · 인상 · 중생상 · 수자상을 갖고 있었더라면(若有我相 · 人相 · 衆生相 · 壽者相), 성을 내며 원망을 했을 것이로다(應生瞋恨).

석가모니 부처님께서 수보리에게 질문했다: "왜 그런지 너는 아느냐? 내가 이야기 하나를 들려줄 테니 잘 들어보아라. 내가

전생에 가리왕(歌利王)에게 몸이 갈기갈기 잘릴 때 확실히 나에게는 자아라는 생각이 없었고, 인간이라는 생각이 없었고, 중생이라는 생각이 없었고, 목숨이라는 생각이 없었다. 그렇지 않고 당시의 내가 마디마디 잘릴 때 만약 '사상(四相)'을 가지고 있었다면 반드시 마음에 분노와 원한이 생겨났을 것이며, 반드시 괴로움의 열매(苦果)를 맺었을 것이다." 석가모니 부처님께서는 수보리에게 이야기 하나를 더 말해 주셨다:

수보리여(須菩提)! 또 과거가 생각나는데(又念過去), 오백년 동안 인욕선인이었던 적이 있었느니라(於五百世作忍辱仙人). 그때에도 아상 · 인상 · 중생상 · 수자상이 없었느니라(於爾時無我相 · 無人相 · 無衆生相 · 無壽者相). 그러므로(是故) 수보리여(須菩提)! 보살은 마땅히 온갖 상을 여의고서(菩薩應離一切相), 아뇩다라삼먁삼보리심을 내어야 하느니라(發阿耨多羅三藐三菩提心).

형색에 머물러서 마음을 내지 말아야 하고(不應住色生心), 소리 · 냄새 · 맛 · 촉감 · 법진에 머물러서 마음을 내지 말아야 하며(不應住聲 · 香 · 味 · 觸 · 法生心), 응당 머무름이 없는 마음을 내어야 할 것이로다(應生無所住心). 만일 마음에 머무름이 있으면(若心有住), 곧 머무름이 아니로다(卽爲非住). 이 때문에 부처가 말하길 보살심은(是故佛說菩薩心) 응당 형색에 머물러 보시해서는 안 되느니라고 했다(不應住色布施).

석가모니 부처님께서 말씀하셨다: "수보리여! 나는 또 과거 전

오백세가 생각나는데, 내가 인욕선인(忍辱仙人)으로 인욕행(忍辱行)을 닦을 때는 이미 자아(我)·인간(人)·중생(衆生)·수자(壽者)의 '사상(四相)'을 여의었으며, 역겁(歷劫)으로 진공(眞空)을 단박에 깨달았다. 우리가 수행하는 것은 결코 하루아침에 이룰 수 있는 것이 아님을 알 수 있어야 한다.

수보리여! 보살의 수행은 무엇보다도 자기의 마음을 공(空)하게 해서 온갖 상(相)을 떠나야 비로소 무상정등정각(無上正等正覺)의 보리심을 낼 수 있다. 이 마음은 색(色)에 집착하지 않고 성·향·미·촉·법에 집착하지 않으면서 마땅히 머무는 바 없는 마음을 낸다. 이러한 마음이야말로 능히 원만하게 두루 통하며 아무런 장애가 없다. 만일 '육진(六塵)' 가운데 어느 하나에라도 집착하는 바가 있다면 그 머무는 마음을 해탈할 수 없으니, 곧 보살이 머무를 곳이 아니다.

하여 내가 다음처럼 말한다. 보살심은 본래 텅 비어 있으면서 밝은데, 만일 '육진'에 머무름이 있다면 깨달을 수 없다. 내가 형색에 머무는 바 없이 보시해야 한다고 말한 이유가 바로 여기에 있다."

그렇다면 어떻게 실천해야 하는가?

수보리여! 보살은 모든 중생을 이익 되게 하기 위하나니(菩薩爲利益一切衆生), 그래서 응당 이와 같이 보시해야 하느니라(故應如

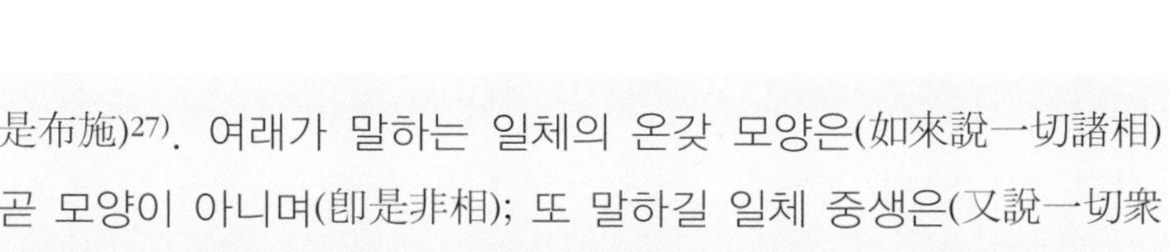

是布施)[27]. 여래가 말하는 일체의 온갖 모양은(如來說一切諸相) 곧 모양이 아니며(卽是非相); 또 말하길 일체 중생은(又說一切衆生) 곧 중생이 아니라고 하느니라(卽非衆生).

수보리여! 여래는 참된 말을 하는 이고(如來是眞語者), 실다운 말을 하는 이며(實語者), 여실한 말을 하는 이고(如語者), 속이는 말을 하지 않는 이며(不誑語者), 달리 말하지 않는 이다(不異語者).

수보리여! 여래가 얻은 법(如來所得法), 이 법은 실다움도 없고 허망함도 없느니라(此法無實無虛).

석가모니 부처님께서 말씀하셨다: "수보리여! 보살이 형색(色)에 머물지 않고 보시하고 광대하게 마음을 내는 것은 자신을 위한 것이 아니라 일체 중생을 이익되게 하기 위함이다. 그러므로 마땅히 이와 같이 무상의 보시를 행해야 한다.[일체 중생을 이롭게 한다는 말은 『주역 · 건괘』의 말로 하면 훨씬 명료하다: "건의 시작이 능히 아름다운 이익으로써 천하를 이롭게 하며(乾始能以美利利天下), 이로운 바를 말하지 아니하니(不言所利) 이 얼마나 위대한가(大矣哉)!"][28]

내가 말한 일체의 온갖 상은 본시 모든 보살이 해탈을 얻도록 하기 위한 것이고, 사실 진실한 본체는 모두가 공한 것으로 원래부터 상이 아니다. 일체 중생 역시 모든 보살들을 멸도(滅度)로

27) 무진장불교문화연구원 편 『금강경』에는 '故'자가 없다.

28) 『주역 · 건괘』「文言傳」.

이끌기 위한 것일 뿐이지, 사실 본성을 보아 망심이 저절로 여의어지고 부처님의 경계로 들어간다면 그럼 일체 중생은 더 이상 중생이 아니다.

수보리여! 내가 말한 반야바라밀은 모두 무상의 보리이며, 참되어 망령되지 않고 실답고 허망하지 않으며, 항상 그대로 변하지 않는 것으로 사람을 기만하지 않고 두 가지 말을 하지도 않는다.

수보리여! 우리가 말하는 반야의 법은 진여(眞如)이고 무상이며 실성이 없는 것(無實性)이며, 자성이고 자족하며 비어 있지 않은 것(無虛)이다." 만약, 여러 보살들이 그들 스승의 가르침에 따라서 실천하지 못한다면 그 결과는 또 어떠할까?

수보리여! 만일 보살의 마음이 법에 머무르면서 보시를 행한다면(若菩薩心住於法而行布施), 마치 사람이 컴컴한 암흑으로 들어가(如人入暗) 곧 아무것도 보이지 않는 것과 같으며(卽無所見); 만약 보살의 마음(若菩薩心)이 법에 머물지 않으면서 보시를 행한다면(不住法而行布施), 마치 사람에게 눈이 있고(如人有目) 햇빛이 밝게 비추어(日光明照) 여러 가지 빛깔을 보게 되는 것과 같느니라(見種種色).

수보리여! 오는 세상에(當來之世), 만일 선남자 · 선여인(若有善男子 · 善女人)이 능히 이 경에 대해서 받아들이고 지키어 읽고 외운다면(能於此經受持讀誦), 즉 여래가 되는 것이니라(卽爲如

來).[29] 부처의 지혜로(以佛智慧) 이 사람을 모두 알고(悉知是人), 이 사람을 모두 보아(悉見是人) 모두 무량하고 한없는 공덕을 성취할 것이니라(皆得成就無量無邊功德).⑭

석가모니 부처님께서 말씀하셨다: "수보리여! 만일 보살이 법에 집착하면서 보시를 행한다면 '네 가지 상'을 여의지 않고 바로 어두운 방으로 들어간 것과 같이 아무것도 보이지 않는다. 만약 보살의 마음이 법에 집착하지 않으면서 보시를 행한다면, 흡사 사람이 눈을 크게 뜨고 있으면서 능히 햇빛이 사방에 두루 비추는 것을 보고 여러 가지 빛깔을 보는 것과 같고, 그 마음은 참다운 공(眞空)을 철저히 통찰하고 일체의 경계를 이해할 수 있다.

수보리여! 나의 적멸 이후 후세에 이르러, 만일 선남자나 선여인이 이 경을 받아 지니고 독송한다면 곧 보리의 깨달음 지위에 이르러 자성의 여래를 이루게 된다. 나는 이 사람을 마땅히 알며, 반드시 최고의 지혜로써 그를 분명하게 살펴볼 것이다. 이 사람이 성취한 견성의 공덕은 무량하고 무변하다."

우리가 마땅히 알아야 할 것은, 후 오백년과 과거 오백년 모두 정해지지 않은 시간 개념으로 마치 예언과 같은 것이기도 하다.

---

29) 저자와 달리, 무진장불교문화연구원 편 『금강경』에서는 '卽爲如來'와 이어지는 '以佛智慧'를 끊지 않았다. 즉, "卽爲如來以佛智慧"로 읽고 그 번역은 "즉, 여래가 부처의 지혜로써"가 된다. 여기서는 저자가 구두점을 끊은 대로 따랐고, 그에 따라 번역을 했다.

이것은 단지 하나의 비유에 불과하며 하나의 이야기를 말한 것에 지나지 않는다. 석가모니 부처님께서는 이 경전에서 대부분 비유로 제자들을 가르치고 있으며, 제자들로 하여금 우주 대도는 말할 수 없는 것이며, 말한다고 해도 분명하게 말할 수 없는 것임을 깨닫도록 한다.

7. 최상승의 경전[30)]

무엇을 '경을 지닌 공덕(持經功德)'이라고 하는가? 그것은 바로 능히 아집을 파제하고, 또한 능히 경전을 받아 지님으로써 더욱 법성의 공덕을 철저히 깨닫는 것이다. 석가모니 부처님께서 말씀하셨다:

> 수보리여(須菩提)! 만약 선남자 · 선여인(若有善男子 · 善女人)이
>
> 아침나절에(初日分): 갠지스강의 모래알과 같은 수의 몸으로 보시하고(以恒河沙等身布施);
>
> 점심나절에(中日分): 또 갠지스강의 모래알과 같은 수의 몸으로 보시하고(復以恒河沙等身布施);
>
> 저녁나절에(後日分), 역시 갠지스강의 모래알과 같은 수의 몸으로 보시한다고 해보자(亦以恒河沙等身布施).
>
> 이와 같이 한량없이 백천만억겁을(如是無量百千萬億劫) 몸으로써 보시한다(以身布施).

30) 이하에서의 경전 인용문은 별도의 표기가 없는 한, 제15「持經功德分」을 그 출처로 한다.

석가모니 부처님께서 수보리에게 말씀하신 내용은 다음과 같다: "수보리여! 만일 선남자나 선여인이 하루 동안 아침에 갠지스강의 모래알만큼 많은 몸을 보시하고, 낮에도 또 갠지스강의 모래알만큼 많은 몸을 보시하고, 저녁에도 갠지스강의 모래알만큼 많은 몸을 보시하며, 한 사람이 만일 백 · 천 · 만 · 억 겁난의 오랜 시간을 능히 감당하면서 하루에 세 차례 모두 그와 같이 목숨으로써 보시할 수 있다면, 그 자체로 마땅히 보시의 복을 얻을 것이다."

석가모니 부처님께서 계속 말씀하셨다:

만일, 또 어떤 사람이 이 경전을 듣고(若復有人聞此經典) 믿는 마음이 바뀌지 않으면(信心不易) 그 복이 저것(바로 위의 몸 보시)보다 뛰어나니라(其福勝彼). 하물며 글씨로 쓰고 받아 지니고 읽고 외우며(何況書寫 · 受持 · 讀誦), 다른 사람을 위해 풀어서 말해주는 것이야 어떠하겠느냐(爲他人解說).

수보리여(須菩提)! 요약해서 말하면(以要言之) 이 경은 생각하거나 말로 표현할 수 없는(是經有不可思議), 잴 수도 없는(不可稱量) 끝없는 공덕이 있느니라(無邊功德).

석가모니 부처님께서 말씀하셨다: "만약 어떤 사람이 이 경전을 듣고서 독실히 믿어 거스르지 않는다면, 그럼 이 사람이 받는 복덕이 앞에서 말한 목숨으로 보시한 사람보다 더 뛰어난데, 하물며 손으로 쓰고 입으로 외우며 다른 사람을 위해 이 경의 뜻을 해설해 준다면 어떠하겠는가. 그는 자신이 자기 성품(自性)을 분명하게 알 뿐만 아니라, 사람들마다 자성을 분명하게 알 수 있도록 해준다. 이렇게 선근이 순수히 무르익어 그가 얻는 바의 복덕이 한량없음은 더 말할 필요도 없다.

수보리여, 요컨대 이 경전으로 얻는 복덕은 생각할 수도 입으로 표현할 수도 없고 어떤 단위로 양을 잴 수도 없는, 실로 무한한 공덕이 있기 때문이다."

석가모니 부처님께서 말씀을 이으셨다:

여래는 대승의 마음을 낸 자를 위해 말하고(如來爲發大乘者說), 최상승의 마음을 낸 자를 위해 말하니라(爲發最上乘者說). 만약 어떤 사람이 능히 이 경을 받아들여 지니고 읽고 외우며(若有人能受·持·讀·誦), 널리 사람들을 위해 말해 준다면(廣爲人說) 여래가 이 사람을 다 알고(如來悉知是人), 이 사람을 다 보시나니(悉見是人) 모두 헤아릴 수 없고(皆得成就不可量) 잴 수 없으며(不可稱), 끝이 있지 않은(無有邊) 생각을 할 수도, 말로 표현할 수 없는 공덕을 성취하느니라(不可思議功德). 이와 같은 사람들은(如是人等) 곧 여래의 아뇩다라삼먁삼보리를 갖게 될 것이로다(卽爲荷擔如來, 阿耨多羅三藐三菩提).

석가모니 부처님께서 다음과 같이 말씀하셨다: "내가 너희들

에게 말한 이 경은 우리들로 하여금 능히 본성을 묘하게 작용시키도록 해주며, 대승 보살의 최상승이기에 나는 대승인들이 스스로 깨우칠 수 있도록 이 진공의 묘를 설명하는 것이다. 또, 최상승의 사람들이 스스로 깨닫도록 하기 위해 이 반야의 법을 설명하는 것이다.

만약, 큰 지혜의 근기를 가진 사람이 이 대승경전을 지니고 광범위하게 다른 사람을 위해 그 묘한 종지를 분명하게 밝히고, 부처의 종지에 계합함으로써 성취하는 바의 공덕을 나는 모두 알 뿐 아니라 전부 보기도 한다. 그러한 사람은 이미 그 공덕을 성취할 수 있어 족히 여래의 무상보리(無上菩提) 정법(正法)을 담당할 수 있다."

무엇 때문이겠느냐(何以故)? 수보리여(須菩提)! 소승법을 좋아하는 자들이라면(若樂小法者) 자아라는 견해, 인간이라는 견해, 중생이라는 견해, 목숨이라는 견해에 집착해(着我見 · 人見 · 衆生見 · 壽者見), 즉 이 경을 듣지도 받아들이지도 읽지도 외우지도 못하고 남에게 해석해 주지도 못하느니라(卽於此經不能聽 · 受 · 讀 · 誦, 爲人解說).

석가모니 부처님께서 또 질문하셨다: "왜 그런지 알겠느냐? 수보리여! 소승법을 좋아하는 사람은 망심에 매어 자아 · 인간 · 중생 · 수명 등의 사적인 견해에 집착하지 않을 수 없어, 이 대승의

최상승법에 대해서 이해하지 못하기 때문이다. 즉, 이 대승의 경전을 듣지도, 받아들이지도, 독송하지도 못할 뿐 아니라, 다른 사람들을 위해 해설해 주기는 더더욱 불가능하기 때문이다."

어떤 사람이 능히 이 경을 이해하고 다른 사람을 위해 설명해 준다면, 또 어떻게 될까? 석가모니 부처님께서 말씀하셨다:

수보리여(須菩提)! 곳곳에(在在處處) 만일 이 경이 있다면(若有此經), 일체 세간의 하늘 · 사람 · 아수라(一切世間 · 天 · 人 · 阿修羅)가 마땅히 공양할 것이로다(所應供養). 마땅히 알아야 할 것은 이곳이(當知此處) 곧 탑이니(卽爲是塔) 모두 마땅히 공경하며(皆應恭敬), 예를 갖추어 주위를 돌고(作禮圍繞), 여러 꽃과 향기를(以諸華香) 그곳에 뿌려야 하느니라(而散其處).⑮

석가모니 부처님께서 수보리에게 말씀하셨다: "어떤 사람 어떤 곳이든 관계없이 이 경을 해석하고 설명한다면, 천상(天) · 인간(人) · 아귀(鬼) · 아수라(神) 할 것 없이 모두 모여서 법신을 호위하고 공양할 것이다. 이 경전이 소재하는 곳이 곧 부처의 탑이 있는 곳과 동일하다는 것을 알아서 모두가 법신을 존경해야 하고 예를 갖추어 주위를 돌아야 하며, 향기 있는 꽃을 가지고 이곳에 와서 공양해야 한다."

여기서 말하는 "대승의 마음을 내는 이를 위해 말하고(爲發大乘者說), 최상승의 마음을 내는 이를 위해 말한다(爲發最上乘者

說)"란 바로 공자가 말한 "분발하지 않으면 깨우쳐주지 않고(不憤不啓), 애써 표현하지 않으면 표현하도록 해주지 않는다(不悱不發). 한 귀퉁이를 들어줄 때 세 귀퉁이로써 대답하지 않으면(擧一隅而不以三隅反) 더 계속하지 않는다(則不復也)"[31]는 교학 방법이다.

'분(憤)'은 마음으로 통하려 애쓰는데 뜻대로 되지 않는다는 뜻이다. '계(啓)'는 그 의미를 열어 알게 된다는 뜻이며, '비(悱)'는 입으로 말하고자 하지만 표현하지 못함을 이른다. '발(發)'은 그 말을 표현해낸다는 뜻이며, '우(隅)'는 귀퉁이로 네모진 물건으로 말하는데 네 개의 모퉁이와 여섯 개의 면이 있다. '불복(不復)'은 더 이상 가르치지 않는다는 말이다. 이 말을 해석하면 다음과 같다.

제자가 마음속으로 분명하게 이해하고자 애를 쓰는데 이해에 이르지 못한 것이 아닌 한, 나는 그를 깨우쳐주지 않는다. 말로 표현하고 싶은데 표현해내지 못하는 것이 아닌 한, 나는 그에게 어떻게 해야 하는지는 알려주지 않는다. 만일 그에게 모서리 하나를 들어서 보여주었는데도 그가 나머지 세 모서리를 추리해내지 못한다면, 나는 더 이상 그를 가르치지 않는다. 그에게 가르쳐주지 않는 것이 바로 그를 가르치는 것이며, 그를 반성하도록 이끄는 것이다.

31) 『논어』「述而」.

만일 이와 같이 철저한 큰 깨달음이 있는 사람이라면 그는 중생을 위해 봉사할 수 있고, 그럼으로써 세상을 이롭게 할 수 있다. 어느 곳이 정토인가? 여기가 정토다. 누가 부처인가? 우리가 곧 부처다. 어디에 탑이 있는가? 바로 우리의 마음속에 있다.

8. '과보는 셀 수 없음(果報無數)'의 비유[32)]

무엇을 '업장을 능히 맑게 함(能淨業障)'이라 하는가? 그것은 바로 "지난 세상(先世)의 업이 인연을 만나면 즉시 발하고, 금생(今世)의 업이 망령된 경계에 의해 미혹되면 여전히 말세다"라는 뜻이다. 선세(先世), 금세(今世), 말세(末世)의 '삼세(三世)'를 분명히 이해하기 전에, 먼저 이 '삼세'의 변화과정부터 살펴보자.

공자는 인생을 15세, 30세, 40세, 50세, 60세, 70세 여섯 단계로 나누었다. 여기서 다음과 같이 가정해 보자. 30세 이전까지를 선세(先世)로, 50세 이전까지를 금세(今世)로, 70세 이전까지를 말세(末世)라 하고, 이것은 또 어제를 선세, 오늘을 금세, 내일을 말세로 간주하는 것과도 동일하다고 가정해 보자.

이것이 곧 전생(前生), 금생(今生), 내생(來生)인 삼세(三世)다. 이것은 단지 일종의 변화이며, 비유로써 제자들을 가르치는 방법일 뿐이다. 여기서 한번 깊이 생각해 보자. 어떻게 오늘까지

---

32) 이 비유는 제16 「能淨業障分」에 나온다. 별도의 표기가 없는 한, 경전 원문의 인용문은 이곳을 출처로 한다.

살아왔는가? 다양하고도 수많은 고통, 인내, 분투를 거쳐 힘겹게 지금에 이르지 않았는가? 큰 성공이나 큰 업적을 이룬 사람과 성자가 되고 부처가 된 위대한 보살님 모두 이러한 과정들을 거쳤다. 석가모니 부처님께서 말씀한 것을 다시 한번 확인해 보자:

또한(復次) 수보리여(須菩提)! 선남자 · 선여인(善男子 · 善女人)이 이 경을 받아들여 지니고 읽고 외우고(受 · 持 · 讀 · 誦此經) 나서도 만약 다른 사람들에게 가벼이 여겨지거나 천대받는다면(若爲人輕賤), 이 사람은 앞선 세상의 죄업으로(是人先世罪業) 악도에 떨어진 탓이니라(應墮惡道). 하지만 지금 세상에서 사람들에게 가벼이 여겨지거나 천대받는 것으로써(以今世人輕賤故) 앞선 세상의 죄업이(先世罪業) 곧 사라지고(卽爲消滅), 마땅히 아뇩다라삼먁삼보리를 얻을 것이니라(當得阿耨多羅三藐三菩提).

여기서 먼저 '악도(惡道)'가 무엇인지 설명할 필요가 있다. 이는 반드시 불교의 해석에 따라야만 하는 것은 아니다. 그건 단지 하나의 가설이기 때문이다. 우리가 말하는 '악도'라는 이 명사는 당시에 번역한 용어로 약간의 부적절함이 있다. 현대적 언어로 말하면 자신이 해서는 안 되는 일을 하여 공공의 이익을 해쳤다거나, 다른 사람에게 상해를 입혔다면, 이는 죄를 범한 것으로 당연히 법의 심판을 받아야 한다. 그러나 석가모니 부처님께서는 뜻을 세워 뉘우치고 고치면 된다고 말씀하셨다.

석가모니 부처님께서는 수보리에게 다음처럼 말씀하셨다: "선남자 · 선여인이 비록 이 경을 받아 지녀 읽고 외울지라도 상천(天) · 사람(人)의 공경을 얻지 못하고, 도리어 사람들에게 사회적 지위가 없다고 우습게 여겨지거나 무시당한다. 이것은 무엇 때문인가? 그것은 그 사람이 '전생(先世)'에, 즉 30세 이전까지 열심히 공부하지 않았기 때문이다. 그러므로 그는 잘하는 것이 한 가지도 없으며, 정당한 직업 없이 사회에 자리를 잡지 못하고 오히려 잘못을 범하는 등, 결국 더 많은 고통을 당하고 온갖 고난을 겪는 것이다.

지금부터라도 뜻을 세워 배워야 한다. 참다운 사람이 되도록 배우고 정당한 직업을 갖도록 배워야 한다. 이것이 이른바 '금생(今世)'이다. 즉, 지금부터라도 50세 이전까지 이 경을 잘 지니고 열심히 수행을 한다면, 과거에 범한 잘못을 경감시킬 수 있고 천천히 사회에 받아들여져 설령 사회적인 지위가 없고 자리를 못 잡았을지라도 더 이상 남에게 무시당하지 않을 것이다. 오로지 뜻을 세워 배운다면 무상정등정각의 보리심을 얻을 수 있다."

공자는 "잘못이 있으면 고치기를 꺼리지 말라(過則勿憚改)"[33]고 했다. '탄(憚)'은 두려워한다는 뜻으로, 즉 잘못이 있으면 고치기를 두려워하지 말라는 것이다. 또, "이미 지나간 일은 탓하지 않는다(旣往不咎)"[34]고 말했다. 이미 지나간 일은 더 이상 추궁

33) 『논어』「學而」.

34) 『논어』「八佾」.

하지 말고, "사람은 자기를 깨끗이 하여 바른 길로 나아가면(人潔己以進), 그 깨끗이 함을 인정하여(與其潔也) 그의 지나간 일에는 연연해 하지 않는다(不保其往也)"[35]라고 하셨다.

즉, 사람이 이미 자기 몸을 깨끗이 하고 스스로를 향상시키려 한다면 그의 좋은 뜻을 칭찬해 허락하는 것이지, 그의 모든 과거를 다 보증하는 것이 아니라고 말한 것이다. 석가모니 부처님께서는 교육자로서 비유를 들어 제자들을 교화했는데, 이는 공자와도 같다. 석가모니 부처님께서는 또 자신의 경험에 비추어 제자들을 가르친다.

> 수보리여(須菩提)! 내가 과거의 한량없는 아승기겁[36] 동안을 생각해 보니(我念過去, 無量阿僧祇劫), 연등불을 뵙기 전에(於燃燈佛前) 팔백사천만억 나유타[37]의 여러 부처님을 만나(得値八百四千萬億那由他諸佛)[38] 모두 다 공양하고 받들어 섬기며(悉皆供養承事), 헛되이 보낸 적이 없었느니라(無空過者).

---

35) 『논어』 「述而」 편에 나온다. 이 책에서는 인용문의 마지막 구절이 '不保其德也'로 되어 있다. 그러나 원문에는 '德'이 아니라 '往'자를 써서 '不保其往也'다. 『논어』 원문에 따라 고쳤다.

36) '阿僧祇劫'은 헤아릴 수 없는 시간을 뜻하는 산스크리트어 'asaṃkhyeya-kalpa'의 음역이다.

37) '나유타'는 지극히 큰 수를 나타내는 산스크리트어 'nayuta'의 음역이다.

38) 본서에는 '萬'자가 없는데, 무진장불교문화연구원 편 『금강경』 원문에 따라 '만'자를 넣었다.

여기의 '아승기(阿僧祇)' · '나유타(那由他)' 두 명사 모두 무량한 수, 즉 얼마나 되는지를 알 수 없다는 뜻을 갖고 있다. 석가모니 부처님께서는 수보리에게 말씀하셨다: "내가 이전에 학습하던 과정을 생각해 보면 얼마나 많은 헤아릴 수 없는 겁난을 겪었는지 모르겠다! 내가 연등불을 만나기도 전에 이미 헤아릴 수 없이 무수히 많은 부처님께 공양했었고, 아울러 부처님마다 모두 존중하며 전심전력으로 공양하지 않은 적이 한 차례도 없었다. 만일 숫자로 통계해 본다면 대략 팔백사천만억이나 되는 많은 부처님께 법을 배웠다."

석가모니 부처님께서는 "배우는 데 싫증내지 않고(學不厭) 가르치는 데 게으르지 않은(誨不倦)"[39] 그러한 분이 아닌가? "공양하여 받들어 섬기고(供養承事) 헛되이 보낸 적이 없다(無空過者)"란 마치 부모님에게 효도하듯이, 스승에게 효도하고 의복 · 음식 · 침구 · 탕약을 줄곧 공양했다는 말이다. 석가모니 부처님께서는 자신이 어떻게 자기 스승님을 공양했고 어떻게 그들의 제자가 되었으며, 스승님에게 배울 때 감히 거리낌 없이 함부로 하지 않았으며, 헛되이 시간을 보내지도 않았다고 말씀하셨다.

석가모니 부처님께서는 이와 같이 부지런히 배우고 정진하며 겸허하면서도 배움에 집중했다. 공자는 다음처럼 말했다: "민첩하고 배우기를 좋아하며(敏而好學) 모르는 것이 있으면 아랫사

---

39) 『논어』 「述而」 편에 나오는 말로 원문은 "學而不厭(배우는 데 싫증내지 않았고), 誨人不倦(사람들을 가르치는 데 게을리하지 않았다)"이다.

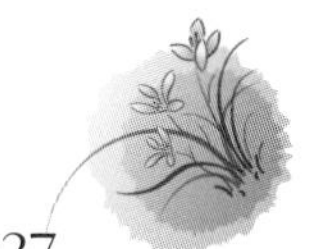

람에게 묻기를 수치스럽게 여기지 않는다(不恥下問)."[40] "배움에 빠지면 밥 먹는 것도 잊어버리고(發憤忘食), 배움의 즐거움으로써 근심거리를 잊고(樂以忘憂), 늙음이 찾아오는 것조차 모른다(不知老之將至云爾)!"[41]

또, "세 사람이 함께 길을 가면(三人行) 거기에는 반드시 나의 스승이 있다(必有我師焉). 그 가운데 좋은 점을 택해 그것을 따르고(擇其善者而從之), 좋지 않은 점은 바로잡는다(其不善者而改之)"[42]고 하였으며, 공자도 이와 같고 석가모니 부처님께서도 이와 같다. 그래서 후세 사람들이 그들을 '영원한 스승의 본보기(萬世師表)'라고 찬미하는 것이다.

만약, 또 어떤 사람이 다음 말세(若復有人於後末世)에 능히 이 경을 받아 지니어 읽고 외워(能受 · 持 · 讀 · 誦此經) 얻는 바의 공덕(所得功德)은, 내가 여러 부처님께 공양한 공덕으로는(於我所供養諸佛功德) 백분의 일도 미치지 못하고(百分不及一), 천만억분의 일에도 미치지 못하며(千萬億分), 산수의 비유로도(乃至算數譬喩) 미칠 수 없느니라(所不能及).

석가모니 부처님께서는 제자를 격려하면서 말씀하셨다: "만일

40) 『논어』 「公冶長」.

41) 『논어』 「述而」.

42) 상게서.

어떤 사람이 미래의 시대에 능히『금강경』을 받아들여 지니고 읽고 외운다면, 그럼 이 사람이 얻는 공덕은 내가 당시에 수천만 억의 부처님을 공양한 공덕과 비교해도 그야말로 엄청나게 크다! 정말이지 나의 공덕은 백분의 일에도 미치지 못하고 백천만 억분에도 비교할 수 없다. 만일 그 숫자를 구체적으로 설명한다면 갠지스강의 모래알 수로 비유해도 계산이 되지 않는다."

『금강경』은 석가모니 부처님 자신이 학습한 과정에서 얻은 경험을 기록한 것이다. 그가 이전에 좇아다닌 스승님들은 결코 그를 가르친 적이 없다. 달리 말해서 석가모니 부처님께서는 이미 배우기를 그만둘 수가 없었다. 푸른색은 남색에서 나오지만 남색보다 푸르다. 얼음은 물로 이루어진 것이지만 물보다 차갑다.

석가모니 부처님께서는 이미 자기 스승님을 뛰어넘었다. 이것은 마치 부모된 자가 자기 자식이 자신들보다 뛰어나기를 바라지 않는 사람은 아주 드물고, 대다수의 부모들은 언제나 자기 자식들이 자신들보다 나아지기를 바라고 크게 성취하기를 바라는 것과 같다. 마찬가지로 스승이 된 자도 자기의 제자가 자신보다 뛰어나기를 바라지 않는 경우는 매우 드물고, 대부분의 스승은 자기의 제자가 자신보다 더 큰 업적을 세우기를 바란다.

그러나 현재의 사람들은 오직 석가모니 부처님만을 숭배만 할 뿐이지 어떻게 뛰어넘을 것(靑於藍, 寒於水)인가에 대해서는 생각하지 않는다. 부모된 자, 스승된 자가 이에 대해 기뻐하겠는

가? 또 기뻐할 만한 일인가? 석가모니 부처님께서 기뻐하시겠는가? 오직 숭배만 하는 것은 소용없고, 방법을 생각해 열심히 "밥 먹는 것조차도 잊고 노력해야(發憤忘食)" 할 것이다!

공자가 안회(顔回)에 대해서 "애석하도다(惜乎)! 나는 그가 정진하는 것을 보았지(吾見其進也) 그가 멈추는 것을 본 적이 없다(未見其止也)"[43]라고 말했는데, 이런 제자는 정말 대단한 사람이다. 석가모니 부처님께도 십대 제자가 있고 모두 대단한 수행과 업적으로 알려져 있지만, 그러나 "청출어람(青出於藍, 氷寒於水)"은 아직 보지 못했다. 혹시 있을지는 몰라도 본 적은 없다.

수보리여(須菩提)! 만일 선남자 · 선여인(若善男子 · 善女人)이 다음 말세에 이 경을 받아 지니고 읽고 외워서(於後末世有受 · 持 · 讀 · 誦此經) 얻는 공덕을(所得功德) 자기 스스로 모두 말한다면(我若具說者), 혹 이 말을 듣는 다른 어떤 자(或有人聞)는 마음이 산란하고 미혹하고 의심스러워해 믿지 않으리라(心郎狂亂 · 狐疑 · 不信).

수보리여(須菩提)! 마땅히 알아야 할 것은 이 경의 뜻을 생각으로도 말로도 미칠 수 없고(當知是經義不可思議), 과보 또한 생각으로도 말로도 미칠 수 없다는 점이다(果報亦不可思議). ⑯

43) 『논어』 「子罕」.

석가모니 부처님께서 수보리에게 말씀하셨다: "만일 선남자나 선여인이 말세 세상에서 능히 이 『금강경』을 받아 지니고 읽고 외운다면, 이런 사람이 얻는 공덕이 얼마나 큰지에 대해서 스스로가 일일이 다 말하고 다닌다면, 혹 들은 어떤 사람은 그것을 듣고서 마음이 혼란스러워 말하는 자의 이치(道理)가 이상하거나 우습기까지 한(怪談滑稽) 것으로 의심하고 믿지 않을 것이다. 수보리여! 이 『금강경』의 뜻은 불가사의한 것이고, 과보 역시 불가사의하다는 것을 너는 마땅히 알아야 한다."

우리는 이미 이 『금강경』을 읽었다고 해서 이 경전의 의미[經義]가 무엇인지 안다고 생각해서는 안 된다. 여기의 '의(義)'는 곧 도리(道理)다. 이 의라는 도리는 언어[文辭]의 뜻을 이해했다고 해서 곧 이해한 것으로 간주할 수 있는 그런 것이 아니다. 이 경전의 의미(經義)를 알려면 일반적인 지식이나 학문적인 보통의 지식이 아니라, 생생불식의 형이상의 학문을 연설하는 데 있다. 생생불식이라니? 우주 대도는 생생불식하는 것으로 생하고(生) 생하며(生) 다시 생하고(再生), 멈추지 않고(不息) 멈추지 않으며(不息) 다시 멈추지 않고(再不息) 이와 같이 변화하는데, 이것이 그 자체가 가지고 있는 생명이다.

우주 대도는 선세(先世) · 금세(今世) · 말세(末世)의 '삼세(三世)'를 구분해서 말하지 않는다. 대도에는 역사가 없는데 어떻게 선세 · 금세 · 말세가 있겠는가? 단지 말하는 자가 비유를 들어서 교제로 삼을 뿐이다. 우주에도 어제 · 오늘 · 내일의 구분은 없

다. 단지 천문학적인 구분일 따름이다. 일세(一世)는 30년이고, 세 개의 '삼세(三世)'는 다수나 한량없는 수의 변화운행을 상징하고 이것이 바로 우주 대도 생성변화(生化)의 원리다.

제3절 '구경무아(究竟無我)'의 대개념

1. '구경무아'의 비유[44]

무엇을 '궁극의 무아(究竟無我)'라 하는가? 그것은 바로 인공(人空), 법공(法空)으로 철저하게 나 없음(無我)을 단박에 깨닫는다(頓悟)는 뜻이다. 이 제3절은 『금강경』 32분의 나중 절반으로 앞의 절반은 16분까지다. 16이라는 숫자는 마침 『주역』의 2 · 8 · 16이라는 분류수의 수리철학(數理哲學)과 같다.

지금 제3절부터 제4절에 이르기까지도 2 · 8 · 16의 수리(數理)다. 두 개의 수리를 더하면 곧 4 · 8 · 32의 32상과 동일하고, 무궁한 수의 변화에 이른다. 무엇을 '구경(究竟)'이라 하는가? 아난이 또 기록하였다:

44) 제17「究竟無我分」의 주제를 이룬다. 별도의 표기가 없는 한, 이하에서의 원전 인용문은 모두 이곳을 출처로 한다.

이때(爾時) 수보리가 부처님께 아뢰었다(須菩提白佛言): 세존이시여(世尊)! 선남자 · 선여인(善男子 · 善女人)이 아뇩다라삼먁삼보리심을 내고서(發阿耨多羅三藐三菩提心) 어떻게 머물러야 하며(云何應住), 어떻게 그 마음을 항복시키오리까(云何降伏其心)?

그때 수보리가 다시 부처님께 가르침을 청해 물으셨다: "세존이시여! 선남자 · 선여인들이 이미 보리심을 내었으면 이들은 또 어떻게 해야 항상 보리심을 지킬 수 있으며, 또 어떻게 해야 자신의 망념을 다스릴 수 있습니까?" 여기의 '수보리'는 우리와 똑같은 일반적인 사람이다.

수보리의 입장에서 물은 것이 아니라, 수보리가 선남자 · 선여인을 대신하여 물은 것이다. 즉, 이것은 똑같이 의심하고 믿지 못하는 잘못된 관념을 가진 것으로, 수보리 자신이 의심하는 것이 아니라 선남자 · 선여인이 의심하는 것이다.

우리의 스승님이시여! 당신께서는 도대체 무슨 말씀을 하시나이까? 여기서의 '도대체(究竟)'[45]란 무엇일까? 우리는 아직 수보리가 석가모니 부처님의 설법을 들을 때 감동되어 흐느껴 운 것을 기억할 것이다. 그것은 스승님이 말씀한 우주 대도가 참되지

45) 저자는 불교의 전문 용어인 '究竟'과 현대 중국어에서 부사로 사용되고 있는 '究竟'을 겹쳐서 사용하고 있다. 여기서는 바로 앞에서 '究竟'이라는 말을 쓴 것에 이어서 사용하고 있기에, 부사로 사용하고 있는 현대 중국어로 읽었다. 그래서 '(도)대체'라는 번역어를 썼다.

도 않고 허망하지도 않다(無實無虛)는 것을 수보리가 진정으로 믿었음을 나타내는 것이 결코 아니다. 그가 흐느껴 운 것은 정서적인 것으로 지혜와는 직접적인 관련이 없다. 그래서 석가모니 부처님에게는 천여 명의 제자가 있지만, 결국 대도를 진정으로 믿은 제자는 열 명에 불과할 뿐이었다.

이 열 분 중에서 위대한 성취를 이루어 '청출어람(靑出於藍)하고, 빙한어수(氷寒於水)'해서 자기 스승님을 뛰어넘은 자가 있었는가? 거의 들어본 적이 없다.

수보리가 이번에 질문한 것은 비록 제2분에서 물은 것과 동일한 문제지만, 석가모니 부처님께서 대답한 방식에는 차이가 있다. 석가모니 부처님께서는 제2분에서 '잘 염려해 보호함(善護念), '마땅히 이와 같이 머무름(應如是住)'으로 대답했고 여기서의 대답은 다음과 같다:

석가모니 부처님께서 수보리에게 말씀하셨다(佛告須菩提): 만일 선남자 · 선여인이 아뇩다라삼먁삼보리의 마음을 내면(若善男子 · 善女人發阿耨多羅三藐三菩提心者),[46] 마땅히 이러한 마음을 낼 것이로다(當生如是心): 나는 마땅히 일체의 중생을 열반에 이르도록 제도하리라(我應滅度一切衆生); 일체의 중생을 열반에 이르도록 제도했지만(滅度一切衆生已) 한 중생도 실로 제도한 적이 없느니라(而無有一衆生實滅度者).

무엇 때문이겠느냐(何以故)? 수보리여(須菩提)! 만약 보살에게

아상 · 인상 · 중생상 · 수자상이 있다면(若菩薩有我相 · 人相 · 衆生相 · 壽者相), 곧 보살이 아니기 때문이니라(卽非菩薩).

가장 다른 한마디는 바로 "마땅히 이와 같은 마음을 내어야 한다(當生如是心)"는 것이다. '이와 같은 마음(如是心)'이란 어떠한 마음일까? 그것은 바로 큰 뜻을 세우고 큰 서원을 내어 천하의 모든 중생을 제도하는 것이다. 석가모니 부처님께서 수보리에게 말씀하셨다. "보리심은 본시 사람마다 모두 족히 갖추어져 있다. 그런데 어째서 중생들이 쉽게 제도되지 않는가? 왜냐하면 그들은 번뇌 · 망상 · 취사(取捨) · 탐진 · 질투, 그리고 아상 · 인상을 비롯한 4상 등 모든 세속적인 오염(塵染)에 의해 가려져 있기 때문이다.

그렇다면 이미 보리심을 낸 사람은 마땅히 큰 뜻을 세우고, 큰 서원을 내어 진염(陳琰)에 가려진 중생들이 모든 번뇌에서 벗어나도록 제도해야 한다. 이른바 '무욕(無欲)'하면 마음을 머물게 할 수 있고, 또한 망심을 항복시킬 수도 있다. 내가 말하는 '멸도(滅度)'란 그들의 진실한 성정을 알려주어 그들로 하여금 스스로 깨닫고, 스스로 멸도에 이르게 하는 것에 불과하다.

나는 밖으로는 멸도한 중생을 보지 않고, 안으로는 능히 멸도

46) 본서에는 '若'자가 없는데 무진장불교문화연구원 편 『금강경』 원문에 따라 '若'자를 넣었다.

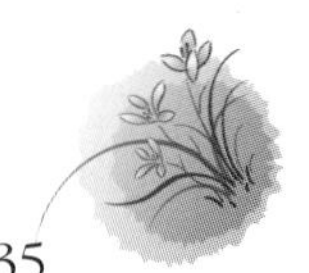

하는 나를 보지 않는다. 중생이 이미 성품의 진실함을 보았다면, 반야가 스스로 비추어 항상 머물며 사라지지 않는다. '구경(究竟)'을 말하면 실로 내가 멸도에 이르게 한 중생은 하나도 없다.

왜 그러하느냐? 수보리여! 왜냐하면 도를 배우는 보살이 만약 중생을 멸도에 이르게 하는 마음을 갖고 있다면, 아직도 '아(我)·인(人)'의 4상을 갖고 있는데 어떻게 보리심을 내고, 또 어떻게 보살이라고 부를 수 있겠는가?"

> 그 까닭이 무엇이겠느냐(所以者何)? 수보리여(須菩提)! 실로 법이 있지 않기에(實無有法), 아뇩다라삼먁삼보리의 마음을 내는 것이니라(發阿耨多羅三藐三菩提心者).

이것은 또 무엇 때문인가? 수보리여, 너는 아느냐? 그 원인은 바로 '성품이 본래 공적하다(性本空寂)'는 데 있다. 즉, 이 마음을 내는 사람은 스스로 닦고 스스로 깨달아서 그렇게 된 것이고, 참다운 성품[眞性]에는 진실로 보리심을 내는 법을 가지고 있지 않기 때문이다. 다시 말해서 철저하게 대오(大悟)한 사람은 곧 하나의 법도 없고, 어떤 것을 도라고 부를 것이 없음을 깨닫는다. 만일 우리가 하나의 법을 얻었고 하나의 도를 얻었다고 느낀다면, 그것은 이미 틀린 것이고 '4상'에 집착된 것이다.

무엇을 '멸도(滅度)'라고 하는가? 멸도란 곧 일체의 괴로움을

떠난 것이며, 궁극(究竟)의 즐거움을 얻은 것으로 적멸하고 청정한 경계로 들어선 것이다. 이 경계는 열반을 형용하기도 하고 우주 대도로 회귀했음을 뜻한다.

마땅히 이와 같은 마음을 내어 큰 뜻을 세우고 천하의 중생들을 구제하며, 마음속에 어떠한 생각도 남기지 않아 대공무사(大公無私)하고 천하를 모두의 것으로 여긴다(天下爲空). 이러한 '마음(心)'이 없다면 어떻게 보살이라고 할 수 있는가? 어떻게 대장부라 하겠는가!

수보리여(須菩提)! 네 생각은 어떠하느냐(於意云何)? 여래가 연등불의 처소에서(如來於燃燈佛所), 아뇩다라삼먁삼보리의 법을 얻은 것이 있었겠느냐(有法得阿耨多羅三藐三菩提不)?

수보리가 아뢰었다.

아니옵니다(不也). 세존이시여(世尊)! 제가 부처님께서 말씀하신 뜻을 이해한 바로는(如我解佛所說義): 부처님은 연등불 처소에서(佛於燃燈佛所) 아뇩다라삼먁삼보리의 법을 얻은 것이 없사옵니다(無有法得阿耨多羅三藐三菩提).

석가모니 부처님께서 말씀하셨다(佛言): 이러하고(如是), 이러하느니라(如是). 수보리여(須菩提)! 실로 법을 가지고 있지 않기에

(實無有法) 여래가 아뇩다라삼먁삼보리를 얻은 것이니라(如來得阿耨多羅三藐三菩提).

석가모니 부처님께서 또 수보리에게 물으셨다: “네가 생각하기에 내가 연등불 스승님을 만났을 때 스승님으로부터 보리심의 법(菩提心法)을 배웠거나 얻은 것이 있었겠느냐?”

수보리가 아뢰었다: “없습니다. 세존이시여! 보리심을 배울 수 있거나 얻을 수 있는 방법은 없습니다. 왜냐하면 보리심은 완전히 자기의 성품(自性)이고 스스로 깨닫는 것(自悟)이기 때문입니다. 비록 스승님께서는 연등불이 계신 곳에서 학습했지만, 보리심의 법을 얻을 수 있는 방법이 없습니다.”

석가모니 부처님께서는 제자인 수보리의 대답을 들으시고 다음과 같이 말씀하셨다: “바로 그러하고, 그러하다. 수보리여! 진실로 네가 말한 바와 같이 실제로 무상정등정각(無上正等正覺)의 보리심을 얻을 수 있는 법이 없다.” 왜 그런지 아느냐? “이러하고(如是), 이러하다(如是)”란 그렇다는 말을 반복한 것이다. 도대체 어떻다는 것인가? 만일 이러하지 않다면 또 어떻다는 것인가?

석가모니 부처님께서 말씀하셨다.

수보리여(須菩提)! 만약 법이 있어 여래가 아뇩다라삼먁삼보리를 얻었다면(若有法如來得阿耨多羅三藐三菩提者) 연등불이 곧 나에게 다음처럼 수기하지 않았을 것이니라(燃燈佛卽不與我授記): 너는 오는 세상에서(汝於來世) 마땅히 부처가 되고(當得作佛) 석가모니로 불린 것이로다(號釋迦牟尼). 실로 법이 있지 않기에(以實無有法) 아뇩다라삼먁삼보리를 얻는 것이고(得阿耨多羅三藐三菩提), 이 때문에 연등불이 나에게 수기해 주어(是故燃燈佛與我授記) 이런 말을 했느니라(作是言): 너는 오는 세상에서(汝於來世) 마땅히 부처가 되어(當得作佛) 석가모니라 불릴 것이니라(號釋迦牟尼).

무엇 때문이겠느냐(何以故)? 여래란(如來者) 곧 모든 법이 그대로라는 뜻이기 때문이니라(卽諸法如義).

석가모니 부처님께서 수보리에게 말씀하셨다: "만약 무상정등정각을 얻을 수 있는 법이 있다고 말한다면, 그렇다면 연등불이 나에게 '수기'하지 않고 그 자리에서 나에게 성불하는 법을 전해 주셨을 것이다. 연등불은 그래서 내세를 현기(懸記, 예언)[47]해 내가 성불할 것이며, 그리고 내세에 부처가 되어 석가모니라고 불릴 것이라고 미리 결정해 주었다.

무엇 때문인가? 왜냐하면 '여래'란 본성이 고요하고(寂然), 속세에 물들지도 집착하지도 않고 그 본래 그대로라는 뜻이기 때문이며, '석가모니'라 부르는 것이 가장 그 뜻에 부합하기 때문

47) '懸記'는 아주 멀리 있는 일에 대한 기록이라는 뜻이다. 그래서 저자는 괄호 속에 '預言'이라는 부가적인 언급을 했다.

이다."

석가모니 부처님께서 또 말씀하셨다:

어떤 사람이 말하길, 여래가 아뇩다라삼먁삼보리를 얻었다고 한다고 하느니라(若有人言如來得阿耨多羅三藐三菩提). 수보리여(須菩提)! 실제에는 법이 있지 않기에(實無有法) 부처가 아뇩다라삼먁삼보리를 얻은 것이니라(佛得阿耨多羅三藐三菩提). 수보리여(須菩提)! 여래가 얻은 아뇩다라삼먁삼보리(如來所得阿耨多羅三藐三菩提) 이 가운데에는 참된 것도 없고, 허망한 것도 없느니라(於是中無實無虛). 이 때문에 여래가 말하길, 일체법(是故如來說一切法)은 모두 부처의 법이라고 했느니라(皆是佛法). 수보리여(須菩提)! 말한 바의 일체법(所言一切法者)이란 곧 일체법이 아니기에(卽非一切法) 이 때문에 일체법이라 이름하느니라(是故名一切法).

석가모니 부처님께서 말씀하셨다. "어떤 사람이 여래가 이미 무상정등정각의 보리심을 얻었다고 말한다면 말한 그 사람이 틀린 것이다. 수보리여! 무엇 때문에 그가 틀렸다고 말했을까? 왜냐하면 실제로 이 보리심을 얻을 수 있는 방법이 없기 때문이다. 수보리여! 내가 말한 보리심은 평등한 진여(平等眞如)이고, 실상의 묘법(實相妙法)으로, 볼 수 있는 형체가 있을 수 없으며, 참됨도 없고(無實) 허망함도 없어(無虛) 언어로 형용할 수도 없다. 그래서 내가 말한 모든 법 중에서 오직 진여를 스스로 깨달을 수만 있다면, 그 모두를 부처의 법(佛法)이라고 칭할 수 있다.

그러나 수보리여! 법에 대해서 있다(有) · 없다(無)로 구애되어서는 안 된다. 우리가 말하는 일체의 법(一切法)은 실제적으로 결코 일체의 법이 아니다. 왜 그런가? 단지 하나의 명칭을 빌려와 그것을 일체법이라 칭할 뿐이기 때문이다."

이로부터 석가모니 부처님께서는 가슴(胸襟)이 모든 학술을 포용할 정도로 그렇게 엄청나게 크다는 것을 알 수 있다. 어떤 것이라도 모두 옳고, 어떤 것이라도 모두 아니다. 석가모니 부처님께서는 일체의 법을 부정했고, 그러면서도 또 일체의 법이 모두 부처의 법이라고 긍정했다. 우리가 진여를 스스로 깨닫기만 한다면 일체의 법이 모두 부처의 법이라는 말이다.

석가모니 부처님께서는 또 비유로써 질문하신다:

수보리여(須菩提)! 예를 들어서 사람의 몸을 길거나 크다고 할 수 있겠느냐(譬如人身長 · 大)?[48)]

수보리가 아뢰었다.

48) 저자는 이 구절을 의문문으로 읽고 있다. 반면에 무진장불교문화연구원 편 『금강경』에서는 본 구절을 석가모니 부처님께서 바로 앞의 구절을 이어받아 한 말로서 설명문으로 해석하고 있다. 즉, 이에 따라 번역하면, "예를 들어 사람의 몸을 길고 큰다고 하는 것과 같다"가 된다.

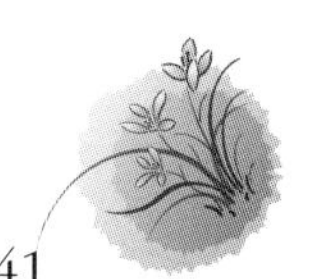

세존이시여(世尊)! 여래께서 사람의 몸이 길고 크다고 말씀하신 것은(如來說人身長 · 大), 곧 몸을 크다고 하신 것이 아니라(卽爲非大身) 이름을 큰 몸이라 하신 것이옵니다(是名大身).

'길다(長)'란, 높다(高) · 낮다(矮) · 길다(長) · 짧다(短)의 뜻이다. 석가모니 부처님께서는 비유로 수보리에게 질문하신 것이다: "예를 들어 어떤 사람이 있는데 그의 몸이 길면서도 크다면, 그는 정말로 그렇게 장대한 것인가?"

수보리가 아뢰었다: "세존이시여! 스승님께서 말씀하신 커다란 몸(大身)은 생멸이 있어 여전히 유한한 몸인데 어떻게 능히 그것을 '큰 몸'이라 부르겠습니까? 단지 하나의 명칭을 빌려 그것을 '큰 몸'이라 부르는 것에 불과할 뿐입니다."

석가모니 부처님께서 또 말씀하셨다:

수보리여(須菩提)! 보살 역시 이와 같느니라(菩薩亦如是). 만약 다음처럼 말한다면(若作是言): '내가 마땅히 한량없는 중생을 제도하리라'(我當滅度無量衆生) 이러면 곧 보살이라 이름하지 못하느니라(卽不名菩薩). 무엇 때문이겠느냐(何以故)? 수보리여(須菩提)! 실로 법이 있지 않으므로(實無有法) '보살'이라 이름한 것이니라(名爲菩薩). 이 때문에 부처가 말하기를, 모든 법(是故佛說一切法)에는 자아도 없고 사람도 없고 중생도 없으며, 목숨이란 것도 없다고 한 것이니라(無我 · 無人 · 無衆生 · 無壽者).

석가모니 부처님께서 말씀하셨다: "수보리여! 보살도 이와 같다. 진실로 이러하게 청정(眞如淸淨)해야 비로소 그를 보살이라고 할 수 있다. 중생을 제도하는 것은 본래 보살이 해야 할 일인데, 만일 자신이 보살이어서 마땅히 모든 중생을 멸도에 이르게 해야 한다는 생각에 집착하면 곧 '아상(我相)'의 관념을 가진 것이기 때문에 그를 '보살'이라 부를 수 없다.

수보리여! 왜 그런지 너는 아느냐? 왜냐하면 발심으로부터 중생제도에 이르기까지 중연의 화합으로 이루어지지 않은 것이 없기에, 실제로 그를 보살이 되게 한 그런 것을 얻을 수 있는 법이 없기 때문이다. 따라서 내가 모든 법에 아상 · 인상 · 중생상 · 수자상이 없으면 모든 법은 스스로 그러하게 모두 부처의 법이라고 말씀하셨다."

석가모니 부처님께서 또 비유로써 말씀하셨다:

수보리여(須菩提)! 만일 보살이 다음의 말을 한다면(若菩薩作是言): '나는 마땅히 부처님의 땅을 장엄히 해야 한다'(我當莊嚴佛土). 그럼 이 사람은 보살이라 이름하지 못하느니라(是不名菩薩). 무엇 때문이겠느냐(何以故)? 여래가 말하는 부처의 땅을 장엄히 한다는 것(如來說莊嚴佛土者)은 곧 장엄이 아니라(卽非莊嚴) 이름을 장엄이라 한 것이니라(是名莊嚴).

수보리여(須菩提)! 만약 보살이 자아와 법이 없음에 통달한다면(若菩薩通達無我法者), 여래가 참으로 보살이라 이름할 것이니라(如來說名眞是菩薩). ⑰

석가모니 부처님께서 말씀하셨다: "수보리여! 만약 보살이 말하기를 '내가 마땅히 불국토를 장엄히 꾸미면 곧 불탑이고 도량(道場)이다'라고 한다면, 이것은 곧 상에 집착하는 것으로 그를 보살이라 부를 수 없다. 왜 그런가? 왜냐하면 이른바 '불국토를 장엄한다'는 장엄하게 할 수 있는 사람도 없고, 장엄하게 할 수 있는 법도 없으며, 또한 실질적으로 말할 수 있는 장엄한 불국토가 없기 때문이다. 단지 장엄이라는 이름을 빌려 그것을 '장엄'이라 부를 뿐이다. 수보리여! 만일 보살이 철저하게 큰 깨달음을 얻어 무아(無我), 무법(無法)에 통달한다면 곧 그를 보살이라 부를 수 있다."

이로부터 다음과 같은 사실을 알 수 있다: 만일 어떤 사람이 보살이 되고자 한다면, 그는 무엇보다도 먼저 자신의 도량을 꾸며야 하는 것이 아니라, 무아 · 무법의 청정심을 행할 수 있어야 한다. 하나의 '도량(道場)'이 커보아야 얼마나 클 수 있겠는가?

맹자도 "공자께서 동산에 올라가서 노나라가 작다고 여기셨고(孔子登東山而小魯), 태산에 올라가서는 천하가 작다고 여기셨다(登泰山而小天下)"[49]고 말했었다. 불국토를 장엄해 봐야 동산이나 태산보다 크겠는가? 동산이나 태산이 우주보다 큰가? 석가모니 부처님께서 말씀한 '장엄한 불국토(莊嚴佛土)'는 단지 하나의 형용사일 뿐으로, 결코 큰 건물을 지어 화려하게 장식하는 것

49) 『맹자』「盡心上」.

이 아니라 우주 전체를 형용한다. 결코 얻을 수 없는 장엄은 형용할 방법이 없다.

무엇을 '대개념(大概念)'이라 하는가? 『금강경』은 제17분이 전체 경전의 하반부(2 · 8 · 16)의 시작이다. 수보리가 질문한 물음은 제2분에서 물었던 문제들이다. 그러나 석가모니 부처님께서는 다섯 가지 새로운 대답을 주었다. 첫째는 보살이 아니(非菩薩)라는 것이고, 둘째는 모두가 부처의 법이라는 것이며, 셋째는 '큰 몸'을 이름한 것, 넷째는 '장엄한 불국토'를 이름한 것, 다섯째는 '참 보살(眞菩薩)'을 이름한 것이다.

이 다섯 가지 대전제는 모두 '먼저 부정(先否定)'하고, '다시 부정(再否定)'하며, '또 부정(又否定)'한다. '어떤 것도 모두 아니다', '자아 · 사람 · 법 · 공의 존재도 없음'이다. 여러분들이 그중에서 하나만이라도 가지고 있다면 곧 '구경(究竟)'이 아니다. 이른바 '구경'이란 바로 『주역 · 건괘』에서 '구(九)'를 쓴다는 것[用九], 천덕은 우두머리가 될 수 없다(天德不可爲首也)를 뜻한다.[50] '구'는 곧 '구경'이다. 이것은 무엇인가,[51] 알지 못하는 '도(道)'야말

50) 건괘의 '象傳'에 나온다. 천덕은 우두머리가 될 수 없다는 말은 일종의 역설이다. 천덕이야말로 진정한 우두머리이기 때문에 우두머리가 될 수 없다고 역설적으로 표현한 말이다.

51) 현대 중국어 원문은 "九, 就是 '究竟'是什麽"다. 여기서 '구경'을 불교적으로 읽으면 '궁극'으로 번역할 수 있고, 또 현대 중국어의 문장 독해 방식으로 읽으면 부사로서 '(도)대체'로 번역 가능하다. 그래서 전자로 번역하면, "구는 바로 '궁극(구경)'이 무엇인가라는 뜻이다"로 될 수 있고 후자로 번역하면, "구는 '도대체' 무엇인가"가 될 수 있다. 이렇게 여기서는 이 두 가지 읽기 방

로 우주의 대도인 것이다.

2. '얻을 수 없는 세 마음(三心不可得)의 비유[52]

무엇을 '한 몸으로 똑같이 관함(一體同觀)'이라 하는가? 그것은 바로 마음(心), 부처(佛), 중생 삼위일체설이다. 불경의 3장 12부에서 불경을 12종으로 분류했고, 그중 하나가 '자설(自說)'이다. 자설이란 석가모니 부처님께서 제자들의 물음에 답한 것이 아니라 자기 스스로 강연한 것이다. 본 절은 12가지 중에서 '자설'에 해당한다. 석가모니 부처님께서 질문하고 수보리가 대답하는 형식으로 되어 있다.

수보리여(須菩提)! 네 생각은 어떠하느냐(於意云何)? 여래에게 육안이 있느냐(如來有肉眼不)?

수보리가 아뢰었다(須菩提言)[53]: 그러하옵니다(如是). 세존이시여(世尊)! 여래께는 육안이 있사옵니다(如來有肉眼).

수보리여(須菩提)! 네 생각은 어떠하느냐(於意云何)? 여래에게 천안이 있느냐(如來有天眼不)?

수보리가 아뢰었다(須菩提言): 그러하옵니다(如是). 세존이시여(世尊)! 여래께는 천안이 있사옵니다(如來有天眼).

식이 모두 가능하기 때문에 각주로 보충해 설명한다.

52) 제18「一體同觀分」의 주제를 이룬다. 별도의 표기가 없는 한, 이하에서의 원전 인용문은 모두 이곳을 출처로 한다.

수보리여(須菩提)! 네 생각은 어떠하느냐(於意云何)? 여래에게 혜안이 있느냐(如來有慧眼不)?

수보리가 아뢰었다(須菩提言): 그러하옵니다(如是). 세존이시여(世尊)! 여래께는 혜안이 있사옵니다(如來有慧眼).

수보리여(須菩提)! 네 생각은 어떠하느냐(於意云何)? 여래에게 법안이 있느냐(如來有法眼不)?

수보리가 아뢰었다(須菩提言): 그러하옵니다(如是). 세존이시여(世尊)! 여래께는 법안이 있사옵니다(如來有法眼).

수보리여(須菩提)! 네 생각은 어떠하느냐(於意云何)? 여래에게 부처의 눈이 있느냐(如來有佛眼不)?

수보리가 아뢰었다(須菩提言): 그러하옵니다(如是). 세존이시여(世尊)! 여래께는 부처님의 눈이 있사옵니다(如來有佛眼).

석가모니 부처님께서는 이 다섯 가지 질문에는 1인칭인 '나'를 쓰지 않고, '여래'를 사용했다. 왜냐하면 '여래'는 형이상의 도체를 대표하기 때문이다. 모든 중생의 심성이 모든 부처와 보살의 심성과 동일하기 때문이다. 즉, 생명의 근원은 동일하며, 모두 우주의 생명으로부터 나온다.

석가모니 부처님께서 제자에게 물으셨다: "네가 생각하기에 내가 육안(肉眼), 천안(天眼), 혜안(慧眼), 법안(法眼), 불안(佛眼)을 가지고 있느냐?" 수보리가 아뢰었다: "그렇습니다. 세존이

53) 이 경전 인용문에서의 '須菩提言'은 모두 저자가 임의로 넣은 것이다. 경전의 원문에는 이 말이 없다.

시여. 스승님께서는 육안, 천안, 혜안, 법안, 불안을 갖고 계십니다."

왜 석가모니 부처님께서는 수보리에게 여래가 이 다섯 가지 눈을 갖추고 있는지를 질문했을까? 그 원인은 또 무엇일까? 그 이유는 석가모니 부처님께서 계속해서 질문해야 하기 때문이다. 달리 말해, 문제를 내어 수보리를 시험해 보고 수보리가 얼마나 알고 있는지를 살피기 위함이다. 즉, 자기 스승님이 말씀한 법을 진정으로 이해하고 있는지? 또 어떤 법인지를 진정으로 알고 있는지? 등을 시험해 본 것이다.

수보리여(須菩提)! 네 생각은 어떠하느냐(於意云何)? 저 갠지스강에 있는 모든 모래를(如恒河中所有沙) 부처는 모래라고 말했느냐(佛說是沙不)?

수보리가 아뢰었다(須菩提言)[54]: 그러하옵니다(如是). 세존이시여(世尊)! 여래께서 모래라고 말씀하셨나이다(如來說是沙).

수보리여(須菩提)! 네 생각은 어떠하느냐(於意云何)? 하나의 갠지스강에 있는 모든 모래와 같이(如一恒河中所有沙), 그와 같은 모래알 수와 같은 갠지스강이 있고(有如是沙等恒河), 이 모든 갠지스강의 모든 모래알 수처럼(是諸恒河所有沙數) 부처의 세계도 그와 같다고 한다면(佛世界如是) 많다고 하겠느냐(寧爲多不)?

수보리가 아뢰었다(須菩提言): 심히 많사옵니다(甚多). 세존이시여(世尊)!

석가모니 부처님께서 비유로써 질문하셨다: "수보리여! 네가 생각하기에 갠지스강에 있는 모든 모래알에 대해서 내가 그것을 모래알이라고 말했느냐?" 수보리가 아뢰었다: "그렇습니다. 세존이시여! 스승님께서 그것을 모래라고 말씀하셨습니다."

석가모니 부처님께서 또 질문하셨다: "수보리여! 만일 하나의 모래알로써 하나의 갠지스강으로 여겨 갠지스강의 모래알만큼 많은 갠지스강이 있고, 다시 이 모든 갠지스강의 모든 모래로 불세계(佛世界)를 삼는다면, 즉 그 모든 모래알의 각각의 모래알 하나마다 하나의 부처세계로 삼는다면, 너는 그렇게 많은 부처의 세계에 대해서 설마 많지 않다고 생각하겠는가?"

수보리가 아뢰었다: "굉장히 많습니다. 세존이시여!"

이 비유는 헤아릴 수 없이 많은 수의 우주세계를 말하고 있다. 모래알 하나마다 하나의 세계로 가정하고, 또 매 하나의 세계로써 갠지스강의 모래알 숫자만큼을 비유하고 이와 같이 비유해 간다면, 그렇다면 이 헤아릴 수 없는 수의 세계는 얼마나 클까? 부처의 세계도 이와 같다. 우주가 아무리 클지라도 부처의 세계도 그만큼 크다. 이제 석가모니 부처님께서 무엇 때문에 자신이 '다섯 가지 눈'을 가졌다고 말했는지, 그 원인을 이해했을 것이다.

석가모니 부처님께서 표현한 관념은 이 텅 비어 있는 대우주

54) 여기의 경전 인용문 두 곳에서 보이는 '須菩提言' 역시 경전 원문에는 없는 것을 저자가 임의로 넣은 것이다.

는 모두가 부처의 세계이고 모두가 중생의 세계라는 것이다. 여기에는 무엇이 부처의 세계이고 무엇이 부처의 세계가 아닌지, 그런 구분이 없다. 거기서 중생은 모두 평등하며 평범하고 모두가 동일하다. 우리 모두가 부처이고, 또 부처가 아니기도 하다. 우주는 본래 이와 같으며, 부처의 세계 역시 이와 같다. 헤아릴 수 없는 수의 우주 세계가 바로 헤아릴 수 없는 수의 부처의 세계다.

부처님께서 수보리에게 말씀하셨다(佛告須菩提): 그렇게 많은 국토 중에 있는(爾所國土中) 모든 중생들(所有衆生)의 갖가지 마음(若干種心)을 여래는 모두 알고 있느니라(如來悉知). 무엇 때문이겠느냐(何以故)? 여래가 말하는 모든 마음(如來說諸心)은, 모두 마음이 아니므로(皆爲非心) 이름을 마음이라 한 것이니라(是名爲心). 그 까닭이 무엇이겠느냐(所以者何)? 수보리여(須菩提)! 과거의 마음은(過去心) 얻을 수 없고(不可得); 현재의 마음(現在心)도 얻을 수 없으며(不可得); 미래의 마음(未來心)도 얻을 수 없기 때문이니라(不可得).⑱

석가모니 부처님께서는 또 비유로써 수보리에게 말씀하셨다: “멀리 그렇게 많은 부처의 세계를 말할 필요도 없이, 지금 네가 거주하고 있는 세계로만 말해 보아도 모든 중생의 심정(心思)은 상황에 따라 움직이고 경우에 따라 생겨난다. 갖가지 생각(心思)

과 전도된 망상을 일반 중생은 보지 못하지만, 나는 도리어 청정한 '다섯 가지 눈'으로써 완전히 볼 수 있고 완전히 알 수 있다.

왜 그런지 너는 아는가? 왜냐하면 이러한 모든 생각(心思)은 모두 중생의 망심이지 본성의 상주하는 진심이 아니기 때문이다. 이것은 단지 마음이라는 명칭을 빌려 그것을 '마음(心)'이라 칭할 따름이다. 이것이 왜 그런지 너는 아느냐? 수보리여! 상주하는 진심은 고요하여 움직이지 않기(寂然不動) 때문이다. 과거의 심사는 그대로 멈추어 있을 수 없고 현재의 심사는 집착할 수 없으며, 미래의 마음은 미리 예상할 수도 없다.

만약 반성하고 성찰할(反觀內照) 수 있다면 '세 마음(三心)'은 결국 얻을 수 없는 마음이다. 그 마음을 얻을 수 없다는 것을 알면 청정한 반야가 비로소 드러난다. '사람의 마음이 깨끗하면 도심이 생겨난다'는 말이야말로 바로 보리의 진정한 마음이다."

이것이 바로 석가모니 부처님의 우주관이다. 일체의 일체가 모두 변화 중에 있다. 어느 곳이든 마음이고, 어느 곳이든 마음이 아니며, 곳곳마다 모두가 옳고, 곳곳마다 모두 틀렸다. 생겨나지도 소멸하지도 않고(不生不滅) 불어나지도 줄어들지도 않는(不增不減) 그러한 허공, 헤아릴 수 없이 끝없는 그러한 광활한 우주를, 우리가 어떻게 다 알 수 있겠는가? 하지만 석가모니 부처님께서는 알고 있다. 그는 어떻게 알까? 그는 자신이 '다섯 가지 눈(五眼)'을 가지고 있다고 말씀하셨다.

그는 그러한 눈을 가지고 있고, 다른 사람들은 없다는 것인가?

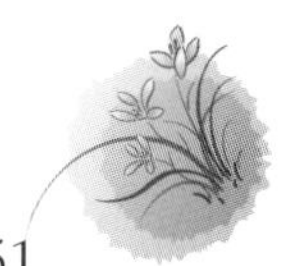

다른 사람들도 모두 가지고 있다. 하지만 왜 알지 못하고 보지 못하는가? 왜냐하면 보통의 사람들은 망심(妄心)을 가지고 있기 때문이다. 무엇이 망심인가? 그것은 바로 세상의 모든 현상의 변화를 받아들여 생겨나는 여러 가지 심정(心思)으로 잡으려고 하고, 얻으려고 하는 마음이다. 얻지 못하고, 잡지 못하기에 여러 가지 알 수 없는 번뇌가 생겨난다. 그 수를 알 수 없는 이러한 마음은 통계를 낼 수가 없다. 중생이 얼마나 되는가에 따라 그만큼 많은 마음이 있고, 이러한 마음은 육체적인 마음이지 청정한 마음이 아니다.

석가모니 부처님께서는 왜 첫 번째 눈을 '육안(肉眼)'이라고 말했을까? 이 육안은 부모님의 육신으로부터 물려받은 눈으로 물질세계를 보는 눈이다. 우리의 모든 감각 · 지각은 모두 육안을 통한 것이다. 공자가 말했다. "그 행하는 바를 보고(視其所以), 그 따르는 바를 살피고(觀其所由), 그가 즐기는 바를 관찰하면(察其所安) 사람이 무엇을 숨길 수 있겠는가(人焉廋哉)!"[55]라고 말했다. '이(以)'는 행하다(爲)는 뜻이고, '유(由)'는 '따르다(從)', '안(安)'은 '즐기다(樂)', '언(焉)'은 '무엇(何)', '수(廋)'는 '감추다(匿)'라는 뜻이다.

공자의 말은 이러하다: 우리가 눈으로 한 사람이 행하는 일을 보고 다시 그가 그 일을 하는 동기를 살피고, 그런 후에 그가 행

55) 『논어』 「爲政」.

한 것이 내심으로 좋아하는 것을 행한 것인지를 자세히 살핀다. 이러한 방법으로 한 사람의 사악함과 정직함을 관찰한다면 그 자신의 사악함과 정직함을 어떻게 숨길 수 있겠는가?

마찬가지로 맹자도 사람을 관찰하는 방법을 갖고 있는데, 역시 눈을 사용한다. 다음과 같이 말하였다: "사람을 살핀다면(存乎人者) 눈동자보다 좋은 것이 없다(莫良於眸子). 눈동자는 그 나쁜 것을 가리지 못한다(眸子不能掩其惡). 마음속이 바르면(胸中正) 눈동자가 밝고(則眸子瞭焉); 마음속이 바르지 못하면(胸中不正) 눈동자가 흐리다(則眸子眊焉).

그 말을 듣고(聽其言也), 그 눈동자를 보면(觀其眸子) 사람이 무엇을 숨길 수 있겠는가(人焉廋哉)?"[56] '존(存)'은 살피다(察)라는 뜻이고, '모자(眸子)'는 눈동자, '료(瞭)'는 밝다, '모(眊)'는 밝지 않다는 뜻이다.

맹자가 말한 뜻은 다음과 같다: "사람의 선악을 살피는 데는 그 사람의 눈동자를 자세히 살펴보는 것보다도 더 좋은 것은 없다. 왜냐하면 눈동자는 그의 마음속에 악한 생각을 감추지 못하기 때문이다. 사람의 생각(心意)이 정직하면 눈동자가 매우 빛나고, 생각이 바르지 못하면 눈동자는 흐릿하고 밝지 않다. 그의 말을 듣고서 다시 그의 눈동자를 살펴본다면 그 사람의 생각이 어디에 감춰질 수 있겠는가?

56) 『맹자』「離婁上」.

도가의 『음부경(陰符經)』에서 "눈은[眼者] 마음의 기틀이다(心之機)"라고 했는데, 즉 눈이 '마음'을 여닫는 일종의 문이라는 뜻이다. 이른바 "사람의 눈은 마음(心靈)의 창문이다"라는 말과 같은 이치다. 석가모니 부처님께서 말씀한 '다섯 가지 눈(五眼)'은 사실상 '하나의 눈'이고, '헤아릴 수 없는 수의 세계'도 사실상 '하나의 세계'이며, '세 가지 마음(三心)'도 사실상 '하나의 마음'이다.

오안(五眼)·무량수의 세계, 삼심(三心)은 도의 눈, 도의 세계, 도의 마음이며, 대우주의 도로써 불변의 도다. 불변의 도야말로 참다운 도(眞道)다. 변화하는 도는 언제나 멈춤이 없이 변화한다. 우리는 이 이치를 알고 있는가? 안다고 해도 아주 좋은 일이고, 모른다고 해도 좋은 일이다! 성자나 부처가 없어도 나쁠 것이 없다.

3. 복 없는 곳이 없다[57)]

석가모니 부처님께서 말씀하신 '법계를 다 교화하다(法界通化)'란 무슨 뜻인가? 그것은 바로 지혜가 충만한 법계이고, 기묘한 경계로 통해 들어가는 것[通入化境]으로 지혜를 갖고 있는 만큼 그에 상응하는 복덕이 있다는 말이기도 하다. 지혜가 만일 능

57) 저자는 제19「法界通化分」의 주제로 읽고 있다. 별도의 표기가 없는 한, 이하에서의 원전 인용문은 모두 이곳을 출처로 한다.

히 충만해 우주처럼 크고 능히 융합 · 관통해서 변화에 능하다면, 그렇다면 이 사람의 복덕은 우주법계처럼 크다.

복 · 지(智) '두 가지의 장엄'은 불교 명사로서 바로 지혜장엄과 복덕장엄을 뜻한다. 한 사람이 만약 큰 성과를 이룩하고자 한다면, 먼저 많은 고난을 통해 자신을 연마하고 지혜를 단련해 낸 이후 비로소 일정한 복 · 덕을 즐길 수 있다. 기본적인 공부도 되어 있지 않은데 무엇으로 바랄 수 있겠는가? 한 사람이 태어나서 죽기까지 생각이 건강하고 머리가 똑똑하고 신체가 좋다면, 이러한 것들은 스스로의 단련에 의한 것이다. 스스로 배워야만 비로소 얻을 수 있는 것이지, 다른 사람이 도와서 될 일이 아니다.

석가모니 부처님께서 물으셨다.

수보리여(須菩提)! 네 생각은 어떠하느냐(於意云何)? 만약 어떤 사람이 삼천대천세계에 일곱 가지 보석을 가득 채워놓고(若有人滿三千大千世界七寶), 이로써 보시한다면(以用布施) 이 사람은 이 인연(是人以是因緣)으로 복을 얻음이 많겠느냐(得福多不)?

수보리가 아뢰었다.

그러하옵니다(如是). 세존이시여(世尊)! 이 사람은 이 인연으로(此人以是因緣) 복을 얻음이 매우 많을 것이옵니다(得福甚多).

이것은 제8분에서 나왔던 문제이다. 석가모니 부처님께서 똑같은 문제로 질문했다: "수보리여! 어떤 사람이 삼천대천세계에 가득 채운 '일곱 가지 보석(七寶)'으로써 보시를 행한다면, 네 생각에 이 사람은 이렇게 만든 인연으로 인해 얻게 되는 복 · 덕이 많겠느냐?"

수보리는 이렇게 대답했다: "그렇습니다. 세존이시여! 이 사람은 이 인연으로 얻게 될 복 · 덕이 매우 많을 것입니다."

석가모니 부처님께서 또 물으셨다.

> 수보리여(須菩提)! 만약 복덕에 실체가 있다면(若福德有實) 여래가 복덕을 얻음이 많다고 말하지 않을 것이며(如來不說得福德多), 복덕이 없기 때문에(以福德無故) 여래가 복덕을 얻음이 많다고 말한 것이니라(如來說得福 · 德多).⑲

그런데 석가모니 부처님의 말씀은 제8분과 다르다. 다음과 같이 말씀하셨다: "수보리여! 실상이 있는 인연으로써 보시한다면 그 마음이 복의 보답(福報)에 집착하기 때문에, 그 복의 보답 역시 그 보시한 바의 인연에 한계가 있어 결국 끝이 있게 된다. 그래서 나는 이로 인해 얻는 그의 복덕이 많지 않다고 말한 것이다. 만약 실상에 머무름 없이 보시하고 복을 기대하지 않는 마음으로 보시한다면, 이것이야말로 무위청정(無爲淸淨)한 공덕이다.

나는 이러한 복덕이야말로 진정한 무한이라고 말한다."

우리는 '무위청정'이 무엇을 뜻하는지 알아야 한다. 그것은 바로 우리가 다른 사람에게 이익이 되는 어떤 일을 행하고, 예를 들면 무엇을 얻게 될 것인가? 잃는 것은 무엇일까? 등과 같이 마음속에 어떠한 흔적도 남겨두지 않는 것이다. 능히 이와 같이 행하면, 이런 사람이야말로 무위청정한 복의 보답을 누릴 줄 아는 사람이다. 만약 다른 사람을 위해 사소한 일을 하고서 복의 보답을 기대한다면, 그런 사람이 어떻게 무위청정심의 복을 누릴 수 있겠는가? 이런 사람에게는 복이 없는데 덕은 어디에 있겠는가? 이것은 스스로 번뇌를 초래하는 것이고, 스스로 슬퍼하는 것으로, 이미 득실을 따지는 결함을 갖고 있는데 지혜가 어디에서 나오겠는가?

인생관에 대한 불교의 이해에 따르면 사람마다 어려서부터 늙어 죽을 때까지 무위청정의 복을 누리지 않는 때와 장소가 없다(즉, 언제나 어디서나 무위청정한 복을 누린다). 왜 그런가? 인생의 과정이 곧 이러하기 때문이다. 지나간 것은 지나간 것이다. 우리가 항상 우리의 과거만을 생각하고 현재를 소중히 하지 않는다면 생활을 잘할 수 있겠는가? 현재를 소중히 하지 않는데 미래가 있을 수 있을까? 미래란 수량을 알 수 없는 시간이다.

지혜로운 사람은 언제 어디서든지 청정한 복 중에서 생활하므로 자유롭고 있는 그대로를 누린다! 생각하는 것도 없고 생각하지 않는 것도 없이, 반드시 이러해야 하고 저러해야 한다고 집착

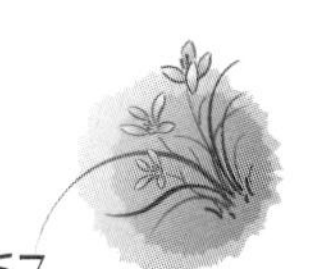

하지도 않는다. 이런 사람은 이미 우주의 큰 변화와 통하고 자성이 청정하며, 지혜의 충만함이 우주와 같은데 번뇌가 어디에 있겠는가? 이와 반대인 사람은 전도된 꿈을 갖고 스스로 번뇌를 추구하고 스스로 번거로운 일을 만든다. 만일 성취하고자 한다면 이렇게 해야 하지만, 어떠한 성취도 이루고자 하지 않는다면 이렇게 하지 말라. 이것이 훨씬 좋을 것이다.

4. 일체법의 형상은 얻을 수 없다[58)]

무엇을 '색신을 떠나고 상을 떠남(離色離相)'이라 하는가? 그것은 바로 형상(相)으로부터 그것이 형상이 아님을 깨닫고, 색신(色)으로부터 그것이 색신이 아님을 깨닫는 것이다. 이것도 앞부분 16분에서의 문제였는데, 다만 말에 차이가 있다.⑦ 석가모니 부처님께서 또 새로운 해석을 추가하셨고, 나아가 그 자신이 제기했던 문제를 가지고 마치 구술시험을 보듯이 제자에게 묻는다.

> 수보리여(須菩提)! 네 생각은 어떠하느냐(於意云何)? 부처가 색신을 완전히 갖추고 있다고 볼 수 있겠느냐(佛可以具足色身見不)?

58) 저자는 제20 「離色離相分」의 주제로 간주한다. 별도의 표기가 없는 한, 이하에서의 원전 인용문은 모두 이곳을 출처로 한다.

수보리가 아뢰었다.

아니옵니다(不也). 세존이시여(世尊)! 여래께서 색신을 완전히 갖추셨다고 보아서는 안 되옵니다(如來不應以具足色身見). 무엇 때문이겠나이까(何以故)? 여래께서 말씀하신 색신을 온전히 갖추었음(如來說具足色身)은 곧 색신을 온전히 갖춘 것이 아니라(卽非具足色身), 이름을 '구족색신'이라 한 것이옵니다(是名具足色身).

석가모니 부처님께서 제기한 문제는 다음과 같다: "수보리여! 네가 생각하기에, 이른바 부처(佛陀)는 원만한 색신으로 관찰할 수 있는가?"

수보리가 아뢰었다: "아닙니다. 세존이시여! 여래를 원만한 색신으로 관찰할 수 없습니다. 무엇 때문이겠습니까? 스승님께서 말씀하신 '색신을 온전히 갖춤(具足色身)'은 비록 32상이 있어 변화가 신통하지만, 연기에 의한 것으로 실상이 아니기 때문입니다. 단지 하나의 명칭을 빌려와 그것을 '구족색신'이라 부르는 것일 뿐입니다."

석가모니 부처님께서는 일인칭의 '나'를 쓰지 않고 언제나 부처(佛), 여래로 칭하신다. 여기의 부처(佛)는 부처님에게 보신(報身)과 육신(肉身)이 있음을 예시하는데, 부처님의 보신은 매우 아름답고 미남자의 빼어난 용모를 가지고 있다. 부처님에게는 32형상(相)과 80가지 장점(種好)이 있다. 그래서 아난은 부처

님의 미모에 반해서 출가하였다. 이 때문에 부처님으로부터 색에 빠져 출가하였다고 꾸중을 듣기도 하였다.

석가모니 부처님께서는 색신을 온전히 갖추어 대장부, 미남자의 형상을 갖추었으므로 일반 사람들과 달랐다. 32상을 가지고 있을 뿐만 아니라 이에 따른 80가지 장점도 갖추고 있으니, 이것은 일반의 보통 사람들에게는 없는 특징들이다. 이것을 곧 '색신을 온전히 갖춤(具足色身)'이라 부른다.

석가모니 부처님께서 수보리에게 또 물으셨다.

수보리여(須菩提)! 네 생각은 어떠하느냐(於意云何)? 여래가 온갖 형상을 온전히 갖추고 있다고 볼 수 있겠느냐(如來可以具足諸相見不)?

수보리가 아뢰었다.

아니옵니다(不也). 세존이시여(世尊)! 여래를 온갖 형상을 온전히 갖추신 것으로 보아서는 아니 되옵니다(如來不應以具足諸相見). 무엇 때문이겠나이까(何以故)? 여래께서 말씀하신 온갖 형상을 갖추었다 함은(如來說諸相具足), 곧 온전히 갖춘 것이 아니라(卽非具足) 이름을 '제상구족'이라 한 것이옵니다(是名諸相具足).⑳

이번에는 '여래'가 질문했다: "수보리여! 네 생각에 나를 원만하게 갖춘 온갖 형상으로 관찰할 수 있겠느냐?"

수보리가 아뢰었다: "아닙니다. 세존이시여! 스승님을 원만하게 갖추어진 온갖 형상으로 관찰할 수 없습니다. 무엇 때문이겠습니까? 스승님께서 말씀하신 원만한 온갖 형상 역시 연기에 의한 것으로 자성이 없기에, 단지 하나의 명칭을 빌려와 그것을 '온갖 형상을 갖추었음(具足諸相)'이라 칭할 뿐이기 때문입니다."

여래는 석가모니 부처님의 법신이다. 무엇을 '법신'이라고 하는가? 그것은 바로 "결코 얻을 수 없는(了不可得) 일체 무상(一切無相)"이다. 법신은 형상이 없으니(無相) 경계도 없으므로 만일 우리에게 어떤 '경계'에 있다면 이는 곧 머무는 바가 있고, 집착하는 바가 있는 것으로 명심견성(明心見性, 마음을 밝혀 자기의 본래 성품을 보다)하지 못한다. 이른바 '보신'은 색신을 구족한 육신이다.

수도(修道)에 뜻을 둔 사람은 반드시 육신의 변화, 이른바 기질의 변화를 거쳐 몸과 마음 모두 변하는 바가 있게 되면서 색신과 형상(色相)이 자연스럽게 자비롭고 장엄해진다. 하지만 여전히 여기에 형상을 부착시켜서는 안 된다. 육신은 생멸이 있는 것이고, 여래의 법신은 불생불멸하여 우주와 더불어 본성과 몸을 함께하는(同性共體) 생명이기에 '이름할(名)' 바가 없다.

5. 석가모니 부처님께서는 설법하지 않았다[59]

무엇을 '말해도 말한 것이 아님(非說所說)'이라 하는가? 말하고자 해도 말할 방법이 없고 들을 것도 없고 얻을 것도 없음을 뜻한다. 즉, "나의 설법을 뗏목의 비유처럼 여겨야 하느니라(知我說法如筏喩者). 법상도 마땅히 버려야 하거늘(法尙應捨), 하물며 법 아닌 것이야(何況非法)?"⑥라는 말이다. 석가모니 부처님께서는 다시 한번 제자들에게 너희들은 법을 붙잡지 말라고 강조한다. 그것은 말할 수 없고, 들을 수 없으며, 얻을 수도 없다.

맹자가 "책을 온전히 믿는다면(盡信書) 책이 없는 것만 못하다(則不如無書)"[60]라고 말하였다. 책에 나오는 것만을 완전히 믿는다면 책이 없는 것보다 못하다는 뜻이다. 『주역 · 계사』에 "글은 말을 다하지 못하고(書不盡言), 말은 뜻을 다하지 못한다(言不盡意).[61] 그 회통함을 살펴도(觀其會通) 일정한 법칙으로 삼을 수 없고(不可爲要典), 오직 변화만을 따를 뿐이다(唯變所適)[62]"라는 말이 있다.

석가모니 부처님께서는 제자들이 변화에 어떻게 적용할지를

---

59) 제21 「非說所說分」의 주제에 해당한다. 별도의 표기가 없는 한, 이하에서의 원전 인용문은 모두 이곳을 출처로 한다.

60) 『맹자』 「盡心下」에 나온다. 여기서 '書'는 『맹자』의 맥락상 '書經'을 가리키는 말이지만, 편의상 '책'이라 번역했다.

61) 「繫辭傳上」에 나오는 말이다. 저자는 「계사전」 상 · 하편에 나오는 것을 한데 섞어서 인용하고 있다.

62) 「계사전」 하편.

모르고 오직 죽기 살기로 '뗏목'을 등에 이고 나아갈까 심히 염려스러웠다. 당연히 제자들의 이러한 태도는 헛수고일 뿐이다. 석가모니 부처님께서는 다시 제자들에게 당부하며 말씀하셨다.

수보리여(須菩提)! 너는 여래가 다음과 같이 생각한다고 말하지 말지어다(汝勿謂如來作是念): '나는 마땅히 법을 말한 바가 있다(我當有所說法).' 이런 생각을 하지 말지어다(莫作是念). 무엇 때문이겠느냐(何以故)? 만약 어떤 사람이 여래가 법을 말한 바가 있다고 말한다면(若人言如來有所說法) 이는 곧 부처를 비방하는 것이니라(卽爲謗佛). 내가 말한 바를 이해하지 못하기 때문이니라(不能解我所說故).

석가모니 부처님께서 수보리에게 말씀하셨다. "수보리여! 너는 내가 너에게 어떤 법을 말해 주었다는 생각을 하지 마라. 내가 중생에게 여러 가지 법을 말해 주었다고 생각하는데, 그것은 너희들이 내게 물었기 때문이다. 나는 단지 시기와 인연이 서로 감촉하는 데(機緣相感) 응해서 너희들의 오성(悟性)에 따라 방향만을 제시했을 뿐이다.

나는 일찍이 법을 말할 생각을 가진 적이 없다. 너희도 내가 너희들을 위해 마땅히 법을 말해 줄 것이라는 생각을 하지 마라. 왜 그런지 아느냐? 만일 어떤 사람이 '여래가 설법한 바가 있다'고 말한다면, 그는 부처를 비방하는 것이다. 그렇다고 그를 나무

라서도 안 된다. 왜냐하면 그는 단지 문자와 언어에 얽매여 내 말의 뜻(道理)을 이해하지 못했기 때문에 그렇게 말한 것이고, 그렇게 생각한 것이다.

이런 사람은 스스로 번뇌를 찾고 '몟목'을 등에 이고 가는 사람이다. 그래서 "모든 현인과 성인(一切賢聖)은 모두 무위법 때문에(皆以無爲法) 차별이 있게 된다(而有差別)"⑦고 말하는 것이다. 사람에게 차이가 있다고 말하는 것은 듣는 사람들이 들은 후에 그들의 생각에 각기 차이가 있음을 뜻한다. 이 때문에 다른 사람의 스승 노릇하기가 결코 쉽지 않다!"

석가모니 부처님께서 또 물으셨다.

> 수보리여(須菩提)! 법을 말한다는 것은(說法者), 말할 수 있는 법이 없기에(無法可說) 이름을 '설법'이라고 하는 것이니라(是名說法).

수보리에게 물으셨다: "내가 말하는 '설법(說法)'의 뜻은 입으로 모두 다 말할 수 있는 것이 아니다. 부처의 진공묘유의 이치는 본시 법이 없는 것인데, 나는 단지 중생들이 외부의 악과 망심을 제거할 수 있게 하기 위해서 말한 것에 불과하다. 또, 그리하여 중생들로 하여금 능히 부처의 이치(佛理)를 깨닫게 하고 부처의 이치를 스스로 증명하게 하기 위함이다. 이것이 바로 하나의

명칭을 빌려와 그것을 '설법'이라 칭하는 것에 불과한 것이다. 실제적으로 나는 결코 어떠한 법도 말하지 않았다." 알겠느냐? 아직도 모르겠느냐? 그러고는 잠시 침묵하셨다. 아난이 다시 다음처럼 기록했다:

그때(爾時) 혜명(慧命) 수보리가 부처님께 아뢰었다(慧命須菩提白佛言): 세존이시여(世尊)! 약간의 중생이라도(頗有衆生) 미래세에 이 법의 말씀을 듣고(於未來世聞說是法) 믿는 마음을 내는 사람이 있겠사옵니까(生信心不)?

부처님께서 말씀하셨다(佛言): 수보리여(須菩提)! 저들은 중생이 아니며(彼非衆生), 중생이 아님도 아니니라(非不衆生). 무엇 때문이겠느냐(何以故)? 수보리여(須菩提)! 중생 · 중생이라 하는 것(衆生衆生者)은 여래가 중생이 아니라고 말했으니(如來說非衆生), 이름을 '중생'이라 할 뿐이니라(是名衆生). ㉑

아난의 기록에 따르면 그때 석가모니 부처님께서는 수보리가 이미 한 생각(一念) 사이에 자성이 공임을 깨달은 줄 알고, 따라서 수보리에게 '혜명'이라는 두 글자를 내려주셨다.

무엇을 '혜명'이라 하는가? 바로 지혜의 생명이다. 연등불과 마찬가지로 이 지혜의 등은 지속해 갈 수 있고 미래의 세상에까지 전해질 것이다! 장자가 말하였다. "손이 땔감을 구함에는 다함이 있지만(指窮於爲薪), 불이 전해지니(火傳也), 그것의 다함

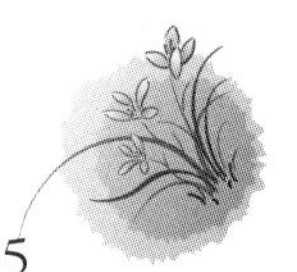

을 알지 못한다(不知其盡也).”[63] 땔나무 하나하나는 불에 완전히 다 탈 때가 있지만, 불은 영원히 전해져 다할 때가 있지 않다는 뜻이다.

수보리는 그때의 ‘한 생각(一念)’ 사이에 부처의 법(佛法)은 말할 수 없는 것임을 깨달았다. ‘말할 수 없다’란, 말할 수 있는 어떠한 것도 없다는 뜻으로, 수보리는 이 도리를 깨달은 것이다. 이 ‘땔나무의 불(薪火)’을 어떻게 전할 것인가? 수보리는 또 가르침을 청해, 우리의 스승님께서 미래세의 많은 중생들이 이 ‘법 없는 법(無法之法), 말 없는 말(無說之說)’을 듣고 완전히 이해하지 못하고 믿는 마음(信心)을 낼 수 있을지 염려하실 것이라 했다.

이에 대해 석가모니 부처님께서는 어떻게 대답하셨을까? 석가모니 부처님의 대답은 참으로 절묘하다! “수보리여! 중생은 본래부터 각기 불성을 갖고 있기에, 그래서 그들을 ‘중생이 아니(非衆生)’라고 말한다. 하지만 그들은 아직도 망심에서 벗어나지 못했기에, 그래서 또 그들을 중생이 아닌 것도 아니라고 말한다. 왜 그런지 너는 아느냐? 수보리여! 왜냐하면 중생이 중생인 까닭은 단지 그들이 아직까지 깨닫지 못했기 때문이고, 그들이 능히 깨닫고, 즉시에 성불할 수 있기에 중생이 아니다. 지금은 단지 우선 중생이라는 이름을 빌려 부르는 것에 불과할 뿐이다.”

---

63) 『莊子 · 內篇』「養生主」. 이 인용문의 맨 첫 글자가 본서에서는 ‘脂’자로 되어 있다. 하지만 통행본에는 ‘指’자를 쓴다. 통행본에 따라 바로 ‘指’자로 고쳐서 번역했다.

석가모니 부처님께서는 육신이 부처라는 것을 부정하였고, 모든 형상(相)을 부정하였으며, 아무런 법도 말한 적이 없다고 다시 부정하였다. 이것이 바로 미묘한 지혜의 이어짐(傳薪)이다. 석가모니 부처님께서 말씀한 것은 몸의 형상(身相)은 형상이 아닐(非相) 뿐만 아니라, 법 또한 법이 아니라는 것이다. 즉, 법이 아닌 것으로 법이라 이름할 뿐, '법'에 대한 수보리의 의혹을 해소해 주었고, 중생이 아닌 것으로 중생이라 이름하여 '중생'에 대한 수보리의 의혹을 벗겨주었다.

이리하여 수보리는 '설법'이라 이름한 것이기 때문에 법에서 머무를 바가 없음을 알게 되었다. '중생'이라 이름한 것이기 때문에 중생을 멸도에 이르게 하면서도 실로 멸도에 이르게 한 중생이 없음을 알게 되었다.

이상으로 다음을 알 수 있다: 부처님의 설법은 말할 수 있는 일정한 틀이 없으며, 중생의 근기가 크고 작음에 따라, 그리고 상황에 따라서 설해진다. 응당 어떤 방법으로 깨달을 수만 있다면 곧 그 방법으로 중생을 인도한다.

진정으로 법을 말하는 자는 말함이 없고(無說) 나타내 보임이 없다(無示). 진정으로 법을 듣는 자는 듣는 것도 없고 얻는 것도 없다. 그런 가운데 오묘한 이치(妙理)를 깨닫는다면, 그 사람은 반야의 경계로 들어가 지혜의 한가운데서, 우주의 한가운데서, 그것과 하나로 합해져 '혜명(慧命)'이라 부르게 된다.

6. 얻을 수 있는 법 없음(無法可得)의 방법

무엇을 '얻을 수 있는 법 없음(無法可得)'이라 하는가? 얻을 수 있는 법이 없음이란, 즉 온갖 법(萬法)에 통해 결국은 해탈을 얻을 수 있음을 말한다. 이것은 수보리가 스승님께 제기했던 문제다.

수보리가 부처님께 아뢰었다(須菩提白佛言): 세존이시여(世尊)! 부처님께서 아뇩다라삼먁삼보리를 얻으신 것은(佛得阿耨多羅三藐三菩提) 얻은 바가 없기 때문이옵니까(爲無所得也)[64)]?

부처님께서 말씀하셨다(佛言): 그러하고(如是) 그러하니라(如是). 수보리여(須菩提)! 나는 아뇩다라삼먁삼보리(我於阿耨多羅三藐三菩提)에서 조그마한 법도 얻은 것이 없어서(乃至無有少法可得) 이를 아뇩다라삼먁삼보리라 이름하느니라(是名阿耨多羅三藐三菩提).㉒

이것은 중요한 문제이다. 앞 절에서 '말할 수 있는 법 없음(無法可說)'을 말했고, 지금은 또 '얻을 수 있는 법 없음(無法可得)'을 말하셨다. 수보리는 스승님께 반문해 아뢰었다: "세존이시여! 스승님께서 정등정각보리심을 얻으셨는데, 정말로 얻은 바 없이 얻으신 것입니까?"

석가모니 부처님께서 대답했다: "바로 그러하다! 너의 말이 꼭

64) 무진장불교문화연구원 편 『금강경』에는 '也'가 아니라 '耶'자로 되어 있다.

나의 뜻에 맞는다. 수보리여! 나는 보리의 정법(菩提正法)에서 전혀 얻은 바가 없다. 그 이유는 득과 실로 헤아릴 수 있는 것은 모두 내 몸 밖의 사물이지 자성의 것이 아니기 때문이다. 자성의 보리는 사람마다 완전히 갖추고 있다. 그런데 어떻게 얻을 수 있는가에 대해 말한다면 얻을 수 있는 (방)법이 따로 없으므로, 단지 하나의 이름을 빌려와 그것을 '무상정등정각'이라고 지칭할 뿐이다."

여기에서 수보리는 '진리에 합당한 근기(當機)'에 대해 스승님께 여쭈었다: "스승님께서는 보리를 얻으셨는데, 결국 참으로 얻은 바가 없으신 것입니까(究竟眞無所得耶)? 여기서 '야(耶)'자는 비록 의문을 뜻하지만 도리어 깨달음의 당처(悟處)를 뜻한다. 얻은 바가 없음이야말로 진정한 얻음(眞得)으로 얻음도 없고 얻지 않음도 없음이라 할 수 있으며, 이것이 바로 참된 얻음(眞得)이다.

위없는 보리는 본시 청정한 지혜로, 우주적 지혜의 큰 바다로 얻을 수 있고 본받을 수 있는 어떠한 법도 아니다. 어떠한 법도 필요로 하지 않기에 비로소 모든 존재(萬法)에 두루 통하는 방법으로 곧장 보리에 도달한다. 만일 법을 필요로 한다거나 법을 얻는다고 한다면 바로 법에 의해 속박당하고 만다. 얻을 수 있는 법이 없어야만 비로소 해탈할 수 있다.

반야의 묘법은 본시 자기 '집안의 물건(家裏物)'이어서 본래부터 상실한 적이 없는데 또 어떻게 얻는다는 말인가? 만일 우리가

얻었다고 한다면 상황에 집착하고 잊지 못해서 형상(相)을 해체시키지 못한 것이 된다. 석가모니 부처님의 대답은 절묘하고도 절묘하다! “이렇고(如是), 이러하다(如是).” ‘이렇다’란 또 어떤 뜻인가? 수보리여! 너는 아느냐? 다만 미소를 지을 뿐이다!

7. 맑은 마음으로 선을 행하되 머무르지 않음의 비유[65)]

무엇을 ‘맑은 마음으로 선을 행함(淨心行善)’이라 하는가? 간단히 말하면, 곧 행한 바의 모든 선한 일과 선한 마음을 잊는 것이다. 앞의 여러 절에서 석가모니 부처님께서는 사람들에게 형상에 집착하지 말고, 일체의 법에 얽매이지 말라고 하셨다. 지금은 사람들에게 모든 법에 집착하지 말라고 하면서, 도리어 사람들에게 하나의 법을 가져야 하면서 집착하라고 한다. 그것이 바로 선법(善法)이다. 석가모니 부처님께서 말씀하셨다.

> 또한(復次), 수보리여(須菩提)! 이 법은 평등하여(是法平等) 높음도 낮음도 없으므로(無有高下) 이를 아뇩다라삼먁삼보리라 이름하느니라(是名阿耨多羅三藐三菩提). 아상·인상·중생상·수자상이 없기 때문에 온갖 착한 법을 닦으면(以無我·無人·無衆生·無壽者修一切善法) 아뇩다라삼먁삼보리를 얻느니라(卽得阿耨多羅

65) 제23「淨心行善分」의 주제에 해당한다. 별도의 표기가 없는 한, 이하에서의 원전 인용문은 모두 이곳을 출처로 한다.

三藐三菩提).

수보리여(須菩提)! 소위 착한 법이란(所言善法者) 여래가 곧 착한 법이 아니라고 말했으므로(如來說卽非善法) 이것을 '선법'이라 이름하느니라(是名善法).㉓

석가모니 부처님께서는 앞서 모든 것을 부정하셨다. 부처도 부정하고, 형상도 부정하고, 색신도 부정하고, 법도 부정하였다. 온갖 것 일체가 모두 부정되었다. 그러나 여기서는 사람들에게 온갖 선법을 닦아야 비로소 성불할 수 있다고 강조한다. 무엇 때문인가?

석가모니 부처님께서는 더 나아가 다음처럼 설명하셨다: "수보리여! 내가 말한 무상정등정각의 법은 사람마다 온전히 갖추고 있고, 세상마다 서로 동일하여 '평등하다'고 말한다. 부처와 중생이 갖추고 있는 보리심 역시 높고 낮음이 없기에 그것을 무상정등정각보리라고 부른다. 왜 그럴까? 진정한 성품에는 원래부터 자아(我) · 인간(人) · 중생 · 목숨(壽者) 등 '사상(四相)'이 없기 때문이다.

만약, 이 '사상'이 있다면 세속의 덧없이 떠다니는 먼지(浮塵)와 망념의 방해를 받게 된다. 그래서 명심견성(明心見性)을 위해 온갖 선법을 닦으면 무상보리를 얻을 수 있다.

수보리여! 내가 말한 선법(善法)이란 곧 본성에서 우러나오는

자연스런 깨달음이란 점을 알고 있느냐? 선법은 본시 선악의 구분이 없으나, 단지 중생을 깨우치기 위해 하나의 명칭을 빌려 그것을 '선법'이라고 부를 뿐이다."

맑은 마음(淨心)이란 얻은 것에 머무르지 않는 그러한 정심(淨心)이다. 선을 행함(行善)이란 행한 바에 머무르지 않는 그러한 선행(善行)이다. 정심을 잊고 선행 역시 잊는다. 보리도 없고, 어떠한 법도 없다. 어떠한 과보도 없고, 아무것도 없고, 도(道)마저 없다. 아무것도 없는 그러한 맑은 마음이야말로 정심이다. 아무것도 의도하지 않는 그러한 선한 행동이야말로 선행이다. 아무것도 없는 그러한 법이야말로 법이다. 아무것도 없는 그러한 도야말로 진정한 도다. 이 이치를 알겠는가? 알겠는가, 모르겠는가?

8. 복덕과 지혜는 비교할 방법이 없다[66]

무엇을 '복덕과 지혜는 비교하지 못함(福智無比)'이라고 하는가? 복덕과 지혜는 비교할 수 있는 방법이 없다. 양자는 상반되며 상대적이기도 하다는 말이다. '상반된다'란 우리는 어떤 복덕을 얻기를 바라지만 그만한 지혜가 우리에게 없다면, 우리는 그것을 얻지 못한다는 뜻이다.

66) 제24「福智無比分」의 주제에 해당한다. 별도의 표기가 없는 한, 이하에서의 원전 인용문은 모두 이곳을 출처로 한다.

상대적이란 바로 우리에게 어떠한 지혜가 있다면 우리가 원하는 복덕을 얻을 수 있다는 뜻이다. 다시 말하자면 우리에게 아주 큰 지혜가 있어도 원하는 복덕을 얻지 못한다. 왜 그런가? 복덕은 유한하고, 지혜는 무한하기 때문이다. 복덕과 지혜는 불교에서 사용하는 두 개의 중요한 명사다. 거의 모든 경전에서 이 '것'을 말하고 있다. 이 '것'이란 무엇일까? 석가모니 부처님께서는 비유로써 말씀하신다.

수보리여(須菩提)! 만약 삼천대천세계 가운데(若三千大千世界中) 여러 수미산 왕들이 있는데(所有諸須彌山王), 그들과 같은 칠보의 덩어리(如是等七寶聚)를 어떤 사람이 지니고 보시에 사용한다고 하자(有人持用布施).

이 비유는 제8분에서의 '칠보' 보시, 제10, 11, 15, 18, 19분에서의 '갠지스강의 모래알 수'와 같은 보시로 얻는 복덕에 대해 설명방식과 차이가 있다. 여기서는 또 '수미산 왕'으로 비유를 삼고 있다. 석가모니 부처님께서 말씀하셨다. "수보리여! 어떤 사람이 삼천대천세계에 있는 수미산만큼 '칠보'를 축적해 보시한다면, 즉 삼천대천세계에는 크고 많은 수미산들이 있는데, 그 수미산들처럼 크고 많은 막대한 '칠보'의 재물로써 다른 사람들에게 시주를 베풀고 보시한다면, 그 복덕은 어마어마하게 클 것이다!"

그러나 석가모니 부처님께서는 또다시 부정하며 말씀하셨다.

만약, 어떤 사람이 이 『반야바라밀경』으로써(若人以此『般若波羅蜜經』), 심지어 사구게(四句偈) 등만이라도(乃至四句偈等) 받아 지니고 읽고 외워서(受·持·讀·誦) 다른 사람을 위해 말해 주면(爲他人說), 칠보로 보시한 복덕은(於前福德) 백분의 일에도 미치지 못하고(百分不及一), 백천만억분의 일도 되지 못하며(百千萬億分), 심지어 수를 세는 비유로도 미칠 수 없느니라(乃至算數譬喩所不能及).㉔

여기에는 '사구게', '수', '지', '독', '송' 몇 글자가 나오는데 제24분 이전까지 몇 번이나 말했는지 모를 정도로 아주 많이 나오던 글자들이며, 지금 또 반복해서 말하고 있다: "만약 또 어떤 사람이 이 『반야바라밀경』을 받아 지니고 심지어 경전 중의 단지 네 구절만이라도 다른 사람을 위해 말해 준다면, 앞의 '칠보'를 보시해 얻는 복덕은 사구게를 설명해 주고 얻는 복덕의 백천만억분의 일에도 미칠 수 없으며, 심지어 수를 계산하는 비유로도 계산할 수 없다."

어떤 사람이 밥조차 먹지 못할 정도로 가난함에도 다른 사람에게 이 경전을 말해 주고, 다른 사람에게 도를 전해 의혹을 해소해 준다고 치자. 그 공덕을 헤아려보면 갠지스강의 모래알 숫자만큼, 또는 수미산처럼 크고 많은 보물로써 다른 사람에게 보시한 것도 이 사람이 중생을 교화한 공로의 크기에 견줄 수가 없다. 이 사람의 공로는 헤아릴 수 없이 크다.

석가모니 부처님께서 이처럼 교육을 중시하고, 교육을 널리 보급한 것은 공자와 마찬가지로 가르침의 대상을 가리지 않고(有敎無類) 교육의 대중화(平民敎育)를 강조했기 때문임을 알 수 있다.

우리는 단지 『금강경』을 읽기만 해서는 아무런 소용이 없다. 석가모니 부처님께서는 사람들에게 네 개의 글자, 즉 수(受, 받아들이다), 지(持, 지키다), 독(讀, 읽다), 송(誦, 외우다)을 알려주고 있다. 이 네 개의 글자는 동시에 써야 비로소 위대한 효과를 일으킬 수 있다. '수'는 받아들인다는 뜻이고, '지'는 내심 깊은 곳으로부터 항상 지킨다는 뜻이며, '독'은 자기가 읽고 다른 사람들도 읽도록 가르친다는 말이며, '송'은 큰 소리로 낭송하거나 노래처럼 불러서 다른 사람들이 듣고 공감하게 한다는 뜻이다.

이 네 글자는 실천해야만 하는 것이다. 『금강경』의 이론을 실천하여 사람마다 알게 하고, 사람마다 모두 도움이 되도록 하는 데 중점이 있다. 능히 이와 같이 몸으로 행한다면, 여러분이 석가모니 부처님의 제자가 아니어도 석가모니 부처님의 제자이며, 나아가 '좋은 제자'의 한 사람이 된다!

이 절은 마치 앞의 각 장절에 대한 결론처럼 보인다. 오래된 하나의 문제를 반복적으로 말하고 있는데, 이제 결론을 내려보자. 만일 이러한 관념이 없다면 우리는 근본적으로 석가모니 부

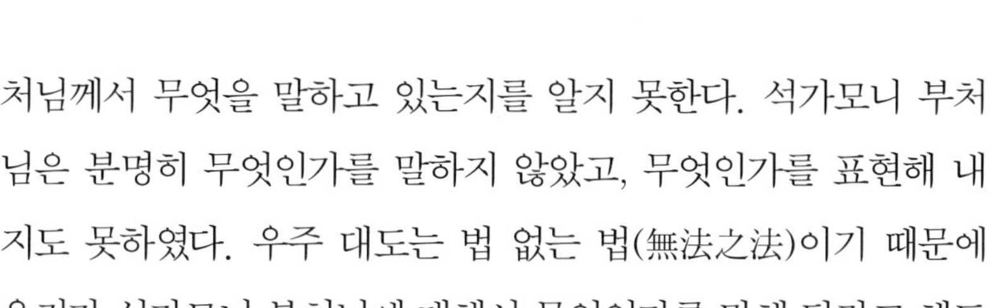

처님께서 무엇을 말하고 있는지를 알지 못한다. 석가모니 부처님은 분명히 무엇인가를 말하지 않았고, 무엇인가를 표현해 내지도 못하였다. 우주 대도는 법 없는 법(無法之法)이기 때문에 우리가 석가모니 부처님에 대해서 무엇인가를 말해 달라고 해도 그저 '비유'로만 말할 수 있을 뿐이다.

이것은 마치 꽃이 피고 지기를 반복하는 것과 같다. 꽃이 피는 것은 시작이고, 꽃이 지는 것은 꽃이 피는 것의 또 다른 시작이다. 꽃이 지는 것은 시작이고 끝이며, 끝이었다가 시작이기도 하다. 꽃이 피었다는 것은 발전의 시기(發展期)고, 꽃이 졌다는 것은 결과의 시기(結果期)다. 여러분은 결과의 시기를 하나의 결론으로 말할 수 있겠는가? 기연(機緣)이 무르익었을 때 그것은 또 발아하여 꽃을 피운다.

우주는 바로 이처럼 생생불식(生生不息, 생하고 생함에 멈추지 않음), 불식생생(不息生生, 멈추지 않고 생하고 생함)하게 순환하면서 변화하고 있는데 어디가 결론일까? 거기에는 결론이 없다. 그것은 함이 있음(有爲)이면서 함이 없음(無爲)이기도 하다.

제4절 교화함이 없는 교화(化無所化)의 종지

1. 교육의 대상을 구분하지 않는(有教無類) 제도

무엇을 '교화함이 없는 교화(化無所化)'라고 하는가? '화'란 글자야말로 절묘함의 극치라고 할 정도로 쓰인 글자다. '화'는 자기가 바꾸는(化) 것이지 다른 사람이 바꾸는(化) 것이 아니다. 스스로 무엇을 바꾸는가? 무엇인가의 바꿈(化)이 없으면서도 무엇인가 바꾸지 않음(不化)도 없다. 모든 것이 자연스럽게 바뀌고(化), 자연스럽게 변화하고 자연스럽게 교화된다.

이 '화'자는 교육적인 의미의 교화를 뜻한다. 즉, 교육에는 대상과 부류의 차별이 없다(有教無類)는 보편적이고 평등한 교화로서, "중생의 제도는 지극히 자연스러워 마음속으로는 중생을 구제한다는 생각이 없다"는 뜻이다. 일반 대중을 교육하는 것은 곧 일반 대중을 교육하는 것이지, 그 밖의 다른 특별한 방법이 있을 수 있는가? 이것이 바로 평등한 법으로 높고 낮음이 없다.

이미 평등한 법이면서 또한 높고 낮음이 없는데 중생이 어디에서 생겨나서 내가 제도한단 말인가? 중생이 중생을 제도하는 것이지 내가 중생을 제도하는 것이 아니다. 중생이 스스로 건너고(度) 스스로 바뀌는(化) 것이므로 바뀌는(化) 데에는 어떠한 차이도 없다.

석가모니 부처님께서 물으셨다.

수보리여(須菩提)! 네 생각은 어떠하느냐(於意云何)? 너희들은 여래가 다음과 같은 생각을 하리라고 말하지 마라(汝等勿謂如來作是念): '나는 마땅히 중생을 제도하리라'(我當度衆生). 수보리여(須菩提)! 그런 생각을 하지 말아야 하느니라(莫作是念). 무엇 때문이겠느냐(何以故)? 실로 여래가 제도하는 중생은 없기 때문이로다(實無有衆生如來度者). 만약 여래가 제도하는 중생이 있다면(若有衆生如來度者) 여래는 곧 자아 · 사람 · 중생 · 목숨을 가지고 있는 것이니라(如來卽有我 · 人 · 衆生 · 壽者).

석가모니 부처님께서 말씀하셨다: "수보리여! 너는 알고 있느냐? 너희들은 내가 중생을 구제하고 있다는 생각을 하지 말고, 내가 마땅히 중생을 구제할 것이라는 생각도 하지 마라. 수보리여! 너는 절대로 이러한 생각을 해서는 안 된다. 왜냐하면 중생의 마음은 본래 공적(空寂)하며, 그 반야의 지혜는 원래부터 각기 스스로 온전하게 갖추고 있기 때문이다.

만약 그들이 경전을 듣거나 도를 깨닫는다면, 그들 스스로가 스스로를 제도할 수 있고, 사실상 나에 의해 구제되는 중생은 없는 것이다. 따라서 나에 의해 구제된 중생이 있다고 말한다면, 그렇다면 나는 곧 아상 · 인상 · 중생상 · 수자상을 지니고 있는 것이다. 자신도 아직 구제하지 못했는데 어떻게 다른 사람을 구제할 수 있겠느냐?"

석가모니 부처님께서 또 수보리에게 말씀하셨다:

수보리여(須菩提)! 여래가 말하는 '나 있음'은(如來說有我者), 곧 나 있음이 아니라(卽非有我) 범부들이 나 있음이라 여기는 것이니라(而凡夫之人以爲有我). 수보리여(須菩提)! 범부(凡夫者)는 여래가 곧 범부가 아니라고 말했으므로(如來說卽非凡夫) 이를 범부라 이름하는 것이니라(是名凡夫).㉕

석가모니 부처님께서 말씀하셨다: "수보리여! 내가 비록 '내가 있음(有我)'을 입으로 말했지만, 실제적으로는 자아의 관념(我見)을 가지고 있지 않다. 범부들이 '나 있음(有我)'에 집착한 나머지, 그들은 오직 나만이 그들을 구제할 수 있다고 생각한다. 수보리여! 사실상 미혹하면 범부이고 깨달으면 부처다. 부처와 범부는 본래 본성이 똑같아서 능히 깨닫기만 하면 더 이상 범부가 아니다. 하지만 그들이 아직 깨닫지 못했기 때문에 그들을 범부라고 지칭하는 것이다."

석가모니 부처님께서는 매우 겸허하시므로 제자나 신도들에게 "이런 생각을 하지 마라(勿作是念), 이런 생각을 하지 마라(莫作是念)" 하고 두 차례나 당부하셨다. 나는 단 한 명의 중생도 제도하지 못하였고, 중생도 나의 제도가 필요 없이 모두 그들 스스로가 스스로를 제도하라는 것이다. 석가모니 부처님께서는 자신이 말한 모든 것을 부정했다. 흔히 말하는 팔만사천 개의 법문이니, 3장 13부의 경전이니 하는 모든 것이 스스로에 의해 부정되었다.

석가모니 부처님께서는 "나에게는 자아가 없고, 법이 없다"고 말했지만, 그러나 '범부(凡夫)' 즉 일반인들인 절대 다수의 사람들 모두 '내가 있고(有我) 법이 있다(有法)'고 말한다. 어디로부터 온 나이고 어디로부터 온 법일까? 우주의 순환으로 사계절이 분명한 것은 자연스러운 것이고, 스스로 바뀌는 것이고, 스스로 제도한 것인데 어디에 무슨 자아(我)가 있고, 어느 곳에 무슨 법이 있다는 말인가? 나도 아니고 나 아님도 아니며(非我非非我), 법도 아니고 법 아님도 아니다(非法非非法).

우주 만물은 모두 자신의 성품으로 스스로를 제도하고 자신이 자신을 바꾸는 것이다. 어떤 사람도 다른 누구를 제도하지 못하고, 다른 누구도 어떤 사람을 도울 수 없다. 스스로 제도하고 스스로 교화(自度自化)하라! 스스로 도우면 하늘이 돕는다. "하늘의 운행이 강건하니(天行健), 군자는 그것을 본받아 쉼 없이 스스로를 강하게 한다(君子以自强不息)"[67]고 말한 것이 바로 이 뜻이다.

불교의 '교화함 없는 교화(化無所化)'의 정확한 뜻은 석가모니 부처님께서 중생을 돕지 않는다는 것을 말하는 것이 결코 아니라, 석가모니 부처님께서는 오히려 중생을 돕고 있다는 말이다. 석가모니 부처님께서는 중생을 계발시키고 격려하면서 중생들이 자립자강(自立自强)하고, 스스로 구제하고 제도하며, 자신의

67) 『역전 · 건괘』 「象辭」에 나오는 말이다.

문제를 자신이 해결하게 한다. 석가모니 부처님께서는 중생의 스승이 되기를 원치 않았을 뿐만 아니라 중생이 자신의 학생, 제자, 신도 등이 되는 것도 원치 않으셨다.

『금강경』 제1분에는 '천이백오십 명(千二百五十人)'의 기록이 있지만 학생이나 제자, 신도라는 명사를 사용하지는 않는다. 인간, 우리 모두는 인간이다. 인간은 평등하여 부처, 범부, 중생이나 나와 다른 사람이란 분별적 형상이 없다.

석가모니 부처님께서는 온갖 형상을 해체하여 중생 스스로 무엇이 진정한 자신(眞我)인지를 찾게 한다. 알아챘는가? 알면 좋고, 모르면 모르는 대로 좋다. 석가모니 부처님께서는 중생들이 석가모니 부처님에게 의지하지 않고 모든 것을 스스로에게 의존하고, 자신이 자신에 대해 믿는 마음을 가져야 한다고 강조한다. 다른 사람에게 의존한다면 다른 사람에게 코가 꿰어 끌려다닐 뿐이다. 어떤 종류의 사람이 되기를 원하는가? 가장 무서운 것은 다른 사람에게 코가 꿰어 끌려다니는데도 정작 자기 자신은 모르고 있는 경우다.

석가모니 부처님께서는 중생들이 그런 사람이 되기를 원치 않으며, 중생들이 석가모니 부처님을 숭배하는 것도 바라지 않는다. 오직 중생들이 진정한 사람이 되기를 바라며, 머리가 맑고 마음자리가 선량한 사람이 되어 천지와 똑같이 선량하고 자비롭고 천하의 생명들을 사랑하기를 바란다. 마치 대지가 중생을 길러내고, 그들의 생활을 풍부하게 해주었음에도 불구하고 얼마나

많은 사람들이 다녀갔는지조차 모르듯이, 마치 햇빛은 대지를 비추어 널리 베풀어줄(布施) 뿐 어떠한 보답도 바라지 않듯이, 법 아닌 법이고 변하지 않는 법이면서도 변하는 법이다.

2. 수보리의 '오만한 마음'68)

무엇을 '법신은 형상이 아니다(法身非相)'라고 하는가? 그것은 바로 온갖 중생의 본성은 모두 청정한 법신이라는 뜻이다. 법신은 형상이 아니므로 법신의 형상(法身相)을 해체해야 한다. 본 절에는 중대한 문제가 하나 있다. 먼저 석가모니 부처님과 수보리의 대화를 살펴보자.

> 석가모니 부처님께서 말씀하셨다(佛言): 수보리여(須菩提)! 네 생각은 어떠하느냐(於意云何)? 32상으로 여래를 볼 수 있겠느냐(可以三十二相觀如來不)?
>
> 수보리가 아뢰었다(須菩提言): 그러하고(如是), 그러하옵니다(如是). 32상으로써 여래를 볼 수 있겠나이다(以三十二相觀如來).

석가모니 부처님께서 질문하셨다: "수보리여! 너는 나 여래를 '32상(三十二相)'으로써 관찰할 수 있다고 생각하는가?"

---

68) 第26「法身非相分」의 주제에 해당한다. 별도의 표기가 없는 한, 이하에서의 원전 인용문은 모두 이곳을 출처로 한다.

이에 대해 수보리가 아뢰었다: “그럼요, 그렇고말고요. 스승님을 ‘32상’으로 관찰할 수 있습니다.”

이 대화에서 ‘중대한 문제’란 무엇일까? 바로 수보리가 스승님의 질문에 대답하는 데 있다. 수보리의 대답이 너무 빨랐거나, 혹은 오만한 마음이 생겨난 듯하다. 그는 스승님께서 아시는 것은 자신이 모두 알고 있다고 여긴 듯하다. 그래서 석가모니 부처님의 말투를 흉내내어 “그러하고(如是), 그러합니다(如是). 32상으로 여래를 볼 수 있습니다(以三十二相觀如來)”라고 대답했다.

여기서 생각을 좀 해보자. 우리 대다수의 사람들은 모두 학생이었던 적이 있고, 자녀였던 적이 있다. 우리는 자신의 부모님을 무시한 적이 있는가? 우리 자신의 스승님을 무시한 적이 있는가? 있는가, 없는가? 스스로 살펴서 반성해 보자! 지금 다시 두 분의 대화를 보자.

석가모니 부처님께서 말씀하셨다(佛言): 수보리여(須菩提)! 만약 32형상으로 여래를 볼 수 있다면(若以三十二相觀如來者) 전륜성왕도 곧 여래라고 하겠구나(轉輪聖王卽是如來).

수보리가 부처님께 아뢰었다(須菩提白佛言): 세존이시여(世尊)! 제가 부처님께서 말씀하신 뜻을 이해한 바로라면(如我解佛所說義), 응당 32형상으로 여래를 보아서는 안 되나이다(不應以三十二相觀如來).

석가모니 부처님께서는 수보리의 대답을 듣자마자 수보리가 여전히 그 깊은 뜻을 이해하지 못했음을 알고 비유로 말씀하셨다: "수보리여! 만일 네가 말한 대로라면 마치 한 시대의 성왕(聖王)이나 지도자가 그의 두텁고 막중한 공덕으로 인해 이들도 '32상'의 색신을 갖추게 된다. 만약 나도 이 '32상'으로 관찰할 수 있다면, 그럼 어찌 그 성왕이나 지도자도 여래이지 않겠는가?"

수보리는 스승님의 비유를 듣고서야 자신의 잘못을 알아채고 진땀을 흘리지 않았을까? 그리하여 그는 곧바로 스승님께 솔직하게 아뢰었다: "세존이시여! 스승님, 제가 이미 스승님께서 말씀하신 이치를 이해했습니다. 여래를 '32상'으로 관찰할 수 없습니다."

이하에서 아난의 기록을 다시 살펴보자.

> 그때(爾時), 세존께서 게송으로 말씀하셨다(世尊而說偈言):
>
> 만일 색신으로 나를 보려 하거나(若以色見我),
> 음성으로써 나를 찾고자 하면(以音聲求我),
> 이 사람은 잘못된 길을 걷는지라(是人行邪道),
> 영원히 여래를 볼 수 없으리라(不能見如來).㉖

이때 석가모니 부처님께서 '시기(時機)'가 무르익었음을 느끼시고, 제자들에게 다음과 같은 '형상을 여읨(離相)'의 게송으로

경고하셨다:

"너희들이 만약 나의 표면적인 형색만을 보거나, 또는 단지 나의 음성에 의거한 가르침에만 집착하여 이 두 가지로써 나의 진정한 성품(眞性)을 보고자 한다면, 그렇다면 이러한 자는 단지 '색신(色身)과 사상(四相)'에만 집착해 부처를 보는 것일 뿐이다. 이러한 사람은 바른 길을 잃어버리고, '마음이 곧 부처(卽心卽是佛)'임을 모르고 밖으로 달려 나가 찾고자 하는 사람들이다. 이런 사람들은 외도를 행하나니, 결코 여래의 진정한 면목을 보지 못한다."

무엇을 '여래'의 진정한 면목이라 하는가? "여래란(如來者) 좇아 나오는 바도 없고(無所從來), 또한 가는 바도 없어서(亦無所去) 여래라 이름한다(故名如來)"㉙라는 문장을 아직도 기억하는가? 여래는 도체고, 법신이며, 우주 대도의 몸이고, 존재하지 않는 곳이 없으며 생명이다. 도의 법, 생명의 생겨남을 어떻게 볼 수 있으며 관찰할 수 있겠는가?

'32상'은 제13분의 석가모니 부처님과 수보리의 대화에서 언급된 적이 있었다. 다시 비교해서 어떤 차이가 있는지 살펴보자.

수보리여(須菩提)! 네 생각은 어떠하느냐(於意云何)? 32상으로 여래를 볼 수 있겠느냐(可以三十二相見如來不)?

수보리가 아뢰었다(須菩提言): 아닙니다(不也). 세존이시여(世

尊)! 32상으로 여래를 볼 수 없사옵니다(不可以三十二相得見如來). 무엇 때문이겠나이까(何以故)? 여래께서 말씀하신 32상(如來說三十二相)은 곧 상이 아니니(卽是非相), 이것을 32상이라 이름한 것이옵니다(是名三十二相). ⑬

석가모니 부처님께서 물으셨다.

수보리여(須菩提)! 네 생각은 어떠하느냐(於意云何)? 32상으로 여래를 볼 수 있겠느냐(可以三十二相觀如來不)?

수보리가 대답하였다(須菩提言): 그러하고(如是), 그러하옵니다(如是). 32상으로 여래를 볼 수 있겠나이다(以三十二相觀如來). ㉖

위의 두 가지 대화에서 어디에 차이가 있을까? '견(見)', '득견(得見)', 그리고 '관(觀)'에 그 차이점이 있다. 왜 그런가? 간단하게 말하면 견, 득견은 외부의 형상에 영향을 받는다. 그러나 관찰(觀)은 내부의 관지(觀止)를 말한다. 외부의 아름다움(美), 추함(醜), 꿈(夢), 환영(幻), 육신, 화훼(花卉) 등은 일시적이고 얼마 지나지 않아 곧 사라진다. 내적으로 예를 들면 내관반조(內觀返照, 내면적으로 관조함)와 같은 것으로 공(空)에 머물고, 청정함에 머물고, 도에 머물고, 진성(眞性)에 머물러서 지극히 선하고

지극히 아름다워(盡善盡美) 더 이상 보탤 것이 없으므로 탄식하여 '관지'라고 한다.

외부 경계(外界)는 형상의 변화가 있고, 관지는 형상의 변화가 없다. 그래서 32상은 외적인 형상의 변화다. 그러나 32상에도 불변의 원리가 존재하는데, 그것이 바로 도체의 여래다. 이것이 바로 『주역』의 원리, 즉 4 · 8 · 32괘, 8 · 8 · 64괘의 변화 원리와 일치한다. 다만 그것에는 불변의 원리가 있어서 영원히 변하지 않는다.

여기서 무엇을 관조(觀)하는가? 바로 영원불변의 원리를 관찰(觀)한다. 그러나 외계로부터 '견, 득견'하는 것은 모두 부단히 변화한다. 이제 이 두 가지의 차이점을 알았는가? 또한, 전륜성왕(轉輪聖王)을 언급했는데, 그것은 바로 시대의 전륜, 즉 시대의 바퀴가 돌아가고 있다는 뜻이다. 하지만 어느 시대에 비로소 성왕이 출현하는지에 대해서는 알지 못한다.

맹자는 "오백년(五百年)에 반드시 왕다운 왕이 일어난다(必有王者興)"[69]고 말하였다. 성왕은 성인과 같지 않고, 부처와도 다르며, 여래와는 더더욱 다르다. 다만 성왕은 성인, 부처, 여래가 될 수 있다. 그가 성인이나 부처, 여래가 되려면 반드시 내관반조의 공부가 있어야 하고, 명심견성(明心見性)이 무엇인지를 알아야 한다. 그렇지 않으면 단지 한 시대의 지도자로서, 단지 외부의

69) 『맹자』「公孫丑下」.

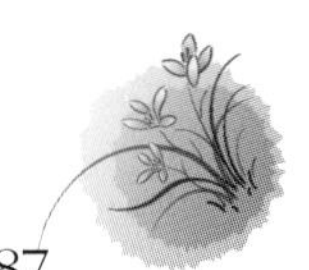

변화에 따라 변할 따름이다. 32상은 변화의 모습이며, 고정되어 있지 않은 형상이다.

석가모니 부처님께서는 중생이 32상을 해체할 수 있도록 중생에게 여래의 형상에 머무르지 않도록 가르쳤고, 누군가가 우리를 찬미한다고 해서 꼬리를 치면서 오만한 마음을 내어서도 안 된다고 강조하셨다.

3. 끊어짐도 없고 소멸함도 없음(無斷無滅)의 생성화육 원리70)

무엇을 '끊어짐도 없고 소멸함도 없음(無斷無滅)'이라고 하는가? 그것은 바로 반야의 지혜가 불생불멸하고, 반야의 법도 불생불멸한다는 뜻이다. 석가모니 부처님께서는 수차례 형상 없음(無相)을 말하셨는데, 그것은 단지 사람들로 하여금 형상을 떠나도록 가르치는 것이지, 형상을 없애라(滅)고 가르치신 것이 아니다. 석가모니 부처님께서 수보리에게 다음과 같이 말씀하셨다:

> 수보리여(須菩提)! 네가 만약 다음과 같이 생각한다면(汝若作是念): '여래께서 형상을 온전히 갖추지 않았기 때문에(如來不以具足相故) 아뇩다라삼먁삼보리를 얻으셨다'(得阿耨多羅三藐三菩提). 수보리여(須菩提)! 이러한 생각을 하지 마라(莫作是念): '여래께서

70) 제27「無斷無滅分」의 주제에 해당한다. 별도의 표기가 없는 한, 이하에서의 원전 인용문은 모두 이곳을 출처로 한다.

는 형상을 온전히 갖추지 않았기 때문에(如來不以具足相故), 아뇩다라삼먁삼보리를 얻으셨다'(得阿耨多羅三藐三菩提).

석가모니 부처님께서 말씀하셨다: "수보리여! 네가 만약 '여래께서는 원만한 32상을 갖추지 않은 까닭에 비로소 위없는 보리를 증득했다'고 생각한다면, 그것은 틀린 생각이다. 수보리여! 너는 절대로 다음과 같이 생각해서는 안 된다. 즉, 내가 원만한 32상을 갖추지 못했기 때문에 비로소 위없는 보리를 증득했다고 여기는 생각 말이다."

왜 그런가? 석가모니 부처님께서는 계속 말씀하셨다.

수보리여(須菩提)! 네가 만약 다음과 같은 생각을 한다면(汝若作是念)[71]: '아뇩다라삼먁삼보리를 내는 것은(發阿耨多羅三藐三菩提者) 온갖 법이 끊어지고 소멸한다고 주장하기 때문이다(說諸法斷滅).' 이러한 생각을 하지 마라(莫作是念). 무엇 때문이겠느냐(何以故)? 아뇩다라삼먁삼보리의 마음을 내는 것은(發阿耨多羅三藐三菩提心者), 법에 대해서 끊어지고 소멸하는 형상을 주장하지 않기 때문이니라(於法不說斷滅相).㉗

71) 본서에는 '汝莫作是念'으로 되어 있다. 무진장불교문화연구원 편 『금강경』에는 '汝若作是念'으로 되어 있어, 이 판본에 근거하여 '莫'자를 '若'자로 고쳤다.

석가모니 부처님께서 말씀하셨다: "수보리여! 네가 만약 다음과 같이, 즉 위없는 보리심을 내는 것이 곧 위없는 보리를 증득한 것이라 생각한다면, 이것은 '일체개공(一切皆空)'에 집착해 복을 닦지 않고서 직접 보리를 증득할 수 있다고 잘못 생각하는 것이다. 이러한 잘못은 제법이 끊어지고 소멸한다(諸法斷滅)고 말하는 데 있다.

너는 이러한 관념을 가져서는 안 된다. 왜냐하면 위없는 보리심을 펼치려면 기본적으로 온갖 선법을 닦는 것으로부터 시작해야 하기 때문이다. 따라서 단지 불법에 의지하지 않아도 수행할 수 있어야만, 비로소 수행하는 사람에게 법에 집착하지 말아야 할 것을 권면할 수 있으며, 단지 법을 떠나서 행하는 것일 뿐이지, 법을 소멸시켜서 행하지 않는 것이 아니다."

여기에는 '네가 만약 이(러한) 생각을 하면(汝若作是念)', '이(러한) 생각을 하지 마라(莫作是念)', '네가 만약 이(러한) 생각을 하면(汝若作是念), '이(러한) 생각을 하지 마라(莫作是念)'라고 하여, 네 개의 '이(러한) 생각(是念)'이 나타난다. 그중 두 개는 긍정이고, 두 개는 부정이다. 『금강경』에는 동 · 서 · 남 · 북과 사유 · 상하의 허공만 형용하고 있지④ 일체가 공하다는 '일체개공'의 논지를 본격적으로 다루고 있지는 않다.

따라서 '공(空)'자는 단지 일종의 방편설이다. 만약 우리가 내내 공에 집착한다면, 우리는 반드시 실망 속에서 생활하게 되고, 아무런 의미 없이 인생을 살게 될 것이다. 석가모니 부처님께서는 중생에게 "온갖 형상을 여의고(離一切相)… 이 법은 진실함도 없고 허망함도 없다(此法無實無虛)"⑭고 강조하셨다. 다시 중생들에게 '온갖 형상을 소멸시키고 모든 현상을 끊어버리라'고 강요하시지는 않았다.

우주의 생성화육의 원리는 생생불식하게 변화하고 있어 인간과 만물이 불멸하며, 에너지는 서로 변하고 그 변화 역시 무궁무진해 끊어진 적도 소멸된 적도 없다. 마치 얼음이 녹으면 물로 변하고, 물이 얼면 얼음으로 변하듯이 현상계의 변화는 다종다양하다. 변화는 변화이고, 다만 본성은 변하지 않는다. 왜냐하면 본체가 바로 도체이기 때문이다. 그것은 본시 형상할 것이 없고, 또한 집착할 바가 없다.

만약 도체를 공한 것으로 여긴다면 잘못된 생각이다. 만일 도체가 상주(常住)하는 것이라고 말하면 이것도 틀렸다. 만약 도체가 끊어지고 소멸한다고 말한다면 더욱 잘못되었다. 그렇다면 우리는 아무것도 모르는 것이 오히려 낫다. 대자연 속에 살면서 스스로 그러하게 살고 스스로 그렇게 걸어간다면, 어떤 '경전(經典)'도 읽을 필요는 없다. 끊어짐도 없고 소멸함도 없기(無斷無滅)에 씨앗이 소멸하지 않고 생명이 사라지지 않으며, 우주가 불멸하고 온갖 형상(萬相)이 사라지지 않는 것이다.

4. 받지도 않고 탐내지도 않아야(不受不貪) 참 보살[72)]

'받지도 않고 탐내지도 않음(不受不貪)'이란 무슨 뜻일까? 그것은 바로 '나 없음(無我)'이고 내가 없기에 '받음 없음(無受)'이 성립한다. 이것은 또 무슨 뜻인가? 어떤 사람이 이미 보살이 되었다고 한다면, 그는 온갖 좋은 것을 받아서는 더더욱 안 되며, 더구나 무슨 복덕을 탐내서도 안 된다. 그는 좋은 것이 있으면 중생들에게 나눠줘야 하고, 복덕을 중생들이 누릴 수 있도록 양보해야만 한다.

무엇을 '보살'이라고 하는가? 어떤 사람이 만약 이미 스스로 본성을 깨달았고, 또 널리 중생을 제도하고 천하의 중생을 위해 봉사하면서 받지도 탐하지도 않는다면, 이 사람의 지위는 부처님에 버금간다.

석가모니 부처님께서 말씀하셨다(佛言): 수보리여(須菩提)! 보살이 갠지스강의 모래 수만큼 세계에 일곱 가지 보석을 가득 채워(若菩薩以滿恒河沙等世界七寶) 지녀서 보시에 사용한다고 하자(持用布施). 만약 또 다른 사람이 온갖 법이 무아임을 알아서(若復有人知一切法無我) 참는 수행을 성취했다면(得成於忍), 이 보살의 공덕이 앞에서 말한 보살이 얻는 공덕보다 뛰어나느니라(此菩薩勝前菩薩所得功德).

72) 제28「不受不貪分」의 주제에 해당한다. 별도의 표기가 없는 한, 이하에서의 원전 인용문은 모두 이곳을 출처로 한다.

무엇 때문이겠느냐(何以故)? 수보리여(須菩提)! 여러 보살들은 복덕을 받지 않기 때문이니라(以諸菩薩不受福德故).

석가모니 부처님께서 말씀하셨다: "수보리여! 어떤 보살이 비록 무량한 세계의 모든 '칠보'를 가지고 보시했더라도 그 마음이 형상에 집착한다면, 그 때문에 얻는 복덕이 많을지라도 그것은 분명한 한계가 있다. 또 다른 보살은 마음이 형상에 집착하지 않고, 온갖 법에 나 없음(一切法無我)을 알아서 무아의 인행(忍)을 성취했으며, 인욕마저 잊어버림으로써 무아를 완성하기 시작했다. 이와 같다면 뒤에 말한 보살이 얻는 복덕이 앞의 보살이 얻는 복덕과 비교해 훨씬 많고도 많을 것이다.

왜 그런가? 수보리여! 이러한 보살은 형상을 떠나서 보시했기 때문에 복덕을 받지 않는 과보를 받기 때문이며, 복덕을 받지 않은 원인 때문에 얻는 바의 복덕이 한량없이 많기 때문이다."

이러한 '칠보의 보시로 공덕을 비교하기'와 유사한 가설은 석가모니 부처님께서 앞에서도 7~8회에 걸쳐 말씀하셨다. 예컨대, "만약 어떤 사람이 삼천대천세계에 가득한 칠보로 보시에 사용한다면(以用布施), 이 사람이 얻는 복덕은"⑧; "만약 선남자 · 선여인이 칠보로써 보시한다면"⑪; "만약 선남자 · 선여인이 하루에 세 번, 반복해서 갠지스강의 모래알 수만큼 보시한다면", "만약 또 어떤 사람이 이 경전을 듣고 받아 지니어 독송해 널리 다른

사람들을 위해 설명한다면, 그 성취는 헤아릴 수 없다."⑮; "만약 어떤 사람이 삼천대천세계에 가득 찬 칠보로 보시를 위해 쓴다면, 이 사람은 이 인연으로 복덕 얻음이 많겠는가"⑲… 등이다.

여기에서의 '약인(若人), 선남자 · 선여인'은 일반적인 사람을 가리키며, 보통 사람들의 보시를 말한다. 본 절에서 말하는 특정한 보살은 일반적인 사람이 아니다. 보살이라면 보시를 해야 하고, 일반인보다 더 보시해야 할 뿐만 아니라, 형상에 집착하지 않고 보시를 해야 한다. 보시를 즐기면서 하고, 모든 보시를 잊고서 복덕을 받지 않는다는 생각으로 보시를 해야 한다. 이것은 수보리에 대한 석가모니 부처님의 보다 심화된 일깨움이다.

수보리가 석가모니 부처님께 아뢰었다(須菩提白佛言): 세존이시여(世尊)! 어찌하여 보살이 복덕을 받지 않는다고 하시나이까(云何菩薩不受福德)?

석가모니 부처님께서 말씀하셨다(佛言): 수보리여(須菩提)! 보살이 짓는 바의 복덕은(菩薩所作福德) 마땅히 탐해서는 안 되며(不應貪着), 이 때문에 복덕을 받지 않는다고 말하느니라(是故說不受福德).㉘

또, 수보리가 부처님께 여쭈었다: "세존이시여! 원인(因), 결과(果), 받음(受), 베품(施) 등은 이치상 당연한 것입니다. 그런데 어째서 보살은 복덕을 받지 않는다고 말씀하십니까?" 수보리의 이 질문은 아주 좋다. 그의 뜻은 보살이라면 마땅히 중생을 위해 아무런 생각이 없이 모든 일을 해야 한다.

그 마음에 머무름이 없고 바라는 바가 없이, 어떠한 형상에도 집착하지 않고 보답을 바라지 않아야 한다. 마치 부모 된 자가 자신의 자녀들을 사랑하고 보호하면서, 자녀를 위해 모든 일을 행하지만, 장래 자식의 보답을 결코 바라지 않는 것과 같다. 즉, 태양, 바람, 물, 흙과 같이 헌신하기만 할 뿐 보답을 추구하지 않는 것과 같다.

수보리가 질문한 문제는 바로 다음이다: '보살이라고 해서 복덕을 조금 생각해 보았기로서니 무슨 관계가 있단 말입니까?' 그런데 수보리가 어찌 알았겠는가? '생각해 봄'이 곧 머무름이 있는 것임을 말이다.

이어서 석가모니 부처님께서 말씀하셨다: "수보리여! 보살이 중생을 제도하고 보시를 행하는 것은 본래 마땅히 행해야 할 일을 행하는 것이고, 그리고 마땅히 복덕을 탐하지 않아야 비로소 보시를 행하는 것이다. 복덕이 있고 없음은 모두 스스로 그러함에 맡길 뿐이고, 그래서 보살은 복덕을 받지 않는다고 말하는 것이다."

자고로 성인, 현자, 영웅, 호걸 및 보살, 부처, 신선 등은 모두 일반인으로부터 나왔다. 그들은 중생으로부터 나오고, 중생에게로 돌아간다면 그리 대단한 것이 없다. 중생은 모두 평등하며, 사람마다 모두 성인이 될 수 있으며, 보살과 부처님도 될 수 있다.

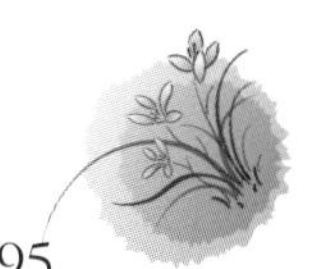

하지만 그분들이 얼마나 많은 역경과 얼마나 힘든 수련을 거치셨는지 아는가? 또 얼마나 많은 희생을 하셨는지, 얼마나 헌신하셨는지를 아는가? 마지막으로 스스로 성자인지, 스스로 부처인지를 인정하려 들지 않으셨다. 왜 그럴까? 만일 스스로 인정한다면 그 자체로서 그의 지위는 한정이 있게 된다.

공자가 말하였다. “성과 인과 같은 것을(若聖與仁) 내가 어찌 감히 자처하겠느냐(則吾豈敢)? 다만 그것을 위하는 데 싫증내지 않고(抑爲之不厭), 다른 사람을 가르치는 데 게으르지 않는 것이라면(誨人不倦), 그렇다고 말할 수 있을 뿐이다(則可謂云爾已矣)!”[73] 공자가 이렇듯, 석가모니 부처님께서도 이러하셨다.

또, “만약 또 어떤 사람이 온갖 법이 실체 없음을 알고(若復有人知一切法無我) 인욕 수행을 성취했다(得成於忍)”라고 말한 것은 이런 보살이야말로 진정한 보살로서, 앞의 보살이 보시한 공덕보다 뛰어나다는 것이다. 칠보를 보시한 공덕과 비교하는 것은 이미 대략 여덟 차례 이상 나왔다.

석가모니 부처님께서는 사람들에게 ‘보리심’을 내는 실제적인 공부를 가르치고 있다. 그것은 형상으로써 관찰(觀)해도 안 되고, 형상의 단멸(斷滅)을 말해서도 안 되며, 이 가운데 진리(眞諦)가 내재되어 있다. 석가모니 부처님께서는 공덕이란 관념에 머물러서는 안 된다는 점을 갈파(喝破)하고 있으며, 배우는 자가

73) 『논어』「述而」.

'있음에 집착(着有)'하는 것을 부수고 있다.

일체법은 반드시 '나 없음(無我)'이어야 한다. 사람이 '나 없음'일 수 없는 까닭은 모두 '참지(忍)' 못하기 때문이다. 참지 못하는데 어찌 내가 없을 수 있겠는가? 그래서 '인욕바라밀'에서는 능히 참아내야(忍) 하고, 능히 모욕당해야(辱) 한다. 모욕을 잊을 뿐만 아니라, 참음도 잊을 때까지 이르러서야 열악한 환경이나 부당한 대우에도 참고 받아들이며, 해탈을 앞당김으로써 '나 없음'이 비로소 성취된다. 참지 못하는데 어찌 내가 없을 수 있는가? 오직 내가 없어야 참음을 완성할 수 있다.

석가모니 부처님께서는 "일체법무아(一切法無我, 일체법이 나 없음을 알아) 득성어인(得成於忍, 참는 수행을 성취한다)"으로 제자들에게 성불의 정수를 가르쳐주었다. 또, '일체법에 나 없음(一切法無我)'이란, 일체법은 모두 인위적인 법으로써 마치 뗏목과 같은데 어디에 내(我)가 있겠는가? 자아(我)는 육체의 자아와 자성의 자아가 있다. 육체적 자아는 생멸이 있고, 자성적 자아는 생멸이 없다.

석가모니 부처님께서는 사람들에게 육체적 자아에 집착하지 말고 자성적 자아, 즉 우주와 하나로 합해지는 자아로 돌아가라고 한다. 이렇게 육체적 자아를 버리는 것이 '인행(忍)'의 가장 큰 수행이다. 『금강경』 5,149자(정확한 글자 수는 책마다 조금씩 다르므로 여기서는 구마라습본으로 옮김) 중에서 이것을 가장 주목해야 하며, 가장 견고한 '금강의 능력'이라고 말할 수 있다.

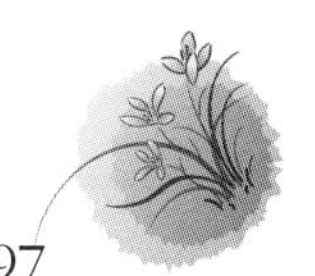

우리가 만일 보통의 일상적인 언어로 단순하게 말한다면 '인행(忍)'에는 세 개의 과정이 있다. 첫째는 스스로가 참도록 스스로를 강제하는 것이고, 둘째는 참기를 스스로 바라는 것이며, 셋째는 즐거이 참고 매우 기뻐하면서 참는 것이다.

'인행' 수행에 성공하고 싶다면 반드시 참을 수 있어야 하고 견뎌내야 한다. 우리가 무엇을 하든지 만일 성공하고 싶다면, '능히 참고 견뎌야 함(能忍耐)'이란 구절과 관계있는 공부를 거쳐야만 한다. 이 구절은 동일한 의미로서 능히 참아내고, 능히 견뎌내면 성공할 수 있다는 뜻이다. 이것은 마치 어머니가 아이를 낳는 것과 마찬가지이며, 능히 낳고 능히 참고 능히 견뎌야 비로소 아기가 태어나고, 능히 인내로써 양육할 수 있게 되는 것과 같다.

사람으로 태어나 어려서부터 성장할 때까지 얼마나 '능히 참고 견뎌야 한다(能忍耐)'는 과정을 거쳐야 하는지 우리가 안다면, 마땅히 생명을 소중히 아껴야 하며, 우리의 몸을 사랑하고 보호해야 한다. 이것은 증자(曾子)가 말한 "몸의 터럭과 피부(身體髮膚)는 부모로부터 받은 것이니(受之父母), 감히 훼손되지 않도록 해야 한다(不敢毁傷)"[74]는 것과 같은 이치다.

사람으로 태어나 성인이 되고 부처가 된다. 사람에게는 모두 부모가 있다. 공자에게도, 석가모니 부처님께서도 자신의 부모님들이 있다. 만일 사람이 자신의 부모를 사랑하지 않는다면 어

74) 『孝經』 제1장 「開宗明義章第1」. 이 말은 증자의 말이 아니라, 공자가 증자에게 해준 말이다.

떻게 성인이 될 수 있고 부처가 될 수 있겠는가? 몸이 없으면 아무것도 이룰 수 없다. 불교의 해석에 따르면 사람의 몸은 바로 부모가 낳은 '보신(報身)'이며, 그것을 '화신(化身)'이라고 부를 수도 있다.

석가모니 부처님은 법신, 보신, 화신의 '삼신(三身)'이 있다. 법신은 자성의 본체이고, 화신은 중생의 변화하는 몸이다. 사실 세 몸은 곧 한 몸으로 보신에서 법신으로 돌아가는 정확한 경로가 바로 능히 참아내고 능히 견뎌내는, 즉 인내다.

5. 몸가짐이 고요하고 조용한(威儀寂靜) 여래의 도체[75]

무엇을 '몸가짐이 고요하고 조용함(威儀寂靜)'이라고 하는가? 그것은 바로 감도 없고(無去), 옴도 없이(無來) 몸가짐을 드러내는 형상을 따른다는 말이다. 이것은 또 무슨 뜻인가? 『중용』에서 자사(子思, 공자의 손자로 이름은 급(伋))가 한 말을 인용해 보자:

> 위대하도다(大哉)! 성인의 도는(聖人之道) 한없이 크고 넓어(洋洋乎) 만물을 발육하고(發育萬物), 높고 지극해 하늘에 닿는다(峻極於天). 넉넉하고 크도다(優優大哉)! 예의에 관한 것이 삼백이고(禮儀三百), 행동거지에 관한 것이 삼천이지만(威儀三千) 마땅한 사람을 기다린 후에 행해질 것이다(待其人而後行).

75) 제29「威儀寂靜分」의 주제에 해당한다. 별도의 표기가 없는 한, 이하에서의 원전 인용문은 모두 이곳을 출처로 한다.

'양(洋)'은 가득하다는 뜻이다. '준(峻)'은 높고 크다는 말이며, '우(優)'는 충족하여 여유가 있다는 뜻이다. 전체의 뜻은 다음과 같다: 위대하구나! 성인의 도는 우주 사이에 가득 차 있어 족히 만물을 발육시키고, 그것의 높고 거대함은 하늘과 나란히 할 수 있다. 넉넉하고 광대하구나! 큰 예절이 삼백여 가지가 있고 작은 예절이 삼천여 가지 있는데, 반드시 재능과 덕성을 갖춘 사람이 나타날 때를 기다린 이후에 비로소 실행할 수 있다. 그것은 형용할 수 없는 불가사의한 일종의 몸가짐(威儀)이다.

석가모니 부처님께서 말씀하셨다.

수보리여(須菩提)! 어떤 사람이 말하기를(若有人言), '여래는 오는 듯하고 가는 듯하며, 앉아 있는 듯하고 누워 있는 듯하다'고 한다면(如來若來 · 若去 · 若坐 · 若臥), 이 사람은 내가 말한 뜻을 이해하지 못하였느니라(是人不解我所說義). 무엇 때문이겠느냐(何以故)? 여래는(如來者) 좇아 나오는 바 없고(無所從來), 또한 가는 바 없기에(亦無所去) 그래서 여래라 이름하느니라(故名如來).

석가모니 부처님께서 수보리에게 말씀하셨다: "수보리여! 만약 어떤 사람이 나 여래는 가기도 하고, 머물기도 하고, 앉기도 하고, 눕기도 하는 네 가지 몸가짐(威儀)이 있다고 말한다면, 이는 나도 형상에 집착하고 있다고 생각하는 것으로 이 사람은 내

말뜻을 이해하지 못한 것이다. 왜 그런지 너는 아느냐? 왜냐하면 여래의 본성은 진성이 그러한 대로(眞性自如) 법계에 충만하며 느껴지는 대로 드러나기 때문이다. 그래서 옴이 반드시 온 것이 아니요, 감 또한 간 것이 아닌 것은 옴도 없고(無來) 감도 없기(無去) 때문이며, 그래서 '여래'라고 부른다.

이 '여래'를 비유로 말하면 바람이 어디로부터 와서 어디로 가는지 아는가? 전기가 어디로부터 와서 어디로 가는지 아는가? 알든 모르든 우리는 바람과 전기를 사용할 수 있다. 사실 바람과 전기는 옴도 없고 감도 없는(無來無去) 것으로, 우주 간에 존재하며 있지 않은 데가 없고 이르지 않는 곳이 없다. 그것은 형상이 없고 받음이 없으며, 복덕의 어떤 보답을 구하지도 않는다.

몸가짐 삼백삼천이 모두 32상의 화신이고, 우주의 온갖 현상은 모두 32상의 변화로 무궁하다. 여래불은 비록 몸가짐 '32상과 80종호(種好)'를 가지고 있고 모든 덕(萬德)의 장엄한 형상을 가지고 있지만, 이 '형상(相)'은 어디에서든 자재하지 않음이 없고(無往而不自在), 인연에 따르지만 불변하고(隨緣不變), 불변하되 인연을 따르며(不變隨緣), 시기에 응해 오고(應機而來) 시기에 따라 간다(隨機而去).

마치 공자가 말한, "마음이 하고자 하는 바를 좇아도(從心所欲) 법도에 어그러짐이 없다(不踰矩也)"와 같다. 감도 없고 옴도 없다는 바로 움직이는 것도 아니고 고요한 것도 아닌, 고요한(寂然) 본체이며 감하면 곧 통하는(感而遂通) 것이다.

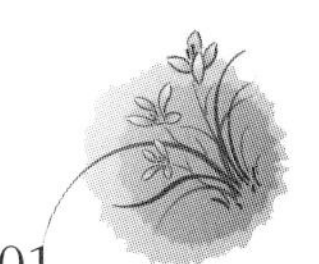

석가모니 부처님께서는 보살의 받음(受)과 탐냄(貪)을 부정하였고, 또 여래 법신에게 형상이 없다는 것을 부정하였으며, '여래'라는 명자상(名字相, 이름이나 문자로 설명할 수 없는 형상)에 머무를 수 없음을 통찰했다. 하지만 일반적인 신도들은 대부분 색신과 소리에 형상이 있는 부처님의 몸(佛身)을 구하기 때문에, 반야의 진성(眞性) 가운데 32상은 단지 여래가 응신화(應身化)해 나타난 현상임을 알지 못한다.

앞에서 "32상으로 여래를 봄(三十二相見如來)", "응당 32상으로써 여래를 관찰해서는 안 됨(不應以三十二相觀如來)"이라고 했는데, 여기서 '형상(相)'으로 말한 것은 곧 여래의 이름이다. 석가모니 부처님께서는 제자들에게 "법의 형상(法相)에도 법의 형상이 아님(非法相)에도 집착하지 말 것이며, 복덕의 형상(福德相)에도 집착해서는 안 되고 명자상(名字相)에도 집착하지 말라"고 말씀하셨다.

만일 집착하지 않는 이러한 능력(工夫)을 성취한다면 무엇이 선천의 우주 대도인지를 알 수 있고, 아뇩다라삼먁삼보리심과 무상정등정각의 청정심과 합일할 수 있다. 이러한 '마음의 경계(心境)'는 『중용』의 언어로 말하면 더욱 쉽게 이해할 수 있다:

> 고명함을 다하고 중용을 말한다(極高明而道中庸): 하늘이 명한 것을 성이라 이르고(天命之謂性), 성을 따르는 것을 도라고 이르며

(率性之謂道), 도를 닦는 것을 교라고 이른다(修道之謂教). 도라는 것(道也者)은 잠시도 떨어질 수 없는 것이며(不可須臾離也), 떨어질 수 있다면(可離) 도가 아니다(非道也).

비록 가장 고명한 경지에 이르렀어도 여전히 '중용'의 도리를 따라야 한다는 말이다. 하늘이 사람에게 부여한 기품(氣稟)을 '성'이라 부르고, 본성에 따라서 실천하는 것을 '도'라 부르며, 도를 밝게 닦는 준칙을 '교'라고 한다. 이 '도'는 한순간도 떠나서는 안 된다. 떠날 수 있다면 도가 아니고 우주 대도가 아니다.

석가모니 부처님께서는 가장 위대한 교육자 중 한 분이시다. 평등한 교육이 모든 중생에게까지 확대되어야 한다고 주장하였다. 공자의 '가르침에는 대상의 차별이 있을 수 없다는 유교무류(有教無類)'의 교육사상과 다르지 않고, 나아가 평민의 생활을 하며, 평민의 음식을 먹고 평민의 집에 살면서 평민의 옷을 입고, 우매한 논쟁을 반대하고 지혜를 추구해 '무아'의 청정 세계에 이르렀다.

석가모니 부처님께서는 지혜로운 분[智者]이면서, 고통에 시달리는 환자를 구해낸 의사이시고, 이 세상에서 가장 훌륭한 스승이시다. 제자들을 위해 희생하고 헌신하셨으며, 천하의 중생들을 위해 봉사하시었다.

6. 하나로 합해진 이치의 형상(一合理相)에 머물러서는 안 됨[76)]

무엇을 '하나로 합해진 이치의 형상(一合理相)'이라 하는가? 그것은 바로 세 몸이 한 몸을 이루고(三身一體), 한 몸이 세 몸으로 분화됨(一體三身), 하나의 이치로 합쳐짐(合一理) 등과 같은 말과 단어로는 확실하게 설명되지 않는다. 이것은 또 무슨 뜻인가? 석가모니 부처님께서 비유로 말씀하셨다.

> 수보리여(須菩提)! 만약 선남자와 선여인(若善男子 · 善女人)이 삼천대천세계를 부수어 티끌로 만든다고 한다면(以三千大千世界碎爲微塵), 네 생각은 어떠하느냐(於意云何)? 이 티끌들(是微塵衆)이 많지 않겠느냐(寧爲多不)?

석가모니 부처님께서 또 시험 문제를 냈다. 제목은 물리 세계의 변화인데 과연 수보리는 대답할 수 있을까? 석가모니 부처님의 물음은 다음과 같다. "수보리여! 선남자나 선여인이 삼천대천세계라는 우주 전체를 부수어 티끌로 만든다고 한다면, 너는 이것이 무엇을 의미하는 것인지 알겠느냐? 그러한 티끌의 수량이 많겠느냐, 아니면 많지 않겠느냐?"

---

76) 제30「一合理相分」의 주제에 해당한다. 별도의 표기가 없는 한, 이하에서의 원전 인용문은 모두 이곳을 출처로 한다.

수보리가 아뢰었다(須菩提言): 심히 많사옵니다(甚多). 세존이시여(世尊)! 무엇 때문이겠나이까(何以故)? 만약 이 티끌들이 참으로 있는 것이라면(若是微塵衆實有者), 부처님께서는 '티끌들'이라고 말씀하지 않았을 것이기 때문이옵니다(佛卽不說是微塵衆). 그 까닭이 무엇이겠나이까(所以者何)? 부처님께서 '티끌들'이라 말하신 것은(佛說微塵衆), 곧 '티끌들'이 아니기에(卽非微塵衆) 이것을 '티끌들'이라 이름하신 것이기 때문이옵니다(是名微塵衆).

세존이시여(世尊)! 여래께서 말씀하신 삼천대천세계는(如來所說三千大千世界) 곧 세계가 아니라(卽非世界) 세계라고 이름한 것이옵니다(是名世界). 무엇 때문이겠나이까(何以故)? 만약 세계가 참으로 있는 것이라면(若世界實有者) 곧 일합상이옵니다(卽是一合相). 여래께서 일합상이라 말씀하신 것은(如來說一合相) 곧 일합상이 아니기에(卽非一合相) 이를 일합상이라 이름한 것이옵니다(是名一合相).

수보리의 대답은 아주 훌륭하다! "매우 많습니다. 세존이시여! 무엇 때문이겠습니까? 왜냐하면 티끌들은 비록 많지만 그것의 연기는 본성이 없기(無性)에 절대로 그것을 실유(實有)하는 자체라고 집착하지 않기 때문입니다. 만일 이러한 티끌들이 실체를 가지는 것이라면 스승님께서는 그것들을 '티끌들(微塵衆)'이라 부르지 않으실 것입니다.

이것은 무엇 때문이겠습니까? 왜냐하면 스승님께서 말씀하신

티끌들이란 연기한 것으로 참다운 실체적(眞實)인 것이 아니기에 단지 하나의 이름을 빌려 그것을 '티끌들'이라 부를 뿐이기 때문입니다!

세존이시여! 스승님께서 말씀하신 삼천대천세계도 마찬가지로, 연기한 가상으로 진실로 실체성을 가지는(眞實性) 것이 아니기 때문에 역시 하나의 명칭을 빌려 그것을 '세계'라고 부를 뿐입니다. 왜 그렇겠습니까? 만일 진실로 실체성을 가지고 있는 하나의 세계가 있다면, 곧 '하나로 합해진 형상(一合相)'으로 혼연이 한 몸을 이루어 티끌로 부수어질 수 없습니다. 스승님께서 말씀하신 '하나로 합해진 형상(一合相)'은 역시 실유하는 것이 아니라, 단지 하나의 명칭을 빌려 '일합상'이라 부를 뿐입니다!"

석가모니 부처님께서는 수보리의 대답을 들으시고 매우 기뻐하시며 말씀하셨다.

> 수보리여(須菩提)! 하나로 합해진 형상(一合相者)은 곧 말할 수 없는 것이다(卽是不可說); 다만 범부의 사람들(但凡夫之人)이 그것을 탐내고 집착하느니라(貪着其事).

석가모니 부처님께서 수보리의 '시험지'를 평가하셨다. "수보리여! 일합상의 이치란 공하면서 공하지 않고, 오묘해 말할 수 없다. 비유로도 분명하게 설명할 수 있는 것이 아니다. 다만 범부들은 막혀 있어 본성이 무엇인지 알지 못한다. 그들은 단지 눈앞에 보이는 광경(幻境)에 애착하여 육근, 즉 눈(眼), 귀(耳), 코(鼻), 혀(舌), 몸(身), 마음(意)이 각각의 대상(相)에 집착함으로써 깨닫지 못할 뿐이다."

여기서 말하는 '범부(凡夫)'란 보통의 일반인을 가리킨다. 석가모니 부처님께서는 수보리에게 "수보리여, 너는 더 이상 범부가 아니다"라는 말을 결코 하지 않으셨고, 단지 '일합상(一合相)'은 말할 수 없다고만 말씀하셨다. 왜 석가모니 부처님께서는 "수보리여, 너는 더 이상 범부가 아니다"란 말을 하지 않으셨을까? 그 이유는 수보리의 대답이 단지 자기 스승님의 연설방법에 따라서 대답한 것이기 때문이다.

만일 석가모니 부처님께서 긍정적으로 "수보리여, 너는 더 이상 범부가 아니다"라고 말씀하셨다면 석가모니 부처님께서도 형상에 집착한 것이 된다. 석가모니 부처님께서는 수보리가 다시 오만한 마음을 일으키는 것을 보고 싶지 않았고, 그래서 "일합상(一合相)은 말할 수 없다"고 하신 것이다.

『주역 · 곤괘』에서 "주머니를 묶으면(括囊) 허물도 없고 명예도 없으니(無咎無譽), 대개 말을 신중히 해야 한다(蓋言謹也)"고 했다. '괄낭(括囊)'은 우주다. 우주에는 답이 없고 언어가 없으며, 언어가 없으니 찬미할 것도 없고, 찬미하지 않을 것도 없다.

공자는 "내가 다른 사람에 대해서(吾之於人也) 누구를 헐뜯고 누구를 칭찬했던가(誰毁誰譽)? 만일 칭찬한 적이 있다면(如有所

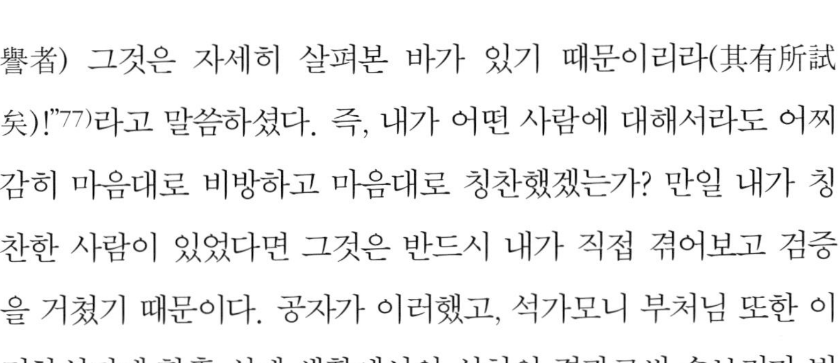

譽者) 그것은 자세히 살펴본 바가 있기 때문이리라(其有所試矣)!"[77]라고 말씀하셨다. 즉, 내가 어떤 사람에 대해서라도 어찌 감히 마음대로 비방하고 마음대로 칭찬했겠는가? 만일 내가 칭찬한 사람이 있었다면 그것은 반드시 내가 직접 겪어보고 검증을 거쳤기 때문이다. 공자가 이러했고, 석가모니 부처님 또한 이러하셨기에 향후 실제 생활에서의 실천의 결과로써 수보리가 범부인지 아닌지를 확인할 필요가 있다.

석가모니 부처님께서는 또 무엇 때문에 '삼천대천세계의 티끌'의 비유로서 수보리에게 '일합상(一合相)'의 이치를 말했을까? 그것은 바로 '형상이 있으면 모두가 망념'임을 설명해서 '일합상' 또한 머물러서는 안 된다는 것을 폭로하고 있다. 왜 그럴까? 그 이유는 앞에서도 여러 차례 언급했듯이 그 연역과 귀납이 모두 똑같다.

예컨대, "한 부처님이나 두 부처님이나 셋, 넷, 다섯 부처님(一佛二佛·三四五佛), 한량없는 천만 부처님(無量千萬佛)"[78], "삼천대천세계의 칠보 보시"[79], "갠지스강의 모래알 수와 같은 삼천대천세계의 보시(恒河沙數三千大千世界布施)"[80], "삼천대천세계의 모든 티끌(三千大千世界所有微塵), 32상이고 32상이 아

77) 『논어』「衛靈公」.

78) 제6「正信希有分」.

79) 제8「依法出生分」; 제19「法界通化分」.

80) 제11「無爲福勝分」.

님"[81], "일체법이고 일체법이 아님, 큰 몸이고 큰 몸이 아님"[82], "모든 갠지스강의 모래알 수만큼 많은 부처 세계"[83], "범부는 범부가 아님"[84], "일체법에 내가 없음을 알아(知一切法無我) 확실히 '참음'을 이루었다(得成於'忍')."[85] 등등의 이러한 변화들은 모두 도체의 변화현상이며, 단지 표현만 다를 뿐 사실상 모두 똑같다.

우리가 머무르는 바 없이 그 마음을 내기만 한다면 형상에 집착하지 않게 된다. 만일 우리가 마음(心)을 눈 · 귀 · 코 · 혀 · 몸 · 생각(意)의 육근에 머물게 한다면, 우리는 형상에 집착하면서 많은 번뇌 속에서 생활하게 된다. 그렇다면 어디에 머물러야 할까? 청정심에 머물러야 한다. 단, 역시 집착하지 말아야 한다.

석가모니 부처님께서 왜 '말할 수 없다'고 했는지, 이제 우리는 알아차릴 수 있다. ○은 무엇인가? 우리가 뭐라고 말해도 우리 자신이 말한 것이다. 만일 우리가 비유로 말할지라도, '비유'는 실유(實有)하는 것이 아니다. 뗏목이나 법 모두 비유이고, 모두 인위법이다. 인위법은 ○과 같은 그러한 것이 아니다.

『주역 · 계사』에서는 "역은(易) 생각함도 없고(無思也) 하는 것도 없이(無爲也) 고요하게 있으면서 움직이지 않다가(寂然不

81) 제13「如法受持分」.
82) 제17「究竟無我分」.
83) 제18「一體同觀分」.
84) 제25「化無所化分」.
85) 제28「不受不貪分」.

動) 느끼면서 드디어 천하의 모든 이치에 통한다(感而遂通天下之故)"라고 했다. 석가모니 부처님께서도 "형상에서 취하지 말고(不取於相) 여여하게 움직이지 않아야 하느니라(如如不動)"[86]라고 말씀하셨다. 『금강경』의 연설이 여기에 이르렀으면 이제 곧 마칠 때가 된 것이다!

과학자나 의사들은 인체의 구조 및 각 기관의 기능에 대해 알 것이다. 하지만 인체가 어떻게 만들어졌는지, 그리고 각 기관이 갖고 있는 고유한 기능의 원리는 어디로부터 왔는지에 대해서는 알 길이 없다. 과학자들은 기껏해야 생명이 없는 도구를 만들 수 있을 뿐이지, 생명을 창조해내지는 못한다. 참새 한 마리도 만들어내지 못하는데 어떻게 사람을 만들어낼 수 있겠는가?

석가모니 부처님께서는 '말할 수 없다'고 하셨다. 말할 수 있는 것은 지식이지 지혜가 아니기 때문에 지혜는 말할 수 없는 것이다. 우주는 하나의 거대한 지혜이고 거대한 생명이다. "동쪽의 허공(東方虛空), 남, 서, 북쪽과 간방 및 위아래의 허공(南西北方·四維上下虛空)"④은 무엇을 뜻하는가?

『주역·계사하』에는 이런 말이 있다. "역을 책으로 만들어(易之爲書也) 광대하게 모든 것을 갖추었다(廣大悉備): 천도가 있고(有天道焉), 인도가 있으며(有人道焉), 지도가 있어(有地道焉), 삼재를 겸해서 둘로 하니(兼三才而兩之) 이에 육이 되다(故六).

86) 제32「應化非眞分」.

육이란(六者), 다른 것이 아니라(非它也) 삼재의 도다(三才之道也)". '재'는 본성(性)이다. 천성, 인성, 지성의 삼성이 합해져 하나의 성(一性)이 된다. '하나의 성'은 무엇인가? 바로 '도'다. 도는 변동하여 한군데 머물지 않고(變動不居), 육허에 두루 흐르고(周流六虛), 위아래가 항상 함이 없고(上下無常), 강함과 부드러움이 서로 바뀌어(剛柔相易) '일정한 법칙'으로 삼을 수 없으며(不可以典要), 오직 변화에 따를 뿐이다(惟變所適).[87]

석가모니 부처님께서도 이 변화하는 대도를 말씀하셨고, 공자도 이 도를 설명했으며, 노자와 장자도 우주의 이러한 대도를 말하였다. 존경받는 성인은 마음도 같고 덕도 같다(同心同德). 맹자가 말했다. "앞선 성인이나 나중의 성인이나(先聖後聖) 그 헤아림은 하나다(其揆一也)."[88] '규(揆)'는 천하 만물을 재는 표준으로 언제나 똑같은 것이다.

석가모니 부처님께서 말씀하신, "무아의 법에 통달한 자(通達無我法者)"⑰는 상·하에 항상 함이 없이 오직 변화에 따를 뿐이다. 불교의 관점으로 본다면 『금강경』을 읽는 이는 절대로 '형상(相)'에 집착하지 말라!

---

87) 『주역』「繫辭下」.
88) 『맹자』「離婁下」.

7. 지견을 내지 않는다(知見不生)는 개념[89)]

무엇을 '지견을 내지 않음(知見不生)'이라 하는가? 그것은 바로 참다운 앎은 앎이 없는 것으로(眞知無知) 알지 못하는 바가 없으며(無所不知), 참다운 봄은 곧 봄이 없는 것으로(眞見無見) 보지 못하는 바가 없다(無所不見)는 말이다. 이것은 또 무슨 뜻인가? 생명이 무엇인지 우리는 알고 있는가? 우주의 대도를 우리가 볼 수 있는가? 우리는 정말 알지 못하고, 정말 보지 못하는가?

석가모니 부처님께서 말씀하셨다.

> 수보리여(須菩提)! 어떤 사람이 말하기를(若人言), '부처님께서 자아라는 견해, 인간이라는 견해, 중생이라는 견해, 수명이라는 견해를 말씀하셨다'고 하는데(佛說我見 · 人見 · 衆生見 · 壽者見), 수보리여(須菩提)! 네 생각은 어떠하느냐(於意云何)? 이 사람이 내가 말한 뜻을 이해하고 있다고 하겠느냐(是人解我所說義不)?

이것 역시 '시험' 문제다. 수보리에게 다음과 같이 말씀하셨다: "만약 어떤 사람이 '부처님께서 아견 · 인견 · 중생견 · 수자견을 말했다'고 한다면, 수보리여! 네가 생각하기에 이 사람은 내 말뜻을 이해했느냐?" 여기서, 알아차린 이가 있는지 모르겠다. 앞에서 '아상 · 인상 · 중생상 · 수자상'에 대해 여러 차례 말씀하신 적

89) 제31「知見不生分」의 주제에 해당한다. 별도의 표기가 없는 한, 이하에서의 원전 인용문은 모두 이곳을 출처로 한다.

이 있다. 이번에 제기한 문제가 바로 아견 · 인견 · 중생견 · 수자견에 관한 것이다.

앞과 뒤의 차이점은 '상'과 '견'에 있다. '상'은 바로 우주에서의 모든 현상으로 산과 강의 줄기, 꽃 · 풀 · 수목 · 들짐승과 날짐승 및 천하의 중생 등과 같은 것을 가리킨다. '견'은 관점, 견해, 생각 및 상이한 관념 따위다. 이 '견'자는 앞에서 이미 출현한 적이 있는데, '아견 · 인견 · 중생견 · 수자견'을 가리킨다.

이제 수보리가 어떻게 대답하였는지 보자:

수보리가 아뢰었다(須菩提言): 세존이시여(世尊)! 이 사람은 여래께서 말씀하신 뜻을 이해하지 못하고 있나이다(是人不解如來所說義). 무엇 때문이겠나이까(何以故)? 세존께서 말씀하신 아견 · 인견 · 중생견 · 수자견(世尊說我見 · 人見 · 衆生見 · 壽者見)이, 곧 아견 · 인견 · 중생견 · 수자견이 아니기에(卽非我見 · 人見 · 衆生見 · 壽者見) 이것을 이름해 아견 · 인견 · 중생견 · 수자견이라 한 것이기 때문이옵니다(是名我見 · 人見 · 衆生見 · 壽者見).

수보리가 아뢰었다. "아닙니다. 세존이시여! 그 사람은 여래의 말뜻을 결코 이해하지 못했습니다. 왜냐하면 스승님께서 말씀하신 '네 가지 견해(四見)'는 단지 부처님의 깊은 뜻을 범부들이 이해하기 쉽도록 말씀하신 것입니다. 즉, '네 가지 견해(四見)'를 보존하되 그에 구애되어서는 안 되며, 사실상 마땅히 '사견'을 초월

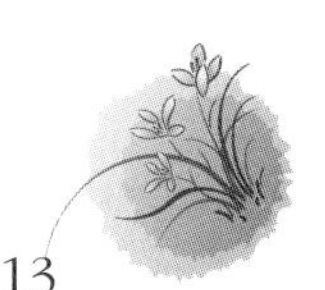

해야 하기 때문입니다. 단지 설명의 편의를 위해서 하나의 명칭을 빌려와 아견 · 인견 · 중생견 · 수자견이라 부르는 것일 뿐입니다."

수보리는 이미 '사견'은 범부를 위해 말한 것이지, 수보리 자신을 위해 말한 것이 아님을 지적했다. 누구를 범부라고 하는가? 범부는 반야의 이치를 깨닫지 못하고, 망심을 꺾지 못하는 보통 사람을 가리킨다. 무릇 앎이 있고 견해가 있어도 밖으로는 '육근'을 떠나지 못하고, 안으로는 반연의 그림자(緣影)를 떠나지 못한다면 이 때문에 아는 것이 많고 본 것이 많을지라도, 번뇌가 많고 세속적인 노고(塵勞)는 더욱 많아 종일토록 앎(知)과 본 것(見)에 의해 미혹된다.

범부들은 능히 알 수 있다는 장애(能知障)에 빠지는 것이 아니라 소지상(所知障)[90]에 빠지며, 보이는 바(所見)의 대상(相分)에 미혹되는 것이 아니라 능히 보는(能見) 인지 주체(見分)에 미혹된다.[91] 석가모니 부처님께서 또 말씀하셨다.

90) 이미 알고 있는 지식에 의해 깨달음에 방해가 되는 장애를 가리킨다.

91) 인식론은 기본적으로 인식 주관과 인식 객관이라는 두 축을 중심으로 논의가 전개된다. 서양철학에서 말하는 관념론과 유물론은 인식 주관과 인식 객관을 이원적으로 구분하는 전제에서 출발한다는 점에서 공통점을 보이지만, 주관이나 객관 어느 곳에 중점을 두느냐에 따라 갈라진다. 즉, 유물론은 객관의 물질세계에 중점을 두는 철학적 입장이고, 관념론은 주관의 인식에 중점을 두는 입장이다. 이와 달리 불교에서의 인식론은 주관과 객관을 상호 의존적으로 본다는 점에서 관념론과 유물론이 아닌 제3의 입장을 보이고 있다. 이것을 불교 용어로 바꾸면 주관은 주로 '能'으로, 객관은 '所'라는 글자를, 그리고 상호 의존은 '緣'이라는 글자로 쓸 수 있다. 따라서 여기서 '보이

수보리여(須菩提)! 아뇩다라삼먁삼보리심을 내는 자(發阿耨多羅三藐三菩提心者)는 일체의 법(於一切法)에서 마땅히 이와 같이 알고(應如是知), 이와 같이 보며(如是見), 이와 같이 믿고 이해하여(如是信解) 법상을 내지 말 것이니라(不生法相). 수보리여(須菩提)! 내가 말한 법상이란(所言法相者) 여래가 말하길(如來說) 곧 법상이 아니라 하니(卽非法相) 이름하여 법상이라 하느니라(是名法相).

또, 수보리에게 다음처럼 말씀하셨다: "수보리여! 무상정등정각의 보리심을 낸다는 것은 마땅히 이와 같이 알고, 마땅히 이와 같이 보게 되어 상 없는 묘한 이치(無相妙理)를 깨닫고, 자연히 상 없는 묘행(無相妙行)을 행하니, 그래서 앎에 가리는 바가 없고(知無所蔽) 봄에 막히는 바가 없다(見無所障). 이와 같이 믿고 이해하는 것이 곧 묘한 깨달음(妙悟)으로서 법상을 내지 않게 되는데, 이에 이르러 비로소 진공의 형상 없는 묘함(眞空無相之妙)을 얻는다. 수보리여! 법상은 본래 공허한 것으로 곧 법상이 아니라, 허공 중에 환상이 있는 것과 같은 것으로, 그것을 '법상'이라 부르는 것이다."

수보리는 이때에 이르러서는 더 이상 범부가 아니다. 수보리

는 바'로 번역되는 '所見'은 인식 대상을 가리키고 '능히 보다'로 번역되는 '能見'은 인식 주체를 가리킨다. 또, 유식의 '사분'설에 나오는 '見分'과 '相分'이 나오는데, '견분'은 주관과 객관의 상호의존(緣)에 의한 인식 주관을 가리키고 '상분'은 주관과 객관의 반연(緣)에 의한 인식 대상을 가리킨다.

는 무엇이 허망한 경계(妄境)고 무엇이 망심인지 마땅히 알고 있다. 망심이 망경(妄境)을 취하는데 언제나 마음 밖으로부터 법을 취하고 자신의 본성에 장애를 보탠다. 이른바 번뇌를 끊어버린다는 것이 실질적으로 번뇌를 더욱 증폭시키는 것이다. 왜 그런 것인가? '끊어버림(斷除)'이 번뇌의 증가이기 때문이다.

만일 우리가 진여로 나아가고자 한다면 이 역시 삿된 생각(邪念)이다. 만일 진정으로 능히 알고 봄(知見)을 내지 않고 열반과 생사가 모두 허공에 핀 실재하지 않는 꽃(空花)임을 분명하게 알고 있다면, 본원의 청정한 심체가 당장 원만하고 밝게 두루 비추어(圓明普照) 우주의 대도와 하나가 될 것이다!

석가모니 부처님께서는 연등불의 처소에서 법에 대해 실로 얻은 바가 없었다. 또 사람들이 이 이치를 믿지 않을까 염려하여 육안 · 천안 · 혜안 · 법안 · 불안의 '오안(五眼)'으로 보는 바가 있음을 인용하셨고,[92] 또 여래가 참된 말을 하는 이(眞語者), 실다운 말을 하는 이(實語者), 여실한 말을 하는 이(如語者), 속이는 말을 하지 않는 이(不誑語者), 달리 말하지 않는 이(不異語者)로써 '다섯 가지 말(五語)'로 말한다는 것을 인용[93]했는데, 이 오안(五眼), 오어(五語)로써 그 법이 진실하고 허망하지 않다는 것을 증명하셨다.

그러나 말한 바의 '지'와 '견'은 완전한 무지(無知)와 무견(無

92) 제18「一體同觀分」.

93) 제14「離相寂滅分」.

見)이 아니다. 만약 완전한 무지나 무견이라면 끊어져 소멸하는 형상(斷滅相)이 아니겠는가? 이른바 '불생'이란 삿된 앎(邪知), 삿된 견해(邪見)를 내지 않는다는 것이지, 바른 앎(正知), 바른 견해(正見)가 없다는 것이 아니다.

만약, 반야의 작용을 깊이 써서(深用) 바른 앎, 바른 견해를 떠나지 않고 여러 법상을 잘 분별하여 제일의제(第一義諦) 형이상(形而上)에서 움직이지 않는다면, 곧 본심을 깨달은 것으로 이와 같이 알고(如是知) 이와 같이 봄(如是見)으로써 법상을 내지 않는다.

석가모니 부처님께서는 또 수보리가 '법신'의 체는 형상으로 볼 수 없는 것인데, 어떻게 여래께서 일찍이 아견 · 인견 등을 말씀했는지 의심하지 않을까 염려되어, '있다는 것에 집착해 형상을 여의는(執有離相)' 견해를 해체시킴으로써 반야의 진리(眞諦)를 드러내셨다.

귀납하면 일체법과 공 · 유 모두 형상에 머무르지 않아 머무름도 없고 집착함도 없어야 한다. 일체법은 마땅히 이와 같이 알고(如是知), 이와 같이 보고(如是見), 이와 같이 믿고 이해해야(如是信解) 한다. 불교는 이성적인 학문이지 감성적인 학문이 아니다. 정서적인 학문은 더더욱 아니며, 특히 미신적인 요소도 띠고 있지 않다. 이러한 이치를 이해하기만 한다면 능히 이와 같이 믿고(如是信), 이와 같이 이해(如是解)해 바른 믿음(正信)과 바른 해석(正解)이 되며, 이것도 바로 반야의 참다운 앎(眞知), 참다운

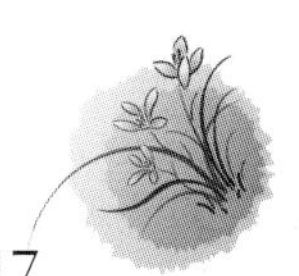

견해(眞見)다.

앞에서 "법상을 내지 않는다(不生法相)"에서 법상은 무엇일까? '법상'은 우리의 생각 및 관념을 포함한 모든 현상을 가리킨다. 우리의 머릿속에서부터 자신의 개인적인 주관적 견해를 내지 않고, 능히 우주처럼 거대한 개념을 내어야 한다. 자신의 마음속에서 해체될 수 없는 완고한 관념이나, 또는 어떤 경계를 내는 것이 아니다. 그러면 바른 앎(正知), 바른 견해(正見)가 있을 수 없다.

석가모니 부처님께서는 또 '일체의 법상'을 부인했다. 즉, 법상이 아니라 이름이 법상일 뿐이라고 한다. 이러한 모두는 비유이며, 제자들을 가르친 일종의 방법일 따름이다! 스승님을 뒤따라가서도 안 되고, 영원히 '뗏목'을 등에 지고 가서도 안 된다. 우리는 홀로 나아가야지 더 이상 법이니 뗏목이니 하는 따위를 등에 지고 가서는 안 된다. 지혜 속으로 들어가야 하고, 지혜로부터 나와야 하며, 또 이러함이 더욱 자유로워야 한다. 온갖 지식에 얽매이지 않고 지식을 지혜로 전환시켜야 한다. 우주는 거대한 지혜이므로 생각으로 헤아릴 수 없는 것인데, 과연 우리가 그것을 돌릴 수 있을까?

평범한 한 사람으로 태어나 살면서 사회성을 배우고, 교육과 함께 성인이 되어 아이를 낳고 부모가 되어 진정한 인생의 맛이 어떠한지를 맛본다면 이 또한 얼마나 아름다운 것인가! 석가모니 부처님, 노자, 공자도 모두 평범한 사람이었다. 태어나면서부터 성인이 되는 과정에서 괴로움을 겪고, 고통을 감내하고, 고행을 하고, 음식을 구걸하고, 쫓겨나는 등, 온갖 역경을 겪었다. 하지만 그분들은 있는 그대로(自在) 살았다.

8. 응화는 참이 아니(應化非眞)라는 마지막 수업[94)]

무엇을 '응화는 참이 아님(應化非眞)'이라고 하는가? 그것은 바로 응(應)하는 것이고 변화(化)하는 것이며, 응하는 것도 아니고 변화하는 것도 아니라 완전히 법신의 거대한 작용(大用)을 뜻한다. 이것은 또 무슨 뜻인가? 이미 "법신은 형상이 아니고(法身非相), 응화는 참이 아니며(應化非眞), 사람과 법이 모두 공함(人法皆空)"이 무엇을 의미하는지 무엇을 의미하는 것이 아닌지, 또 무엇을 부정했고 또다시 무엇을 긍정했는지를 안다면, 사람과 법이 모두 공한데 경전을 지닌들 무슨 이득이 있겠는가? 하지만 석가모니 부처님께서 결론을 내시는데, 그 결론이 바로 보리심을 내고 이 경전을 지니라는 것이다.

수보리여(須菩提)! 만약 어떤 사람이 한량없는 아승지 세계에 가득한 칠보를 지녀서 보시에 쓴다면(若有人以滿無量阿僧祇世界七寶持用布施), 만약 선남자 · 선여인으로 보리심을 낸 이가 이 경

94) 제32「應化非眞分」의 주제에 해당한다. 별도의 표기가 없는 한, 이하에서의 원전 인용문은 모두 이곳을 출처로 한다.

> 을 지니고(若有善男子 · 善女人發菩薩心者持於此經),[95] 내지는 사구게만으로(乃至四句偈等) 받아들여 지니고 읽고 외워서(受持讀誦), 다른 사람을 위해 연설한다면(爲人演說) 그 복덕이 저보다 뛰어날 것이니라(其福勝彼).

'아승지(阿僧祇)'는 다함이 없는 수라는 뜻이다. 석가모니 부처님께서 수보리에게 말씀하셨다. "수보리여! 가령 어떤 사람이 우주를 무량하고 무수하게 가득 채우는 그렇게 많은 '칠보'로 보시를 행한다면, 그 사람은 당연히 크나큰 공로가 있어 복덕도 아주 클 것이다. 하지만 또 다른 선남자와 선여인이 있어서 위없는 보리심을 내고 이 경전을 받아 지녀 읽고 외우며, 심지어 그 중에 네 구절만이라도 다른 사람을 위해 설명해 주어 성품을 깨닫게 한다면, 이 사람들이 이로 인해서 얻는 복덕이 앞에서 '칠보'로 보시한 사람보다 엄청나게 크다." 다른 사람을 위해 어떻게 설명해야 하는지에 대해 석가모니 부처님께서 당부하며 말씀하셨다.

95) 본서에는 '菩提心'으로 되어 있다. 무진장불교문화연구원 편 『금강경』에는 '菩薩心'으로 되어 있어, 이 판본에 근거하여 '提'자를 '薩'자로 고쳤다.

어떻게 다른 사람을 위해 연설해야 하는가(云何爲人演說)?
형상을 취하지 아니하고(不取於相),
여여하게 움직이지 않아야 하느니라(如如不動).
무엇 때문이겠는가(何以故)?
온갖 유위의 법(一切有爲法)은:
마치 꿈, 환상, 거품, 그림자 같고(如夢幻泡影),
이슬 같고 또한 번개 같으니(如露亦如電);
마땅히 이와 같이 관찰해야 하느니라(應作如是觀).

석가모니 부처님께서 말씀하셨다. "이 경을 받아 지녀 어떻게 다른 사람을 위해서 설명해야 하는가? 그것은 반드시 형상에 집착하지 말아야 하고, 마음에 동요가 없어야(不動心) 한다. 왜냐하면 세간에서 행하는 바가 있어야 이루어지는 법(有所爲而成的法, 유위법을 가리킴)은 생멸에 항상 함이 없는 것으로 꿈, 허깨비, 물거품, 그림자 같고, 이슬 같고, 번개 같기 때문이다. 무릇 행하는 바가 있음(有所爲)에 속하는 것은 결국 진실하지 않은 것이어서 마땅히 모두 이 '여섯 가지'와 같은 것으로 보아야 한다."

석가모니 부처님께서는 이 경전을 여기까지 설하시고 수업을 마치셨다. 그러고 나서도 석가모니 부처님께서는 원래의 그 자리에 그대로 앉아 계시면서 여여하게 움직이지 않으셨다.

다음은 아난이 기록한 것이다.

> 부처님께서 이 경을 말씀하시는 것을 마치셨다(佛說是經已). 장로 수보리와 여러 비구, 비구니, 우바새, 우바이(長老須菩提及諸比丘·比丘尼·優婆塞·優婆夷), 그리고 온갖 세간의 천, 인간, 아수라들(一切世間天·人·阿修羅等)은 부처님께서 말씀하신 것을 듣고(聞佛所說) 모두가 크게 기뻐하면서(皆大歡喜) 믿고 받들어 행하였다(信受奉行).㉜

석가모니 부처님께서는 반야의 법을 반복하여 밝히셨고, 여기에 이르러 모든 설명을 마쳤다. 장로인 수보리와 함께 법회에서 '경(전)'을 듣던 모든 남녀 출가승과 불도를 믿는 일반 남성과 여성, 그리고 모든 세간의 천, 인간, 귀신 등은 반야의 대법을 듣고 감화되어 기뻐하면서 그 말씀을 믿고 그 가르침을 받들어 행하였다.

아난이 기록한 이 글을 읽으면 아주 아름답고 사람의 심금을 울린다. 마치 모든 신도들은 자신의 스승님이 '무엇'을 연설하고 있는지를 충분히 이해하고 있는 것이 글 속에서 보인다. 정말로 이해하고 있는 것일까? 진실로 지혜를 지니고 있는 것일까? 우주는 정말로 지혜가 있는가? 『금강경』은 정말 지혜가 있는가?

불교에서 최고의 지혜는 제일바라밀(第一波羅蜜)이다. '제일바라밀'은 무엇인가? 그것은 바로 지혜가 없는 진정한 지혜이고, 노자가 말한 "큰 지혜는 어리석은 듯하다(大智若愚)"[96]의 '우(愚)'자에 해당하는 지혜이기도 하다.

만일 정말로 지혜의 경계를 가지고 있다면, 그것은 바로 석가모니 부처님께서 무슨 경전을 연설하고 있는지 이해하지 못하는 것이다. 경(전)이 없고 법이 없으니, 진정한 지혜란 『중용』의 "상천의 일(上天之載)은 소리도 없고 냄새도 없다(無聲無臭)"를 말하는 것이기도 하다. 생각이 없고 걱정이 없으며, 번뇌가 없으니 슬픔 역시 없고, 각성이 청정(覺性淸淨)한데 이것이 바로 제일바라밀이며, 진정한 제일등(第一等)의 성취요, 최고 지혜다.

지혜는 도를 이루고(成道) 성인이 되고(成聖) 부처가 되는(成佛) 방법이며, 일종의 도구다. 『금강경』에 말한 것은 바로 제일바라밀로서 하나의 방법이고 비유이며 '뗏목'이다. 버려야 마땅한 것은 남김이나 빠뜨리는 것 없이 완벽히 버려야 한다. 무여열반(無餘涅槃)에 들어갔음 또한 무여열반이 없음이다. 마땅히 머무르는 바가 없어야 하고 머무르지 않는 바가 없어야 한다.

"모두 크게 기뻐했다(皆大歡喜)"란 무슨 기쁨인가? 모든 중생의 기쁨이다. 이러한 기쁨은 우주의 대조화며, 하늘, 땅, 사람과 온갖 자연생태를 모두 포용하고 신과 인간이 함께하는 기쁨이다. 또, 온갖 꽃들이 일제히 피고, 온갖 짐승과 봉황이 춤추고, 해와 달이 두루 비추어 산과 강이 함께 천수를 누리는 대조화, 대환희다. 무위법으로 천하를 교화하여 모든 중생을 제도한다고 말하는 것이 바로 이것이다!

---

96) 『道德經』 제45장.

마지막으로, 석가모니 부처님께서 말한 '법'은 도대체 무슨 '법'인가? "만약 어떤 사람이 여래가 법을 말한 바가 있다고 말한다면(若人言如來有所說法), 이는 곧 부처를 비방하는 것이니라(卽爲謗佛)."[97]

석가모니 부처님께서는 어떤 '법'도 말씀하지 않으셨다. 『금강반야바라밀경』을 연설하면서 말할 수 있는 법이 없다고 했다. 여여하게 움직이지 않음(如如不動)은 움직이지 않음이 아니다. '움직임(動)'이란 이와 같이 움직이는(如是動) 여시의 움직임(如是動)이며, 오는 대로 움직이는(如來動) 여래의 움직임(如來動)이다. 우리는 무슨 '법'을 들었는가? 들을 수 있는 법이란 없다.

9. 꿈속의 꿈을 기억한 이야기

이름을 알지 못하는 어떤 산에 낡은 대나무집 한 채가 있고, 그곳에는 한 노인이 살고 있다. 어느 날, 노인은 밖에서 돌아오자마자 방에 곧바로 누워 잠을 잤다. 여기 그 방에 스스로 대학자라고 여기는 또 다른 한 사람이 있었다. 이 사람은 노인이 들어오자마자 곧바로 누워 자는 것을 보고 기분이 좋지 않아 집안의 모든 물건을 집 밖으로 끄집어내었다. 그리고 그는 스스로 이 '물건'들은 모두 '내' 것이라고 생각했다.

결과는 어떠했을까? 그가 그러한 '물건'들을 전부 밖으로 옮기

97) 제21「非說所說分」.

고 나서야 뜻밖에도 거기에는 자기의 것과 똑같은 '물건'이 하나도 없다는 것을 알게 되었다. 그러나 노인은 여전히 코를 골며 자고 있었다.

이것은 마치 석가모니 부처님께서 막 식사를 마치시고 나서 발을 씻고 자리를 깔고 앉은 것과 같다. 하지만 갑자기 수보리라는 인물이 튀어나와 이것저것 여쭈어보면서 석가모니 부처님의 휴식을 방해한다. 석가모니 부처님께서는 고향으로 돌아와 휴식을 취하고 있으며, 도체에 머물면서 코를 골고 있으셨다. 코 고는 소리는 우주의 바람이리라!

『주역』에서 "생각함도 없고 하는 것도 없이 고요하게 움직이지 않았다가 느끼면 이내 천하의 모든 이치에 통한다. 천하의 지극히 신령한 것이 아니면 그 누가 여기에 참여할 수 있겠는가?"[98]라고 했다. 그 까닭이 무엇일까? 현자와 성인 모두는 무위법으로 인해 차이가 있게 된다.

모든 법에 실체 없음(無我)을 알아 확실한 '인행(忍)'을 이루었다. 공자는 "어떻게 해야 하나, 어떻게 해야 하나를 말하지 않는 자(不曰如之何, 如之何者)에게는 나도 어떻게 해야 할 도리가 없다(吾末如之何也已矣)!"[99]라고 말했다. '말(末)'은 없다는 뜻이다. 스스로 어떻게 느낄 것인가를 궁리하지 않고, 스스로가 어떻게 통할 것인가를 고민하지 않는다면 그런 사람을 도와줄 어떠

98) 「繫辭上」.
99) 『논어』「衛靈公」.

한 방법도 없다는 말이다.

시로 다음과 같이 말을 전한다.

> 도를 전하고 의혹을 풀어주는 무위법은
> (傳道解惑無爲法),
> 앞장서서 연설함에 차이가 있네
> (挺身演說有差別);
> 누가 먼저 깨달아 뒤따르는 자들을 깨닫게 하겠는가
> (誰是先覺覺後覺)?
> 헤아리고 비유해도 미칠 수 없네
> (算數比喩不能及).

제 3 장

『반야바라밀다심경』 선독

제3장 『반야바라밀다심경』 선독

아난은 석가모니 부처님께서 부른 노래 몇 구절을 기록했다.

그 가사는 다음과 같다.

피안(彼岸)이로다! 위대한 지혜가 있으니 지고무상(至高無上)한 지혜이며, 함께 비교할 수 있는 것이 없는 지혜로서 온갖 괴로운 질병으로부터 구해줄 훌륭한 약이로다! 모든 '진리' 가운데서 이 '훌륭한 처방'을 초월한 진리는 아직도 없으며, 그 '훌륭한 처방'이란 또한 '훌륭한 처방'이 아니기도 하다.

편안하게 돌아가시오! 당신의 고향으로 돌아가시오, 당신의 고향집으로 돌아가시오!

제1절 인물 이야기

1. 사리자는 어떤 인물인가

사리자(舍利子)는 석가모니 부처님의 십대 제자 중 한 사람으로 '성문(聲聞)' 중의 첫째가는 지혜로운 사람(智者)이다. 사리는 그의 어머니의 이름이고, 산스크리트어에서는 '자'를 '불'이라 하는데, 세상 사람들이 그의 어머니를 존귀하게 여겼기 때문에 그를 '사리불(舍利弗)' 또는 '사리자(舍利子)'라고 부른다.

사리자는 어떠한 인물일까? 그는 석가모니 부처님 주변 인물 중에서 가장 박학다식한 사람이며, 가장 위대한 학자이며, 인도 철학에 정통한 사람이다. 사리자가 석가모니 부처님을 찾아오기 전까지 그에게는 오천여 명의 제자와 신자들이 있었다.

2. 석가모니 부처님을 찾아간 사리자

사리자는 석가모니 부처님을 찾아가서 무엇을 하려고 했을까? 사리자는 석가모니 부처님과 논쟁해서 이기려고 찾아갔다. 그는 이미 인도 내에서 명성이 높고 낮은 많은 학자들을 상대로 논변하여 많은 사람들을 물리쳤다. 인도에서 이름난 모든 학자들이 사리자와의 논쟁에서 패하였다! 그는 이미 '천하무적'이라는 오만함에 가득 차 있었고, 스스로가 황제보다 위대하고 세상에서

제일 부유한 자보다도 더 대단하다고 여길 정도로 안하무인이었다. 이제 남은 것은 오직 석가모니 부처님 한 분뿐, 석가모니 부처님을 이기지 않고는 최고의 승리자라고 할 수 없었다.

석가모니 부처님을 찾아간 그날, 사리자는 5천여 제자들을 거느리고 찾아갔으니 그 위세가 대단했다. 그가 석가모니 부처님을 마주했을 때, 석가모니 부처님께서는 그에게 미소를 지으며 말씀하셨다:

"사리자여! 당신은 아는 것이 아주 많소. 그러나 당신이 결코 이해하지 못하는 것이 있는데, 나의 눈에는 그것이 보이는구려. 당신의 얼굴 표정으로부터 곧 당신 머릿속에는 엄청난 양의 지식이 쌓여 있다는 것을 알 수 있지만, 당신은 아직 그것을 공(空)해버리지 못했소. 그래서 당신이 힘든 것이오! 나는 당신이 나를 찾아온 목적을 알고 있소. 당신은 나와의 토론과 논변을 통해서 나에게 패배를 안기고 싶어하오. 내가 당신에게 동의하지 않는 것이 아니라, 내게는 하나의 요구조건이 있소. 만일 당신이 정말로 나와 논변하고 싶다면 최소한 당신은 나의 요구에 먼저 응해주어야 하오. 당신의 입장에서 보면 그 요구는 아주 쉽고 매우 간단한 것이라오."

사리자가 대답했다. "어떤 요구인지 말씀하시오! 나는 반드시 받아들일 것이오, 오로지 당신이 나와 토론과 논변을 기꺼이 하겠다고만 한다면 나는 무엇이든지 들어줄 수 있소!"

석가모니 부처님께서 말씀하셨다. "당신은 반드시 1년 동안

한마디도 말을 하지 말아야 하오. 당신이 1년을 지키기만 하면 되는 것이오. 그렇게 1년이 지난 후에 다시 오면 내가 반드시 당신과 논변을 하겠소. 어떻소?"

사리자가 물으셨다: "1년? 왜 1년인가?"

석가모니 부처님께서는 대답 없이 고요하고 고요히 앉아 있었다.

3. 1년 뒤의 사리자

사리자는 석가모니 부처님을 이길 생각으로 동의할 수밖에 없었다. 1년 뒤, 석가모니 부처님께서는 또 예의 미소를 띠고서 자비롭게 사리자와 마주앉아 말씀하셨다: "이제 당신은 나와 토론하고 논변해 나를 패배시킬 수 있고, 그 시기도 되었소. 나는 매우 기쁜 마음으로 당신의 도전, 실패뿐인 당신의 도전을 받아들이겠소!"

사리자는 쓴 미소를 띠고서 어색하게 웃음을 지었으며, 석가모니 부처님께 무릎을 꿇고 최고의 예를 갖추어 아뢰었다. "저를 제자로 받아 깨우치게 해주십시오. 1년간의 평온함이 제가 무엇인가에 대해 통찰하게 해주었나이다. 저는 본래 당신을 이기려고만 하였으나, 지금 이 순간 도리어 당신한테 졌으니 저를 제자로 받아주시기를 간절히 청하옵니다!"

사리자는 석가모니 부처님을 스승으로 모셨다. 사리자의 제자

들도 사리자를 따라 석가모니 부처님의 제자가 되었다.

4. 아난은 어떠한 인물인가

아난(阿難)은 누구인가? 아난은 석가모니 부처님의 십대 제자 중 한 명으로, 백반왕(白飯王)의 아들이자 석가모니 부처님의 사촌 동생이다. 아난은 25년 동안이나 석가모니 부처님을 곁에서 모셨으며, '많이 들음(多聞)'의 첫 번째(第一)다. 석가모니 부처님께서 연설한 경전은 모두 아난이 기록한 것이며, 유명한 경전인 이 『반야바라밀다심경』도 석가모니 부처님께서 사리자에게 설한 경문을 아난이 기록한 것이다.

제2절 『반야바라밀다심경』

1. 『심경』 선독

관자재보살(觀自在菩薩)이 깊은 반야바라밀다를 행할 때(行深般若波羅蜜多時) 다섯 가지 쌓임이 모두 공하다는 것을 비추어보고(照見五蘊皆空) 온갖 괴로움과 재앙을 건넜다(度一切苦厄).

사리자여(舍利子), 물질이 공과 다르지 않고(色不異空) 공이 물질과 다르지 않으니(空不異色) 물질이 곧 공이요(色卽是空),

공이 곧 물질이로다(空卽是色); 느낌 · 생각 · 의지 · 의식(受想行識) 또한 이와 같다(亦復如是). 사리자여(舍利子), 이 여러 존재들의 공한 모습(是諸法空相)은 생겨나지도 소멸하지도 않고(不生不滅), 더럽지도 깨끗하지도 않으며(不垢不淨), 늘어나지도 줄어들지도 않는다(不增不減).

이 때문에 공한 가운데 물질이 없고(是故空中無色), 느낌 · 생각 · 의지 · 의식도 없고(無受想行識), 눈 · 귀 · 코 · 혀 · 몸 · 생각도 없고(無眼耳鼻舌身意), 빛깔 · 소리 · 냄새 · 맛 · 촉각 · 생각의 대상도 없으며(無色聲香味觸法), 눈의 경계도 없고(無眼界), 의식의 경계까지도 없다(乃至無意識界); 무명도 없고(無無明) 또한 무명이 다함도 없다(亦無無明盡); 늙고 죽음이 없음에 이르러서는(乃至無老死) 또한 늙고 죽음이 다함도 없다(亦無老死盡); 괴로움 · 괴로움의 원인 · 괴로움의 소멸 · 괴로움을 없애는 길도 없고(無苦集滅道), 지혜도 없고, 또한 얻음도 없다(無智亦無得). 얻을 것이 없기 때문이다(以無所得故)[1].

보리살타는 반야바라밀다에 의지하므로(菩提薩埵依般若波羅蜜多故) 마음에 걸림이 없고(心無罣碍), 걸림이 없으므로(無罣碍故) 두려움이 없어서(無有恐怖) 뒤바뀐 헛된 생각을 멀리 여의

1) 본서에서는 '以無所得故'를 다음 구절의 앞에 붙여 새로이 시작되는 구절로 삼았다. 이렇게 되면, '… 故', '…. 故'라는 구절이 반복되어 번역에 매끄러움이 없다. 그래서 '以無所得故'를 앞 문장에 붙이고, '菩提薩埵依般若波羅蜜多故'를 새로운 문장의 시작으로 삼았다.

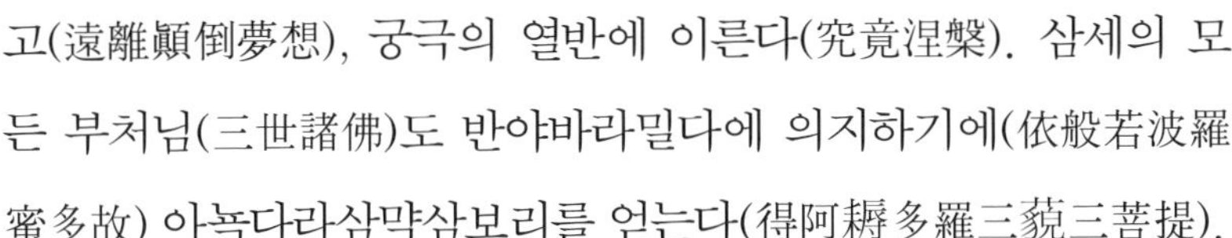

고(遠離顚倒夢想), 궁극의 열반에 이른다(究竟涅槃). 삼세의 모든 부처님(三世諸佛)도 반야바라밀다에 의지하기에(依般若波羅蜜多故) 아뇩다라삼먁삼보리를 얻는다(得阿耨多羅三藐三菩提).

그러므로 알아야 할 것은 반야바라밀다(故知般若波羅蜜多)는 가장 신비한 진언이고(是大神呪), 가장 밝은 진언이며(是大明呪), 최고의 진언이며(是無上呪), 비길 데 없는 진언이라는 것이다(是無等等呪). 온갖 괴로움을 능히 없애고(能除一切苦) 진실하고 허망하지 않기에(眞實不虛故) 반야바라밀다의 진언을 말하는 것이며(說般若波羅蜜多呪), 곧 진언은 이처럼 말한다(卽說呪曰).

아제아제(揭帝揭帝),
바라아제(波羅揭帝);
바라승아제(波羅僧揭帝),
모지사바하(菩提娑婆訶).

2. 명사 설명

'반야(般若)'란 지혜라는 뜻이다.

'바라(波羅)'는 피안이라는 뜻이다.

'밀다(密多)'는 한없이 지고지대(至高至大)하다는 뜻이다. 마음(心)은 사람의 본원이다. '경(經)'은 걸어가는 길이다.

관자재보살(觀自在菩薩)은 보살의 이름으로, 곧 관세음보살을 가리킨다. '지혜(智)'로 해석하면 사리무애(事理無礙)의 경계에 있는 그대로 통달해 본다(觀達自在)는 뜻을 갖고 있다. '자비(悲)'로 해석하면 기연을 보아 중생에게 나아가 중생을 구함(觀機往救)에 아무런 장애 없이 자재하다(自在無閡)는 뜻이어서 '관자재(觀自在)'라 칭한다. 고뇌하는 중생의 소리를 관찰하고서 중생을 '해탈'시킨다는 뜻이기도 하다.

보리살타(菩提薩埵)는 인공(人空) · 법공(法空)의 뜻이다.

아뇩다라삼먁삼보리(阿耨多羅三藐三菩提)는 위없이(無上) 바르게 두루 평등하고(正等) 바른 깨달음(正覺)의 뜻이다.

아제(揭帝)는 인공(人空)을, 또 아제(揭帝)라 한 것은 법공(法空)을 뜻한다.

바라아제(波羅揭帝)는 공함이 공한 바 없음에 이르렀다(空到無所空)는 뜻이다.

바라승아제(波羅僧揭帝)는 온갖 부처님의 청정한 경계를 뜻한다.

모지사바하(菩提娑婆訶)는 보리가 처음이고, 사바하가 끝이라는 의미다.

3. 구어체 『심경』 선독

아난이 기록으로 말하였다: 석가모니 부처님께서는 관자재보살이며, 공덕의 성취가 아주 깊고 큰 지혜를 갖추었으니 피안에

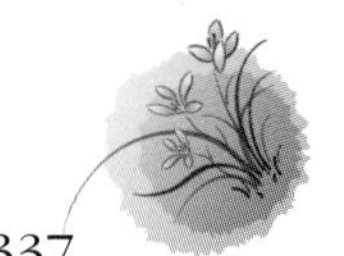

이르렀을 때 자신의 오온이 중생의 오온과 더불어 모두 공허하다는 것을 비추어본다. 자신에 대해서는 무상의 보리를 닦고 다른 이에 대해서는 여러 가지 방법으로 이끌어 온갖 고뇌의 재앙 모두를 벗어나게 한다.

석가모니 부처님께서는 그의 이름을 불러 말하셨다:

사리자여! 너는 세간에서 형체가 있는 것을 '색'으로, 형체가 없는 것을 '공'이라 하는 것을 안다. 색이 바로 꿈, 허깨비, 거품, 그림자로서 저 공과 다르지 않다는 것을 알지 못한다. 공은 바로 '일진(一眞)'이 드러난 것으로 저 색과 다르지 않다. "색이 곧 공이 아니며, 공이 곧 색이 아니다"라고 하지 않는가? 대저 물질(色)로 인해 느낌(受)이 있게 되고, 느낌으로 인해 생각(想)이 있게 되며, 생각으로 인해 의지(行)가 있는데 의지를 얻지 못하니 의식에 마음에서 잊지 못한다. 이 다섯 가지는 서로 원인이 되어 나타나는 것이다. 이제 물질이 곧 공하니, 느낌 · 생각 · 의지 · 의식 역시 이와 같으니라.

사리자여! 이 참다운 성품이 언제나 맑고, 언제나 깨끗하기 때문에 이름할 수 있는 법상(法相)이 조금도 없으며, 진실로 제법 중의 '공상(空相)'이 되지 않겠는가? 그 오묘함을 말하리라! 그럼 항상 존재하며 훼손되지 않고 생겨나지도 소멸하지도 않으며; 고요하게 맑게 비어 있고, 더럽지도 깨끗하지도 않으며, 스스로 그러하게 딱 알맞고 늘지도 줄지도 않는다.

이 때문에 진공(眞空) 중에 이미 색 · 수 · 상 · 행 · 식이 없다면 육근이 모두 깨끗하여 눈(眼)·귀(耳)·코(鼻)·혀(舌)·몸(身)·마음(意)이 없게 되고; 육진이 어지럽히지 않아 형색(色)·소리(聲)·냄새(香)·맛(味)·촉각(觸)·생각(法)이 없다. 육근의 얽매임은 '눈'을 우선으로 하는데, 지금 눈의 경계가 이미 공하니 온갖 인연이 모두 사라지고 의식도 모두 사라진다.

장차 봄이 안정되어서 고요해지고, 고요해서 지혜로워지니 무명이 없고, 또한 무명이 다함도 없게 된다. 오래 지속되어 견고해지고, 견고해서 바르게 되며; 늙고 죽음이 없고, 또한 늙고 죽음이 다함도 없게 된다. 번뇌의 괴로운 과보, 업을 짓는 괴로움의 원인, 열반의 즐거운 과보, 닦고 지키는 즐거운 원인 등이 일시에 모두 다하니 진공 중에 본래 이름할 수 있는 지혜란 없다.

즉, 피안에 이르니 피안 또한 거짓에 속하는데, 또 무엇을 얻을 수 있겠는가? 하지만 지혜도 없고 얻음도 없다(無智無得)란 이미 보리를 얻고 난 이후의 말이다. 만약 아직 얻기 전이라면 어찌 법이 없을 수 있단 말인가?

보리살타는 반야바라밀다로써 수행의 법으로 삼아 그 '육근'을 지키고, 그 '육진'을 끊어버린다. 그래서 마음에는 걸려 있거나 막혀 있는 것이 없고, 신(神)·귀(鬼)의 전도됨이나 꿈 같은 망상을 멀리 여의어 생겨나지도 사멸하지도 않는 것에 이른 후에 그친다. 보살만 그러한 것이 아니라 삼세의 여러 부처도 무상보리(無上菩提)를 얻고자 해서 반야바라밀다에 의지하지 않는 이가 없다.

반야바라밀다는 변화를 헤아릴 수 없는 암호(密語)이고, 신비한 빛이 두루 비추는 암호이며, 지극해서 더 보탤 것이 없는 암호요, 어떠한 것도 비교할 수 없는 유일무이한 암호임을 알아야 한다.

아난은 기록으로 말한다: 능히 온갖 괴로움을 제거해 주는 이 말은 참으로 진실되고 허망하지 않다. 또한, 진언(密呪)이 있는데, 네가 때때로 암송하면 지혜가 생겨나고 피안에 이를 수 있다. 진언에서 말한다: 인공 · 법공이며, 두 가지 공을 모두 잊노니; 공하여 공한 바가 없게 되고 여러 부처님의 청정한 경계가 시초이고 끝이다. 바로 스스로 건너고, 다른 사람들을 건네고, 일체 중생을 건네어 피안에 이른다는 말이다.

모두 정리하면, 이 '진언(密呪)'은 비록 수행의 길이지만 이 길은 이 마음 밖에 있지 않다. 사람이 능히 자신의 '오온(五蘊)'이 공하다면 주인은 안정되고, 손님의 느낌은 저절로 맑아지리니 어찌 무상보리를 얻지 못하는 자가 있겠는가?

4. 시(詩) 선독

(1) 聖賢在己 **성현은 내게 있다**

萬聖千賢在己身, 온갖 성인과 현인이 모두 내 몸에 있노니,
休教昧子本來眞; 어리석은 자들이 본래의 진면목을 상실하지 않도록 하네.

因何苦勸重重擧? 무슨 괴로움이 있어서 거듭해 들라고 권하는가?

一翻提起一翻新. 한번 들어 올리면 한번 새로워진다네.

(2) 人法雙亡 **사람과 법을 모두 잊다**

人法雙忘萬事休, 인·법을 모두 잊으니 만사가 일어나지 않고,

香爐無火冷颼颼; 향로에 불이 없으니 찬바람만 부네.

一聲新雁遼天外, 새 기러기의 소리가 하늘 멀리서 들려오고,

遠水長天一色秋. 먼 물과 긴 하늘은 모두 가을색이로다.

(3) 空無所空 **공하되 공한 바가 없다**

空無所空徹底除, 공하되 공한 바가 없는 데까지 철저하게 없애면,

坦然歸去合清虛; 거리낌 없이 되돌아가 맑고 비어 있음에 합해지고,

莫煉頑空休失本, 공을 단련하지도 말고 근본을 잃지도 말며,

自然體道契眞如. 자연히 도를 체득해 진여와 계합하리니.

(4) 清淨境 **청정한 경계**

清淨境界沒思量, 맑고 깨끗한 경계는 생각으로 헤아릴 수 없으니,

不染纖毫是道場; 터럭만큼도 물들지 않는 것이 도량이네.

試觀十五三更月, 시험 삼아 보름날 삼경의 달빛을 보게.

影現千江百不妨. 그림자가 온갖 강에 드러나지만 조금의 걸림도 없네.

(5) 菩提心 **보리심**

先發菩提一片心, 먼저 깨달음의 한 조각 마음을 일으키고,

次敎萬慮不相侵; 다음에 만 가지 생각들이 서로 침범하지 못하게 해서,

直敎鉆透虛空髓, 바로 텅 비어 있는 중심을 꿰뚫게 하여,

拔出從前治病針. 이제까지 병을 치료했던 침도 뽑아버리네.

저자에 대하여

동방교는 대만 학자의 필명이다. 나는 그의 원래 성명을 알고 있은 지 10여 년이 지난 후에 비로소 동방교를 알게 되었다.

80년대 초, 도서관에 홍콩과 대만에서 대량의 책이 들어왔는데, 그중에는 唐華 박사가 쓴 양장본 『중국 이학과 서양 논리』가 있었다. 당시, 나는 국가 '65'프로젝트인 '중국 논리사' 편찬에 참여하고 있었고, 중국 학술계에서는 많은 사람들이 중국 고대에는 논리가 없었다는 관점을 가졌는데, 뜻밖에도 해협 너머에 중국 고대 논리의 발굴 · 정리와 연구에 매진하는 사람이 있었다. '唐華'라는 이름, 그리고 책에 실려 있는 독특한 풍모의 사진은 나의 머릿속에 깊이 각인되었다.

10여 년이 지난 후 나는 대만 연합뉴스 그룹 문화기금회의 초청으로 '해협 양안 문화사상과 사회발전' 학술토론회에 참가하기 위해 대만에 갔다. 회의 기간에 시간을 내어 天母東路에 있는 동방교의 집을 방문해서 그와 친해졌으며, 나에게 裝幀 16절 書畵集 『철학혜경한묵명(哲學慧鏡翰墨銘)』을 주었다. 이 서화집은 철학 대가인 馮友蘭 선생이 서문을 지었다.

『哲學慧鏡翰墨銘』에 수록된 많은 작품 중에서 적지 않은 원작은 중국 국내의 몇몇 대학 도서관이나 지방 미술관에서 소장하고 있을 뿐만 아니라, 국외의 몇몇 대학이나 미술관 및 애호가가 소장하고 있는 것이다.

그중에는 일본의 다나카 가쿠에이(田中角榮, 1918~1993; 1972년에 대만과 단교하고 중화인민공화국과 외교관계를 수립한 당시의 일본 총리-역자)가 소장하고 있는 「형체를 잊다(忘形)」 한 폭이 있고, 미국의 레이건(Ronald Wilson Reagan, 1911~2004; 공화당 출신의 미국 제40대 대통령) 전 대통령이 소장하고 있는 「龍鼎梅」 한 폭이 있다.

담백하면서도 우아한 수묵화들을 통해서 중국 민족의 철학 이념이 대양 건너편의 사람들에게 전해졌다는 것은 사실상 일종의 고급한 문화교류다. 나는 '동방교'의 의미에 대해서 한층 더 이해가 깊어진 듯하다.

『哲學慧鏡翰墨銘』을 반복해 읽으니, 동방교에 더욱 가까워졌다.

1999년부터 동방교가 직접 쓴 『역경 독법(讀易經的方法學)』, 『논어 독법(讀論語的方法學)』, 『맹자 독법(讀孟子的方法學)』, 『노자 독법(讀老子的方法學)』, 『장자 독법(讀莊子的方法學)』 등의 최신작을 연속해서 받았고; 2001년 4월 말에 이르러서는, 『능가경 독법(讀楞伽經的方法學)』, 『법보 단경 독법(讀法寶壇經的方法學)』 두 가지를 받았다. 단 2년 동안에 15가지 모두 수백만 자의 책을 썼는데, 그 글쓰기 노력과 결실의 풍부함이 古稀의 나이에 나왔으니 실로 그 지극한 경지에 감탄하지 않을 수 없고, 나 같은 장년의 사람을 부끄럽게 만든다.

'방법론 총서'로 묶여지는 이 열다섯 가지 저작은 어려운 것을 쉽게 풀어내고, 儒 · 佛 · 道를 하나로 융합한 동방교의 학술적 내공을 전면적으로 구현했다. 뿐만 아니라, 동방교의 유머러스한 지혜의 정취, 담백하면서도 물 흐르듯 유창한 글쓰기는 심오하여 이해하기 쉽지 않은 그러한 고풍의 전적들을 광범위한 독자들이 이해하기 쉽게 풀어냈고, 생동감 있게 드러내었다.

그는 유 · 도의 언어로 불경을 해설하고, 또 불가의 언어로 유 · 도의 전적을 읽어낸다. 그는 유 · 불 · 도의 각종 전적을 동일한 언어 환경에 놓았으며, 사람들에게 일종의 조화롭지만 결코 동일하지 않은(和而不同) 느낌을 준다.

동방교의 이러한 작업은 진정으로 '공덕이 무량(功德無量)'하다. 그 10여 편의 책을 읽으면서 나는 철저하게 동방교의 고전에 대한 깊은 정서를 느꼈다. 그는 선인들의 일차적인 전적들을 자신을 길러내는 토양으로 간주하며, 자기 생명의 뿌리를 그 비옥한 토양에 깊이 심었다.

어느 날, 상해서점출판사에서 편집 일을 맡고 있는 친구가 나와 함께 출판 기획과 관련해서 자유롭게 의견을 나누면서, 청년 독자들에게 적합한 전통 경전의 현대적 텍스트를 소개하는 것으로 의견이 모아졌다. 나는 서가에서 동방교의 '방법론 총서' 세트를 빼냈다. 친구가 살펴보더니 손뼉을 칠 듯이 크게 만족해 하면

서 “우리가 생각하던 것이 바로 이러한 책이야!”라고 했다. 그리하여 동방교 선생의 동의를 구한 후, 상해서점출판사는 그중에서 네 가지를 골라 ‘東方橋讀經典’이라는 첫 번째 기획을 내놓았다.

우리가 삽화와 글자가 함께 어우러진 ‘대륙판’ 현대적 텍스트를 손에 쥐었을 때는 이미 ‘대만판’은 제3차, 제4차의 재판을 발행했다. 이렇게 지혜가 넘쳐나고 대중들에게 생동감을 주는 현대적 텍스트는 대륙의 광범위한 독자, 특히 청년 독자들에게 인기를 얻을 것이라고 믿어 마지않는다. 오랜 기원과 유구한 흐름, 그리고 함의가 충만한 중국 문화는 이렇게 시대적 숨결이 풍부한 현대적 텍스트를 통해서 반드시 젊은 세대의 마음의 텃밭에 깊게 뿌리내릴 것이다.

2002년 가을 상해 古美 아파트에서 쓰다

동방교(東方橋) 주산(周山)

저자 소개

동방교(東方橋)

본명 당화(唐華). 1932년생. 일본 동경대학 철학박사. 대만 정치대학 교수로 논리학과 중국철학사 및 선진제자(先秦諸子) 강의. 저술『中國原儒哲學思想史』,『中國易經變化哲學原理』,『讀易經的方法學』등 50여 종. 독창적이고 철학적 한묵(翰墨)인『哲學慧鏡』은 국내외 많은 名家와 문학예술박물관에 所藏되어 있다.

편역자 소개

법산경일스님

1945년 경남 남해생. 15세에 남해 망운산 화방사로 출가. 덕산화상을 은사로 염불과 교학을 수학. 통도사 극락암 경봉대선사를 법사로 입실건당. 동국대학교 인도철학과 학부 · 석 · 박사과정을 이수. 대만 중국문화대학 철학과 박사과정 졸업(문학박사). 1986년 3월부터 2011년 2월까지 동국대 불교대학 선학과 교수로 재직하면서 불교대학장, 불교대학원장, 정각원장, 불교문화연구원장 역임. 보조사상연구원장, 한국인도철학회장, 정토학회장 등 역임. 현재 동국대학교 명예교수, 동방문화대학원대 석좌교수, 동산반야회 법주, 영축총림 통도사 선덕으로 수행하고 있다.

뜻으로 풀어 본 금강경 읽기

2017년 11월 22일 초판 1쇄 인쇄
2017년 11월 25일 초판 1쇄 발행

저　자 동방교(東方橋)
편역자 법산경일스님
펴낸이 진욱상
펴낸곳 백산출판사
교　정 편집부
본문디자인 오행복
표지디자인 오정은

등　록 1974년 1월 9일 제406-1974-000001호
주　소 경기도 파주시 회동길 370(백산빌딩 3층)
전　화 02-914-1621(代)
팩　스 031-955-9911
이메일 edit@ibaeksan.kr
홈페이지 www.ibaeksan.kr

ISBN 979-11-5763-423-1
값 18,000원